普通高等院校城市轨道交通运营管理类系列教材

城市轨道交通
行车组织

主　审○徐瑞华
主　编○曾翠峰　罗　钦
副主编○潘伟健　姚国如

西南交通大学出版社
·成　都·

内容提要

本书系统介绍了城市轨道交通行车组织的理论与实务，主要包括：城市轨道交通行车组织的特点、行车计划管理、行车调度工作、行车组织基础、列车开行计划与运行图编制、运输能力、列车运行组织、行车安全与应急处置等内容。

本书既可作为高等院校交通运输、交通工程相关专业轨道交通方向本科生、研究生的教材或教学参考书籍，也可作为轨道交通系统工程技术人员的参考资料和培训教材。

图书在版编目（CIP）数据

城市轨道交通行车组织 / 曾翠峰，罗钦主编. —成都：西南交通大学出版社，2018.8（2024.1 重印）
全国普通高等院校“十三五”规划系列教材. 城市轨道交通运营管理类
ISBN 978-7-5643-6333-8

Ⅰ. ①城… Ⅱ. ①曾… ②罗… Ⅲ. ①城市铁路－行车组织－高等学校－教材 Ⅳ. ①U239.5

中国版本图书馆 CIP 数据核字（2018）第 189141 号

普通高等院校城市轨道交通运营管理类系列教材
城市轨道交通行车组织

主　　编 / 曾翠峰　罗　钦
责任编辑 / 周　杨
封面设计 / 何东琳设计工作室

西南交通大学出版社出版发行
（四川省成都市金牛区二环路北一段 111 号西南交通大学创新大厦 21 楼　610031）
营销部电话：028-87600564　028-87600533
网址：http://www.xnjdcbs.com
印刷：四川煤田地质制图印务有限责任公司

成品尺寸　185 mm × 260 mm
印张　13.75　　字数　323 千
版次　2018 年 8 月第 1 版　　印次　2024 年 1 月第 3 次

书号　ISBN 978-7-5643-6333-8
定价　45.00 元

课件咨询电话：028-81435775

编委会

前　言

城市轨道交通系统是改善城市交通拥挤、乘车困难行之有效的现代化交通工具，能够安全、快速、舒适、便利地在城市范围内运送乘客，最大限度地满足市民出行的需要。城市轨道交通的安全和效率与行车组织工作密切相关，行车组织工作是城市轨道交通运营工作的核心。做好行车组织工作，不仅可以保障城市轨道交通运营的安全，还可以带来较好的经济效益和社会效益。

城市轨道交通系统经过 100 多年的研究、开发、建设与运营，已经形成多种类型并存与发展的状态。目前，北京、上海、广州、深圳等城市轨道交通已进入网络化运营阶段，呈现出网络结构复杂、规模庞大、运营组织方式多样化、网络客流增幅显著、运能运量矛盾突出、网络运营管理影响因素众多、经营管理主体多元化以及与其他交通方式衔接需求多重性等特点。在此背景下，急需加强客流实时精准管控，提高各运营线路的协调性，强化系统应急处置能力，不断提升客运服务水平，以满足乘客对轨道交通系统日益增长的出行质量要求。同时，全自动运行系统也进入快速发展阶段，目前国内地铁线路应用全自动运行系统的线路主要有北京燕房线、上海 10 号线以及香港南港岛线，其他地铁线路也将大量应用全自动运行系统。据国际公共交通协会（UITP）估计，到 2020 年国际上约有 75%的新线将使用全自动运行系统，40%的既有线改造时将使用全自动运行系统，预计至 2025 年全球将有 2 300 千米的地铁线路使用全自动运行系统。显然，网络化运营及全自动运行均为行车组织工作带来了新的课题。本书结合我国目前轨道交通行车组织管理的实际和网络化运营及应用全自动运行系统条件下的新需求，参考最新文献资料，增加了网络列车开行计划与运行图编制、全自动运行系统基本介绍、基于全自动运行系统的列车运行组织、全自动运行系统的安全保障等章节供读者研习。

本书在编写过程中得到了深圳地铁集团运营总部、深圳技术大学城市交通与物流学院众多工程师、老师的帮助和大力支持，同时，李建华、罗维刚、左星雨、陈佑鸿、廖苑羚、骆宣彤、刘哲锋等行车技术人员全程参与并做了大量工作，在此一并表示感谢。本书参考了国内外大量书籍、文献和资料，在此谨向相关作者表示衷心的感谢。限于作者业务视野和学术水平的局限性，书中难免存在不恰当或疏漏之处，敬请广大读者批评指正。

编　者

2018 年 4 月

前言

目　录

第一章　绪　论

城市轨道交通系统是指主要服务于城市客运交通，通常以电力为动力、以轮轨运行方式为特征的车辆与轨道（导轨）等各种相关设施的总和。经过 100 多年的研究、开发、建设与运营，已经形成多种类型并存与发展的状态。它是现代化都市的重要基础设施，能够安全、迅速、舒适、便利地在城市范围内运送乘客，最大限度地满足市民出行的需要。在城市各种公共交通工具中，城市轨道交通系统具有运量大、速度快、安全可靠、污染低、受其他交通方式干扰小等优点，是改善城市交通拥挤、乘车困难行之有效的现代化交通工具。

我国现有城市轨道交通运营管理主要分为行车组织管理、站务管理、安全管理以及设备运营管理 4 大部分。

城市轨道交通的安全和效率与行车组织工作密切相关，行车组织工作是城市轨道交通运营工作的核心。做好行车组织工作，不仅可以保障城市轨道交通运营的安全，还可以带来较好的经济效益和社会效益。

城市轨道交通行车组织管理是综合运用各种专业设备、组织协调运输生产活动的技术业务。它采用先进的行车方式和组织方法，密切联系城市轨道交通内部各专业部门与乘客，建立正常稳定的客运生产秩序，充分发挥各种运输技术设备的效能，以保证安全、正点、优质、高效地完成乘客运送任务。

第一节　城市轨道交通行车组织的特点

城市轨道交通一般只办理客运业务，不办理货运业务。城市轨道交通行车管理工作首先确定列车运行计划，包括全日行车计划、列车交路方案、列车编组方案、列车停站方案和车辆配备计划，再编制列车运行图，最后由各部门组织列车运行，包括控制中心的列车运行组织、车厂的列车出入库作业、调车作业、车站的行车组织作业及正线的列车驾驶等。

城市轨道交通通常被称为一个大的联动机，因为它是集行车、车辆、机电、通信、信号、工务等各工种、技术一体化运转的系统，系统中的任一环节出现问题都可能给整个系统的正常运转带来严重的后果，而整个系统的正常运转则集中体现在列车的运行组织工作中，它是保证将乘客由出发站安全、准时、快捷地运送至目的地站的关键。

城市轨道交通行车组织的阶段性比较强，主要分为运营前准备、运营中的行车组织和运营结束后的作业三个阶段。不同的工作人员在不同的阶段有不同的作业，这里着重介绍行车调度员、车站和司机的作业。

行车调度员：在运营前主要进行运营前检查和载入运营时刻表等工作，运营前检查包括检查人员到岗情况和设备情况。运营期间主要是利用各种调度设备，组织指挥列车按照列车运行图的计划安全、准点地运行。运营结束后行车调度员要对当天的行车工作进行统计分析、总结，打印当日实际运行图，编写运营情况报告。

车站：正常情况下，车站的行车组织作业主要包括首末班车组织、运营期间的接发车作业等工作。开行首班车前，车站要准时开站，开启照明和电扶梯，并要进行试验道岔、巡视车站等工作。末班车发出前，车站应在规定时间内开始广播，通知停止售检票工作。

司机：运营前司机主要进行列车整备作业（如检查车体内外情况、车载设备、制动设备和无线电话等）。在运营期间主要负责列车在正线的运行作业、站台作业和折返作业。运营结束后，司机进行退勤作业，客车进入车厂进行整备以确保第二天的正常运行。

城市轨道交通多采用较为先进的设备，自动化程度比较高，正常情况下的行车组织主要是利用先进设备监控列车运行。特殊情况下的行车组织是相对于正常情况下的行车组织而言的，主要是指由于设备故障、大客流、火灾等原因不能采用正常情况下的行车组织时组织轨道交通行车的方法。城市轨道交通某条线路一旦发生事故，将会造成全线列车运行延误，对乘客的出行将会造成重大影响。因此，城市轨道交通非常重视特殊情况下的事故演练。

第二节　行车计划管理

行车计划是轨道交通日常运输组织的基础。从社会服务效益来看，轨道交通应充分发挥运量大和服务具有规律性、计划性的特点，安全、快速、正点和舒适地运送乘客；从企业经济效益来看，轨道交通运营系统应实现高效率和低成本。为了达到上述目标，轨道交通运输组织必须以行车计划作为基础，即依据客流特征，在现有的路网结构、设备配置、技术限制等条件下，合理编制列车开行方案和列车运行图，组织列车运行，实现计划运输。

城市轨道交通列车的运行组织具有完整的行车计划，列车的发车时间、停站时间、行车密度、运行交路、停站方案等都需要提前制定。在日常运营中各部门都要以列车运行图为依据，按照行车组织规则组织列车运行并安排相关的工作。行车计划管理包括列车开行计划、运输能力和行车通告等方面的内容。

一、列车开行计划

为了经济合理地运用技术设备，实现高服务水平、高效率和低成本的运营目标，轨道交通的日常运输组织必须以列车开行计划为基础。列车开行计划的实质是对列车运行做出适当的安排，包括运营时间内各小时的开行列车数、列车交路和停站方案的选择以及列车运行图的编制等。

二、运输能力

运输能力是运输组织的重要组成部分，同时也是运输组织制定的出发点。在网络化运营条件下，城市轨道的运输能力是反映线网规划合理性和评价运输组织运营效果的指标，也是衡量城市轨道交通建设对城市公共交通作用的标尺。影响网络化轨道交通运输能力的因素有很多，主要包括路网规模、车站能力、线路能力、行车组织协调性等。

（一）路网规模

路网规模是依据城市发展规模和客流预测量来规划的，是网络化轨道交通建设的前提和基础。因此，路网能够吸引的旅客量及可覆盖的运输范围将直接影响网络化轨道系统的运输能力。

（二）车站能力

车站是轨道交通系统中客流的集散地。车站内客流主要包括以下三种：进入车站搭乘轨道交通的出发客流；将要离开车站的到达客流；在车站换乘其他线路的换乘客流。车站的设备能力是轨道交通运输能力的限制因素之一，尤其是在举办大型活动或发生应急突发事件的特殊时期。在网络化运营条件下，车站能力对轨道交通整体运输能力的影响直接表现在换乘站的设备能力对轨道交通整体运输能力的制约上。

（三）线路能力

线路能力一般包括通过能力和输送能力两种。通过能力在一定程度上取决于行车组织人员的协同动作和线路固定设备、车辆的合理运用，因此，通过能力并不是一成不变的，它随着技术设备和行车组织方法的改善而提高。而输送能力主要指输送的乘客数量，一般按线路或方向分别确定。线路通过能力反映的是线路所能开行的列车数，是计算输送能力的基础；线路输送能力是在列车开行数量一定的情况下线路所能运送的乘客数，是线路运输能力的最终体现。

（四）行车组织协调性

在既有的路网、线路、车站等设备的基础上，应制订符合不同线路客流需求的网络客流运输计划，充分发挥线路能力，通过列车运行计划协调，排定列车在各站的到发时序，使客流在路网上均衡动态地流动，避免客流在线路和换乘车站聚集，从而可以保证轨道交通运输能力最大限度地实现。

三、行车通告

对于正线线路来说，除了在运营期间开行列车需要使用以外，还有其他相关活动涉及对正线线路的占用，包括轨行区施工作业、列车在正线上的调试作业和应急演练等。但这些活动通常并不反映在列车运行图中，而是用行车通告来管理。施工行车通告实质上是一定时期内的轨行区施工作业计划，主要是对夜间停运后轨行区施工作业的计划管理。

第三节　行车调度工作

城市轨道交通调度指挥中心负责管理城市轨道交通日常的生产运输工作，同时也是对运输生产活动全过程进行实时监控调整的指挥部门，凡是与运输生产有关的各部门、各专业均要在调度指挥中心的统一协调指挥下进行日常的生产活动。城市轨道交通调度指挥中心在协调各部门工作、确保列车运行安全、提高列车运行效率、保证运输生产整体连续性等方面起着核心作用。城市轨道交通调度指挥中心以计算机技术、现代通信和信息技术为工具，以列车运行管理与控制为工作核心，涉及电力、消防、环控、车辆、通信等方面的综合管理与控制。其首要目标是保障运输生产安全、高效、正点和稳定有序。

一、调度指挥管理原则

城市轨道交通调度指挥主要是在运营网络指挥中心的总体协调下进行，调度指挥管理原则主要有以下四点：

（1）由运营网络指挥中心负责各区域（线路）控制中心之间的总体协调指挥工作。

（2）当某一线路发生事故或出现故障并对其他区域（线路）控制中心管辖的线路运营造成影响时，由运营网络指挥中心负责总体协调处理。

（3）各区域（线路）控制中心应根据有关管理规定，结合本区域（线路）具体情况制定相应岗位的调度工作手册。

（4）各区域（线路）控制中心应积极开展管辖线路与邻线有接口关系的调度安全管理工作，总结交流调度安全管理经验，做好调度指挥工作。

二、调度指挥系统

城市轨道交通的行车调度方式主要与采用的行车调度指挥设备的类型有关。城市轨道交通运行控制设备正逐步向自动化、远程化、计算机化发展，行车调度工作逐步由人工控制方式向电子调度集中控制和行车指挥自动化控制方式发展。图 1.1 为行车调度指挥系统的主要构成。

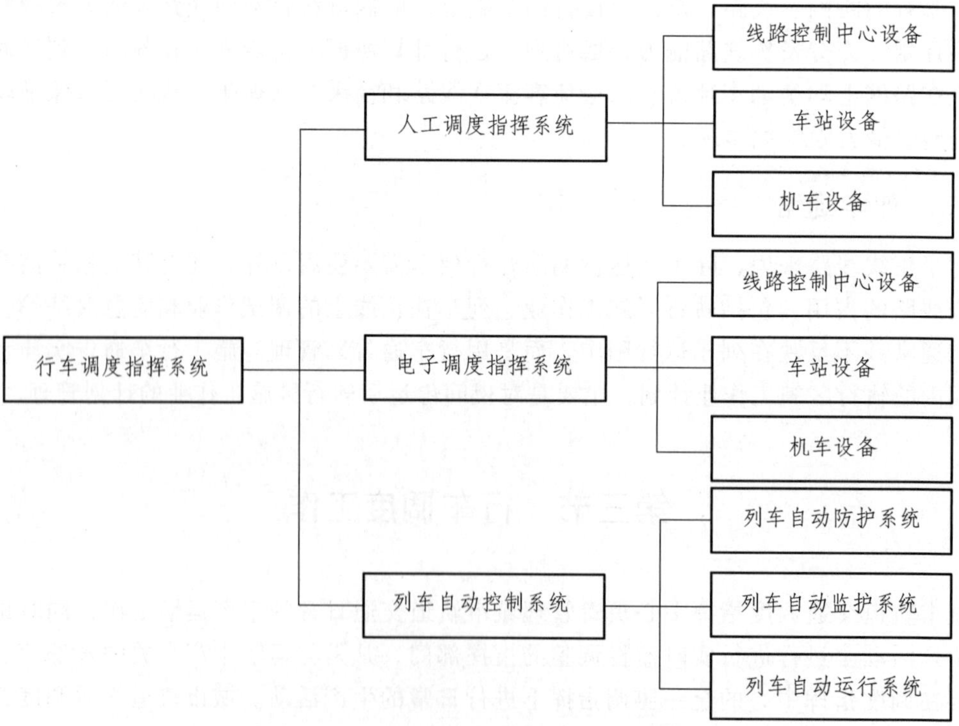

图 1.1 行车调度指挥系统主要构成

（一）人工调度指挥系统设备

人工调度指挥系统设备主要包括：

（1）线路控制中心设备：调度电话、无线调度电话、传输线路。

（2）车站设备：调度电话、传输线路。

（3）机车设备：无线调度电话。

该系统主要由行车调度员通过调度电话向车站值班员直接发布指令，按电话闭塞法组织行车，由车站工作人员准备接发列车进路。通过与车站值班员联系，行车调度员掌握列车到达、出发信息，下达列车运行调整命令。行车调度员通过无线调度电话向司机发布调度指令，指挥列车运行。列车运行图由行车调度员手工绘制。人工调度指挥通常在线路开通初期，设施设备尚未完全到位或发生故障等特殊情况下使用。

（二）电子调度集中系统设备

电子调度集中系统设备主要包括：

（1）线路控制中心设备：调度集中总机、运行显示屏、运行图自动绘制仪等。

（2）车站设备：调度集中分机、传输线路。

（3）机车设备：无线调度电话、信息接收装置。

调度集中控制设备是一种远程控制的信号设备，目前能实现运行调度指挥的遥信和遥控的远程控制功能。它的特点是区间采用自动闭塞，车站采用电气集中联锁，并利用电缆引接到线路控制中心。行车调度员通过中央列车自动监控系统工作站对各车站进行集中控制，可以直接排列进路、直接调整列车运行，并通过运行显示屏监督列车到达、出发和途中运行情况，及时掌握线路上列车运行和分布情况以及各信号机的显示状态和道岔开通位置，确保列车运行秩序正常。

（三）列车自动控制系统

目前，列车自动控制系统已被越来越多的城市轨道交通采用。通常，列车自动控制系统由列车自动防护系统、列车自动监控系统、列车自动运行系统组成。其中，列车自动防护系统监控列车运行速度，防止超速，保证前后列车之间的安全运行间隔；列车自动监控系统监控列车运行状态，实时控制列车按时刻表运行；列车自动运行系统使列车按照列车自动监控系统推荐的速度平稳运行，能够控制列车在站内对位停车。

随着技术的不断进步，城市轨道交通行车调度系统设备呈现以下特征：

（1）自动化水平高。一般情况下，城市轨道交通行车调度系统设备能实现列车的自动运行，行车调度员只需进行监视即可，只有当列车运行偏离了系统自动调整的范围才需进行人工介入。

（2）高度复杂。城市轨道交通行车调度系统设备大量使用计算机，这使得系统内人机、各子系统之间相互作用高度复杂、结合紧密。

（3）防御装置多。为了减少技术失败和人为失误造成对城市轨道交通行车调度系统设备的危险，通过冗余设计，采用了多重、多样的安全防御装置，这些装置大大提高了系统的安全性。

（4）透明程度低。城市轨道交通行车调度系统设备的高度自动化、复杂性与结合性以及大量的防御装置使系统的内部行为变得模糊，降低了系统设备的透明程度。

三、调度指挥的主要任务

调度指挥的主要任务是科学、经济、合理地使用车辆及其他运输设备，挖掘运输潜力，根据列车运行图和每日的具体状况，组织与运输相关的部门密切配合，采用相应的调整措施努力完成运输生产任务，以满足乘客出行的需要。

调度指挥（主要指行车调度）工作实行集中领导、统一指挥、逐级负责的原则，目的是使各个环节紧密配合、协同动作。行车调度员是调度机构的核心工种，担负着指挥列车运行、贯彻安全生产方针、实现列车运行图、完成运输计划的重要任务。

行车调度的工作任务可归纳为以下四种任务类型：监视型任务、操作型任务、通信型任务和记录型任务。监视型任务是指行车调度员通过监视 ATS 工作站、信号大屏、CCTV 显示屏等终端显示设备了解线路上列车运行情况、设备运转情况以及各站乘客信息、列车到发情况等。操作型任务是指行车调度员通过键盘、鼠标等人机交互设备在 ATS 工作站、无线调度台等人机交互界面上的一系列操作行为，如人工排列进路、开放信号、转换道岔等，其本质是为达到一定目的而对机器施加的一定作用。通信型任务是指行车调度员通过无线调度台、有线调度台、公务电话等通信设备实现与司机、车站行车值班员、信号楼值班员等的信息交流。记录型任务是指行车调度员对发布的调度命令、突发事件及处理过程等的记录，以生成工作日志和运营报表。

监视型任务的相关工作是行车调度工作的基础，正常情况下，行车调度员以监视列车运行、设备运转为主，当通过监视发现异常信息时，增加相应的通信型、操作型任务。行车调度任务的实质是通过各种设备获取当前运行状态的信息，并据此信息对系统下一步的运行状态做出预判，从而决定应该采取的行动，并将该行动的实施方案传达给与此相关的人或设备。因此，对于行车调度而言，需要对通过监视和通信获得的信息进行加工，并根据知识、经验和调度规则判断各类状况的发展趋势以制定合理、有效的运营调度策略。

行为科学指出，人的行为是人的内在因素和外部环境共同影响的结果。在城市轨道交通行车调度工作中，行车调度员在经过长期训练和现场体验所获得的知识、技能和规则的基础上，通过调度指挥设备提供的信息掌握系统的运行状态，及时做出判断，并进行相应的控制操作或发布调度命令。因此，行车调度执行任务的过程为：通过调度监督设备、通信设备接收系统的运行状态信息，确认后做出决策，并进行相应的控制操作，即“监视—确认—决策—控制”。

行车调度工作的好坏直接影响乘客运输任务的完成情况。行车调度工作的基本任务为：

（1）组织指挥各部门、各工种严格按照列车运行图工作；

（2）监控列车到达、出发及途中运行情况，确保列车正常运行；

（3）当列车运行不正常时，及时采取措施，尽快恢复列车正常运行秩序；

（4）及时、准确地处理行车异常情况，防止行车事故的发生；

（5）随时掌握客流情况，及时调整列车运行方案；

（6）检查监督各行车部门执行运行图情况，发布调度命令；

（7）当发生行车事故时，按规定程序及时向上级主管部门汇报，并采取措施防止事故扩大，积极参与组织救援工作。

四、调度指挥工作的基本要求

调度指挥必须坚持安全生产，正确及时地指挥列车运行，防止因指挥不当造成事故隐患。遇突发紧急事件时，要冷静、正确、及时处理。要加强学习，勇于实践，努力提高业务水平，提高应变能力。为保证行车调度工作安全，应做好以下各项工作：

（1）必须严格执行统一指挥的原则。

行车各有关部门必须服从所在区段行车调度的集中统一指挥，各级领导对列车运行的指示必须通过行车调度员下达，坚决禁止令出多口或多头指挥，维护调度命令的严肃性和权威性。

（2）熟悉主要行车人员和设备，组织列车按图行车。

行车调度员必须熟悉主要行车人员情况，掌握车辆、线路、通信信号、牵引供电等方面的知识，熟知各种规章制度和各种行车作业的程序，掌握与其他调度的工作衔接情况，组织行车有关人员协调动作，保证列车按照列车运行图安全正点运行，同时必须掌握处理各种意外情况和行车事故的方法，做到调度指挥胸有成竹、沉着冷静。

（3）加强与现场行车人员联系。

（4）发布调度命令要正确、完整、清晰。

在进行某些重要、关键的行车作业前，行车调度员应按规定发布调度命令，以强调进行有关作业的严肃性、强制性和授权性。具体要求如下：

① 凡是指挥列车运行的命令和指示，只能由行车调度员发布，有关行车人员必须坚决执行，不得违反。

② 发布调度命令前，应详细了解现场情况，听取有关人员意见；发布调度命令时，应严格按行车相关规章办理，必须先拟后发，不得边拟边发，受令人必须原话复诵，未复诵或复诵不清楚的视为命令无效；同时向 2 个及以上受令人发布命令时，应指定其中一人复诵，其他人核对，确保无误。

③ 调度命令包括书面命令和口头命令。在无线录音设备正常时，调度命令可以口头命令形式下达；但遇无线录音设备故障无法使用、区间封锁或开通、基本闭塞法停止或恢复、列车反方向运行、列车救援等情形时，调度命令应以书面命令形式下达。

④ 调度命令的内容包括受令处所、命令内容、发令日期与时间、命令号码及行调代码。其中，调度命令日期的划分以零时为界；命令号码每日按 1～99 的顺序循环使用，每一循环期间不得跳号或重号；命令内容必须正确完整、用语标准、简明扼要，内容有误时，任何人不得在原命令上进行修改，行车调度员须取消前发命令，再重新发布。

⑤ 行车调度员发布有命令号码的书面或口头调度命令后，须在《调度命令登记簿》上填记，发布有固定格式或书面传真（打印）的调度命令可在《调度命令登记簿》上简要记载命令内容，但命令号码、发令时间、发令人、受令处所、受令人和复诵人须准确、详细

登记。《调度命令登记簿》的内页格式如图 1.2 所示。

日期	命令				复诵人姓名（代码）	接受命令人姓名(代码）	调度姓名（代号）	备注
	发令时间	命令号码	受令及抄知处所	内容				

图 1.2 《调度命令登记簿》内页格式

⑥ 制订常用行车调度命令格式和用语的统一规定，使调度命令格式规范化、用语标准化，保证调度命令内容更加准确、简练、清晰、完整。

第四节 网络化行车组织及调度指挥机构

随着各城市轨道交通线网规模的逐渐扩大，轨道交通的运营方式也从单线的独立运营逐渐进入网络化运营的新阶段，呈现出线网结构复杂、不同线路制式和功能多元化、列车运行方式多样化、客流需求时空分布特点的多重性等网络化运营的新特征。为了充分发挥轨道交通网络的整体效能，保证轨道交通网络运营的高效、安全和可靠，实现轨道交通系统的社会效益和经济效益最大化，要求从网络化运营管理的角度出发，基于乘客出行需求，以客流分布为导向，在充分考虑运力优化配置的条件下，协调网络各线路的运营计划，并实现调度协同指挥与组织管理。

一、网络化行车组织

根据网络化运营的特点和运输组织的要求，网络运营计划的协调优化从基于网络运能均衡配置和基于换乘衔接两个层面对各线运营计划进行协调，即网络运营计划不仅要在适应网络整体运能和运量的条件下，以客流为导向均衡配置各条线路之间的运营计划，还需要考虑乘客换乘的高效性、安全性和可达性，甚至需要考虑各条线路在不同换乘节点与其他相关线路的列车运行计划的衔接和协调。网络运能均衡配置协调的本质在于把握网络条件下的客流分布对线路运量的影响，实现单线运力计划的优化，而换乘衔接则考虑网络中各条线路之间通过换乘节点的衔接，实现各线运力计划在换乘站的衔接，促成换乘客流迅速搭乘期望列车离站，降低客流在换乘枢纽的停留时间，减小枢纽设施压力的同时提高乘客服务水平。

可以说在网络化运营的条件下，运营计划的协调充分发挥了各条线路相互补充、相互配合的作用，有效提升了轨道交通网络的整体运输能力，并且通过多线路联合调度指挥，在安全行车的基础上，做好不同线路在换乘站的运力衔接和应急指挥，提高了网络列车协同调度的质量，使各条线路的运输能力得到了均衡利用。

二、调度指挥机构

不同于单线运营的是，当网络形成后，需要对整个网络的调度控制中心进行统一规划，考虑多条线路控制中心的资源共享。在突发紧急状况下，若某一线路运营中断，临近线路的客流将会骤增，此时各控制中心之间应保持信息互通，通过综合监控、协调，迅速采取有效措施进行统一的指挥调度，保证乘客的输送。

以深圳地铁为例，建有网络运营指挥中心 TCC（Traffic Control Center）实现线网运营调度集中组织，行使中央协调角色功能，协调各控制中心及各运营主体，实现多运营主体的综合监视、运营协调、应急指挥及信息共享等。

目前最常见的城市轨道交通行车调度指挥体系采用层次化管理体系，如图 1.3 所示。

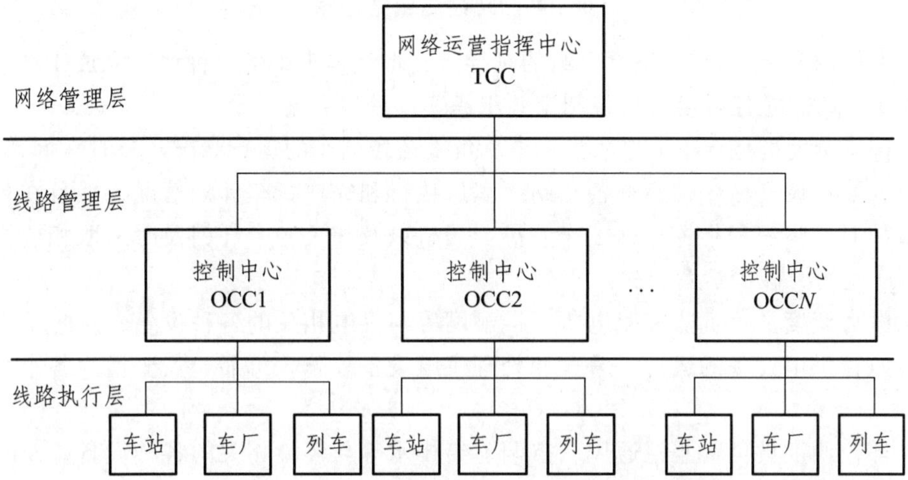

图 1.3　层次化城市轨道交通行车指挥体系

网络管理层负责全路网的行车运营监督，在突发事件时进行全路网运营方案的制定；线路管理层负责各区域（线路）的列车运行指挥工作，在突发事件时进行本区域（线路）运营方案的指挥；线路执行层听从线路管理层的指挥，负责本线路列车运行计划的执行。

（一）网络管理层

网络运营指挥中心实时监督城市轨道交通网络客流变化、列车运行和设施设备运行状态；承担城市轨道交通网络运营生产信息采集、核实、报告、发布的任务；作为中央运营协调与应急指挥中心，负责协调各区域（线路）控制中心及各相关单位，特别在发生影响两条及以上线路运行的紧急情况时，可实现运营资源的统筹、协调和联动，提升应急突发事件的处置能力。

（二）线路管理层

线路管理层由各区域（线路）控制中心 OCC（Operation Control Center）组成。OCC 是城市轨道交通运输组织指挥系统的中枢神经，基本任务是组织指挥本区域（线路）线路与列车运行有关的各部门、各工种协调作业，确保列车正常运行，组织完成客运生产任务，保证行车和乘客安全，提高运输效率。

为了对复杂的运输生产活动进行全面的指挥和监督，OCC 实行分工管理原则，将整个运输生产活动按业务性质划分为若干部分，设置不同的调度工种分别管理相关工作。常见的 OCC 组织结构如图 1.4 所示。

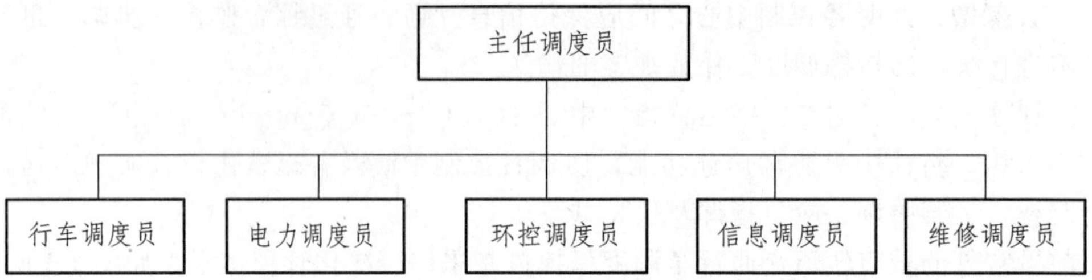

图 1.4　OCC 组织结构图

（1）主任调度员是 OCC 调度班组的领导人，带领本班组各工种调度完成生产任务。在处置突发事件时，主任调度员负责制定并组织实施处置方案。

（2）行车调度员是行车工作的指挥者，负责监控列车的运行状况，及时掌握列车运行、到发情况，发布调度命令，检查各车站、车厂执行和完成行车计划情况，并且在列车晚点或发生事故时，组织和指挥车站工作人员、司机以及相关各个部门及时采取相应措施，尽快恢复列车运行，减少运营损失。

（3）电力调度员负责监控变电所、接触网等与供电相关的各种设备，及时采集各种数据，实时监控供电设备的运行，掌握和处理供电设备故障，可靠、安全地为各个车站、列车供电。

（4）环控调度员负责监控通风、空调、给排水等与环境相关的各种设备，及时调节所管辖区段内的温度、湿度、空气流动速度、含尘量等各种参数，保证环境质量，满足乘客的出行需要。

（5）信息调度员负责及时、正确地收集并发布运营信息。

（6）维修调度员负责设备设施故障信息收集、传递、反馈、处理的协调和统计分析工作。

（三）线路执行层

线路执行层由车站值班员、司机、车厂值班员组成，听从 OCC 的指挥，执行运营计划和具体处置突发事件，组织结构如图 1.5 所示。

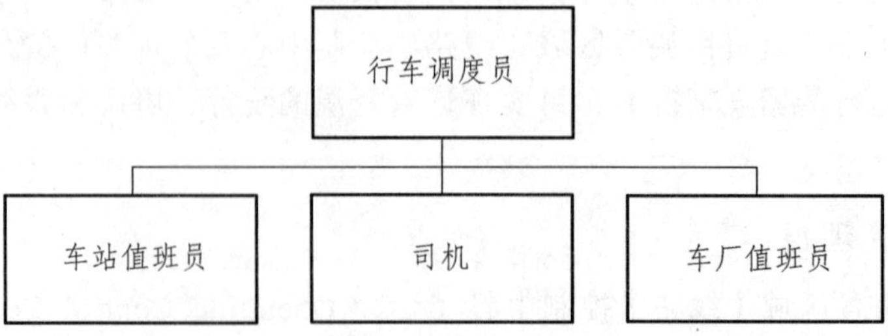

图 1.5　线路执行层组织结构图

车站值班员负责监控列车运行，日常运行时按照列车运行图组织行车，在突发事件处置时按照行车调度员的指令进行处置；司机负责正线、车厂的列车驾驶，日常运行时按照规范运作，在突发事件时按照应急预案及时处置，并及时传递信息，按照行车调度员的指令进行处置；车厂值班员按照列车运行图和列车检修调试计划安排每日的用车及列车的出入库作业计划，在突发事件时按照行车调度员的指令进行处置。

第二章　行车组织基础

第一节　城市轨道交通技术设备

轨道交通是由移动设施子系统（车辆）与各种固定设施子系统（车站、线路、车厂等）组成的一个复杂系统，本节主要介绍各子系统中的技术设备。

一、线路与车站

（一）线　路

城市轨道交通线路按其与地面的关系可分为地下线路、地面线路和高架线路（地上线路）；按其在运营中的功能可分为正线、辅助线和车厂线三类。正线是指连接两个车站并从区间伸入或贯穿车站的线路，一般为双线，并且可再细分为区间正线与车站正线。辅助线包括车辆段出入段线、停车场出入场线、车站配线（存车线、安全线、渡线、折返线）及两线路间的联络线等。车厂线简称厂线，包括牵出线、车底（空车）停留线、检修线及综合基地内的各种作业线。

城市轨道交通线路平面由直线、圆曲线和缓和曲线组成，其主要技术要素包括圆曲线半径、圆曲线长度、缓和曲线半径、缓和曲线线形和长度、夹直线长度等。

1. 圆曲线半径

列车在圆曲线段行驶时，会受到离心加速度的作用。在速度一定的情况下，半径越小，离心加速度越大，对行车安全、钢轨磨损与乘客舒适度均产生不利影响。因此，线路平面曲线半径应根据车辆类型、列车设计运行速度和工程难易程度等条件采用合适的圆曲线半径，最小圆曲线半径应符合规范，且应尽量少用。

2. 圆曲线长度

线路圆曲线长度短，对改善瞭望条件、减少行车阻力及养护维修有利。但当其长度小于车辆全轴距时，车辆将会出现一节车同时在 3 种不同线形上的情况，这将会危及行车安全，降低行车稳定性与乘客舒适度。

3. 缓和曲线

由于直线与圆曲线之间存在曲率半径的突变，圆曲线半径越大，这种突变程度就越小。当圆曲线半径超过 2 000 m 时，这种突变对轨道交通行车影响很小。当圆曲线半径小于或等于 2 000 m 时，需根据曲线半径、超高设置及设计速度，在圆曲线与直线间加设缓和曲线，实现曲率半径的逐渐过渡，减小列车在突变点处的轮轨冲击。

缓和曲线线形主要有放射螺旋形和三次抛物线形两种，其方程式为：

$$y = \frac{x^3}{6Rl_0} \tag{2-1}$$

式中　R——曲线半径（m）；

　　l_0——缓和曲线长度（m）。

三次抛物线缓和曲线的优点是铺设和养护维修比较容易，缓和曲线长度比较短；缺点是始、终点存在折角，影响行车的平稳性。

4. 夹直线

夹直线是指相邻曲线（有缓和曲线时，指缓和曲线；无缓和曲线时，指圆曲线）两端点间的直线。当相邻曲线距离较近时，可能会出现夹直线过短的情况。夹直线过短会导致车辆同时跨越两条曲线，影响行车平稳性，且不易保持直线方向，增加养护成本。

轨道交通线路的纵断面由坡段和连接相邻坡段的竖曲线组成。坡段的特征用坡度和坡段长度来表示。坡段长度是该坡段前后两个变坡点之间的水平距离，坡度为坡段两端变坡点的高程与坡段长度的比。城市轨道交通线路纵断面的主要技术要素包括坡度、坡段长度和坡段连接。

5. 坡　度

由于城市轨道交通载重小、运距短，坡度已不是限制列车牵引质量的主要因素，所以把线路允许设计的最大坡度值称为最大坡度。由于轨道交通具有高密度运转、大运量等特点，为保证行车安全和效率，设计原则要求列车在失去部分（最大可达到一半）牵引动力时，仍能凭另一部分牵引动力在最大坡度路段上起动。因此，最大坡度阻力及各种附加阻力之和不宜大于列车设计牵引动力的一半。在实际中，线路坡度在满足排水及标高控制要求的前提下应尽可能平缓，但随着城市轨道交通车辆的改进，允许的最大坡度值也在不断增大。

6. 坡段长度

两个坡段的连接点（即坡度变化点）称为变坡点，一个坡段两端变坡点之间的水平距离称为坡段长度。若坡段长度小于列车长度，列车将同时跨越两个或以上的变坡点，各个变坡点所产生的附加应力和局部加速度会因叠加而加剧，影响列车平稳运行，故坡段长度不得小于远期列车计算长度。

7. 坡度连接

在纵断面上，若各坡段直接相连则形成一条折线。在变坡点附近，若两条坡段的坡度值代数差过大，将影响旅客舒适度，甚至造成车轮脱轨、车钩脱钩等问题。因此根据实践经验，一般采用一段坡度不大于5‰的坡段连接，同时在坡度代数差大于2‰时，在变坡点设置竖曲线，把折线断面平顺地连接起来，以保证行车的安全和平稳。现在通常采用圆曲线型竖曲线以便施工与养护，但在车站站台及道岔处不得设置竖曲线。同时，为避免因竖曲线重叠或距离较近而导致的列车振动叠加，两竖曲线间的夹直线长度不宜小于 50 m。通常地下线路会采用“高站位、低区间”的纵断面设计，以减少能耗。

线路横断面必须满足列车通过线路各断面的限界要求，包括车辆限界、设备限界和建筑限界，在满足车辆安全运行的情况下，应合理选择断面尺寸以节约成本。地下隧道横断面常用形式有圆形、矩形和马蹄形。而当线路位于地面或高架桥上时，其轨上部分的横断面需满足一定的限界要求，轨下部分横断面形状视轨下结构而定。

（二）车　站

城市轨道交通车站是供乘客出入的场所，也是轨道交通中最复杂的一种建筑物，具有多种类型。根据车站客运作业的不同，车站可分为中间站、换乘站、折返站、越行站、接轨站、终点站等类型。按站台形式不同，可分为岛式站台车站、侧式站台车站和混合式站台车站。按是否具有信号系统站控功能，可分为集中控制站和非集中控制站。按线路铺设方式，可分为地下站、地面站和高架站。

1. 车站选址

车站作为乘客出入轨道交通系统的场所，其选址所涉及的因素错综复杂，对周边地区的用地性质、乘客出行选择等方面影响深远，故应结合多方面因素综合考虑。由于各城市的状况不尽相同，轨道交通也存在较大差异，在实际运营中，乘客平均出行距离、到站方式与距离等因素也千差万别，但总体而言，影响车站选址与分布的主要因素包括客流吸引力、乘客出行时间、工程与运营成本、沿线土地开发、城市规模、线路长度以及轨道交通路网与城市道路网状况等。

关于平均站间距，早期在欧洲国家兴建的地铁往往规模较小，有的仅为数百米，如巴黎地铁的最小站间距仅为 465 m，平均站间距也仅为 548 m。尽管相对较小的站间距大大方便了乘客抵达城市轨道交通车站，但无疑在一定程度上增加了修建的成本，同时也延长了乘客的出行时间，因此，平均站间距有逐渐增大的趋势。为最大限度吸引客流，同时尽可能降低成本，目前轨道交通站间距在市区范围内相对较短，约为 1 000 m，在市郊等客流较小区段可适当延长至 1 500 ~ 2 000 m 左右。

为最大限度地吸引客流，城市轨道交通车站应考虑城市用地状况与用地规划，设在广场、干线街道交叉点、铁路车站等大型客流集散点附近，并尽可能与邻近交通枢纽、商业中心、城市综合体等大型设施融为一体，达到方便乘客集散并增大客流吸引力的目的。在相同或不同制式的轨道交通线路交叉点最好设置换乘站以便换乘。除考虑合理站间距的条件外，车站设置还需考虑站间距的均衡性、站位的选址与换乘、地区的发展与城市规划的协调以及施工条件、道路状况等客观情况。

2. 车站构成

通常轨道交通车站应包含站台、车站大堂或广场、企业空间（含办公室、仓库等）、出入通道、扶梯、垂直电梯与楼梯等。对于地下车站而言，还应包括通风道、风亭、通风机房等其他附属设施。此外，对采取通道换乘的换乘站而言，还应包括旅客换乘通道，部分换乘站还设有张拉室及集散厅。根据车站主体功能的不同，可大致分为乘客使用空间以及车站用房两类。

车站根据站台形式不同，可分为岛式站台车站和侧式站台车站两种基本形式，并由此衍生出混合式站台车站。站台位于上下行线路之间的车站称为岛式站台车站，位于线路两侧的车站则称为侧式站台车站，既有岛式站台又有侧式站台的车站称为混合式站台车站，其中，比较特别的是一列列车抵站时使用其两侧站台的这一形式又被称为“西班牙解决方案”或“西班牙式站台”（Spanish solution），如图 2.1 所示。线路两侧的站台可以都是岛式站台，也可以是中央为岛式站台、两侧为侧式站台，如图 2.2 所示。从运营方面来看，此类站台可实现上下车乘客的分流，似乎可以缩短停车时间以提高线路通行能力，但实际上效果并不明显，造价也大为提高，故目前在国内极少使用。

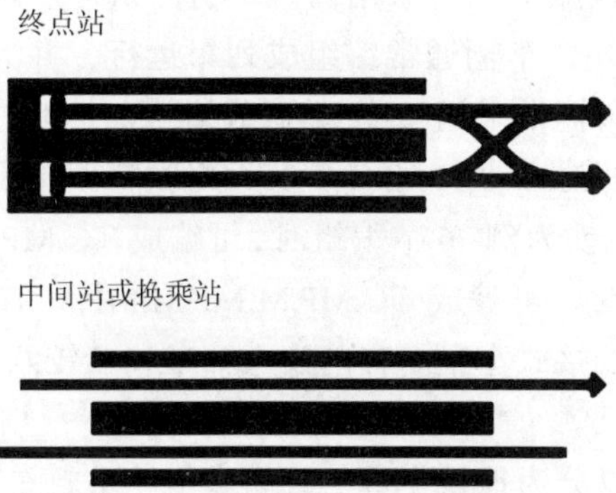

图 2.1　西班牙解决方案基本形式

图 2.2　西班牙巴塞罗那地铁克罗特（Clot）站，典型的西班牙解决方案形式

站台是供乘客上下车的平台，设计时需保证所有车辆均在站台有效长度（即乘客可以乘降的站台范围）之内，而站台有效长度由列车编组的计算长度所决定。考虑到停车位置的不准确与车站值班员及列车司机确定信号的需要，通常还需考虑停车误差。站台两端一般还布置一些其他的车站设备，整个站台长度则与此类设备的布置方式有关。站台应尽可能平直，以便车站职员能监视全部站台情况，同时也确保车辆与站台间距不致过大。站台宽度应满足远期预测客流量、列车编组长度、站台横向立柱数量以及站台与站厅楼梯、手扶电梯及垂直电梯的布置等相关因素的计算，并且满足最小站台宽度的要求。岛式站台宽度一般为 8 ~ 10 m，侧式站台宽度一般为 4 ~ 6 m。站台高度指站台面至钢轨底面的高度，与车型有关。目前根据我国实践，通常采用高站台使列车车厢与站台地面等高。考虑到车辆弹簧的挠度，车辆满载时的下沉量一般不超过 100 mm，故站台设计高度一般比车厢底板面稍低，同时为顾及排水，应设置一定的坡度。

无论是何种形式的轨道交通车站，站厅层均可分为以下若干区域：供乘客自由进出且提供售票与商业服务的非付费区、检票后方可进入的付费区、车站控制室及售票室所在的作业管理区以及包括机电设备与用房的机电设备区。地面车站的站厅规模一般较小，地下车站因增加了环控、排水、防灾等设施，其车站规模相对增大，设备布置更为复杂。

车站用房可分为设备用房、管理用房与作业用房。车站设备用房往往分布在站厅与站台层，有些需要布置在站台之外。一般而言，在站台层主要设有风道、降压变电所、泵房等，在站厅层主要有信号设备室、通风机房、环控机房等。管理用房主要包括站长室、站务室、警务室、票务室、储存室等；作业用房主要包括车站控制室、售票室、广播室、问讯处与休息室等。

二、车辆与车厂

（一）车　辆

城市轨道交通车辆作为城市公共交通的运载工具，不仅要保证车辆运行的安全、准点、快速，而且还要具备舒适便利的乘车环境。同时，城市轨道交通车辆还在一定程度上作为城市的门面，对城市景观具有相当大的影响力，因此还应考虑车辆对城市景观与环境的影响。

轨道交通车辆大都采用电力牵引，但在市郊铁路上仍有采用内燃牵引的情形。除了在路面上行驶的轻轨（有轨电车）及自动导向交通外，车辆通常编组成列车运行，并大都采用动拖结合、全列贯通的编组形式。我国的地铁车辆常采用 6 节或 8 节编组，带驾驶室的 TC 型车始终在列车两端，无驾驶室带受电弓或电靴的动车（MP）及无驾驶室不带受电弓或电靴的动车（M）在列车中的位置可换。以上海地铁为例，6 节编组时，可编成 TC.MP.M.M.MP.TC，也可编成 TC.MP.M.MP.M.TC。8 节编组时，可编成 TC.MP.M.MP.M.MP.M.TC，也可编成 TC.MP.M.M.MP.MP.M.TC。轻轨一般采用铰接式车辆，有单铰六轴车和双铰八轴车，两端均设驾驶室，可单节运行或多节连挂编组运行。

根据技术特征的不同，城市轨道交通车辆可以分为地铁车辆、轻轨车辆、单轨车辆等。按支承导向方式不同可分为钢轮车辆与胶轮车辆。我国一般根据列车运量将轨道交通车辆分为 A 型车、B 型车、C 型车、D 型车、Lb 型车、跨座式单轨车及悬挂式单轨车，其主要参数见表 2.1。按车辆质量的不同，可分为重型车辆和轻型车辆。按牵引动力配置的不同，可分为动车和拖车，其中动车是指自身带有电机和传动装置的车辆，又分为带受电弓（电靴）动车与不带受电弓（电靴）动车；拖车是指自身不带有动力装置的车辆，可设司机室，同时也可带受电弓或电靴。按牵引电机种类不同，可以分为旋转电机车辆与直线电机车辆。

表 2.1　城市轨道交通车辆主要参数表（不含自动导轨交通车辆）

项目名称	A 型车	B 型车	C 型车	Lb 型车	跨座式单轨车	悬挂式单轨车
车辆驱动特征	钢轮钢轨				胶轮跨座单轨	胶轮悬挂单轨
	旋转电机			直线电机		
车轴数	四轴		4/6/8 轴铰接车	四轴		
轴重（t）	≤16	≤14	≤11	≤13	≤11	≤9.5
车辆基本宽度（mm）	3 000	2 800	2 600	2 800	2 980	2 660/2 510
车辆定员（人）	310	230	210	230	≤180	≤157
列车最高速度（km/h）	80～120	80～100	70	90	80	80
启动加速度（m/s^2）	0.83～1.0		0.85	0.95～1.0	0.97	0.97
常用制动减速度（m/s^2）	1.0		1.1	≥1.0	1.1	0.97
紧急制动减速度（m/s^2）	1.2		1.5	≥1.0	1.25	1.25
电网电压（V）	DC 1500	DC 1500/750			DC 1500	

续表

项目名称	A型车	B型车	C型车	Lb型车	跨座式单轨车	悬挂式单轨车
供电方式	接触网供电	接触网或第三轨供电			第三轨供电	
正线最小曲线半径（m）	300	250	100	80	30	30
最大爬坡能力（‰）	35	35	60	60	100	100

无论是何种类型的车辆，一般来说，城市轨道交通车辆由车体、转向架、牵引缓冲装置、制动装置、牵引动力装置、车辆附属设备与车辆电气系统这七部分组成。

1. 车　体

车体分为有驾驶室车体和无驾驶室车体两种，它是容纳乘客和司机（对有驾驶室车辆）的地方，又是安装与连接其他设备和部分的基础。近年来，为达到在最轻的自重下满足强度的要求，车辆的车体均采用整体承载的钢结构、轻金属结构或复合材料结构。车体一般设有底架、端墙、侧墙及车顶等。

2. 转向架

转向架是车辆的走行部分，大多装设于车体下方，用于牵引和引导车辆沿轨道行驶，承受与传递车体及线路的各种载荷，并缓和其动力作用，是保证车辆运行质量与安全的关键部件。转向架可分为动力转向架和非动力转向架两种，一般由构架、弹簧悬挂装置、轮对轴向装置和制动装置等构成，动力转向架还装有牵引电机及传动装置。

3. 牵引缓冲装置

车辆编组成列运行必须借助于连接装置，即车钩。为了改善列车纵向平稳性，一般在车钩的后部装设缓冲装置，以缓和列车冲击。另外，还必须有连接车辆之间的电气和压缩空气的管路。

4. 制动装置

制动装置是保证列车安全运行所必不可少的装置。不论是动车或拖车均需设置制动装置，以使运行中的列车按需要减速或在规定距离内停车。城市轨道交通车辆制动装置除常规的空气制动装置外，还有再生制动与电阻制动，以及在轻轨车辆上常用的磁轨制动等。

5. 牵引动力装置

牵引动力装置主要是受流器与牵引电动机。从接触导线（接触网）或导电轨（第三轨）将电流引入动车的装置称为受流装置或受流器，牵引电动机则是动车上产生驱动力的装置。城市轨道交通常采用的受流装置按受流方式不同一般可分为弓形受流器、轨道受流器（又称电靴）以及受电弓受流器。弓形受流器多见于城市有轨电车，轨道受流器及受电弓受流器则多用于地铁，而受电弓受流器还可用于干线铁路的电力机车上，以适应列车较高的运行速度。在受电制式上，目前较早发展地铁的城市大都采用直流 750 V，偶有采用直流 600 V 的，我国新建成的地铁大都采用直流 1 500 V。

牵引电动机主要分为旋转电机与直线电机两大类，较常用的是旋转电机，其工作原理是电动机转子的旋转运动通过齿轮等传动机构及轮轨相互作用来驱动车辆运行。旋转电动机又分为直流电机与交流电机两种，轨道交通车辆普遍采用直流电机。直线电机可视为将旋转电机沿半径方向剖开展平，定子部分（初级线圈）安装在车体下，转子部分（次级线圈）铺设在轨道上，定子与转子间保持 10 mm 左右的间隙。其原理是当初级线圈通过三相交流电时，由于感应而产生电磁力驱动车辆运行。直线电机系统不需要齿轮箱等一系列机械传动机构，使转向架结构变得简单。直线电机车辆不仅具有自重轻、噪声低、爬坡能力强、适应小半径曲线等优势，且因其转向架结构简单，车辆高度降低，车辆限界得以缩小，能在相当程度上降低土建成本。但其最大弊端则在于较低的电机效率以及较大的轨道及车辆投资。

6. 车辆附属设备

车辆附属设备包括服务于乘客的车内固定附属装置和服务于车辆运行的设备装置。前者包括车灯、广播、通风、取暖、空调、座椅、拉手等，后者大多悬挂在车底架上，如蓄电池箱、继电器箱、主控制箱、电动空气压缩机组、风缸、电源变压器、各种电气开关和接触器箱等。

7. 车辆电气系统

车辆电气系统包括车辆上的各种电气设备及其控制电路。按其作用与功能不同可分为主电路系统、辅助电路系统和电子控制电路系统三部分。主电路由牵引电机及与其相关的电气设备和连接导线组成，它能将电网的电能转变为车辆运行的动能，在电气制动时将车辆的动能转换并用于电制动力，是车辆上的高电压、大电流、大功率动力回路。为保证车辆正常运行，必须设置一定的辅助设备（如车辆照明、空调装置、空气压缩机等），而为这些辅助设备提供用电的系统称为辅助电路系统。电子与控制电路包括有接点的直流电路与无接点的电子电路，其作用是控制主电路与辅助电路各电器的工作，通过司机操作使列车正常运行或由列车自动运行控制系统控制运行。

（二）车　厂

车厂是车辆段及停车场的统称，是保证轨道交通正常运营的后勤基地。其中，车辆段是车辆的主要维修保养基地，用于列车的停放、车辆修理、车辆技术改造、乘务人员组织管理等；停车场在管理层面上一般附属于车辆段，规模较小，用于列车停放与调车编组、日常检查等。

根据生产需要，车辆段一般应设置连接线路、停放线路、作业线路、辅助作业线路、试验线路及辅助线路。车辆段、停车场及折返线的总停车能力应大于本线远期的配属车辆总数，以停放管辖线路的回段车辆。车辆段内还须设检修车间、运用车间、设备维修车间、车辆清洗设备（包括专用的车辆清扫线）、维修管理单位以及办公生活设施。一座城市首建的地铁工程的车辆段与综合基地应具有较为完善的功能，并宜与地面铁路接通。

从运营效率来看，车辆段宜选在线路中部，但轨道交通线路一般都穿越市中心，要征用如此大规模的用地相当困难，因此往往在郊外征用土地，将车辆段设在线路端部。在线路长度大于 20 km 的情况下，一般在线路另一端设置一个停车场，以减少列车空走距离并及时检查车辆。在城市规划允许并且技术经济合理时，可考虑两条或以上的线路共用一个车辆段，并适当留有远期发展余地。车辆段与停车场应尽可能靠近正线，以利于缩短出入线长度、降低工程造价、改善使用条件。车辆段的选址应避开地质不良地区，同时应具有良好的排水条件。

车辆段的站场布置形式有尽端式车辆段和贯通式车辆段两种，结构形式一般为平面布置，偶见立体布置形式，如东京都营地铁大江户线的光丘车辆段，此车辆段是钢筋混凝土箱型断面的地上一层及地下两层的三层结构，地下 1 层主要是车辆检修线，地下 2 层主要是停车线，地面 1 层主要设有转向架作业场所、事务所及办公楼。尽管此种形式可显著节省土地资源，但也将大大恶化职工的作业环境，因此应谨慎采用。

在轨道交通网络运营的情况下，从控制建设投资、车辆检修设备资源共享以及减少占地的角度出发，多条线路合用车辆段应予以重视。国内外实践表明，这一实践是可行的，如香港港铁公司运营的 6 条地铁线路只有 2 个车辆段，或采取类似上海段场合建的形式，将不同线路的两个车辆段合建在一起，通过段场之间的地面联络线实现不同线路的连通，从而实现两个车辆段运用、检修设施的资源共享。

三、通信与信号基础设备

（一）通信基础设备

城市轨道交通的通信系统是指挥列车运行、公务联络与传递各种信息的重要设备，它与信号系统、电力监控系统、自动售检票系统等弱电系统之间有十分密切的关系，是保证列车安全、快速、高效运行不可缺少的综合通信系统。它主要包括传输系统、公务电话系统、专用电话系统、无线集群通信系统、闭路电视监视系统（CCTV）、有线广播系统（PA）、时钟系统、乘客导乘信息系统（PIS）及接地系统等子系统，服务范围涵盖了运营控制中心、车站、车厂、地面与地下线路及列车。

城市轨道交通通信系统为城市轨道交通其他子系统提供信息传输通道和时标（标准时间）信号。此外，通信系统不仅是城市轨道交通内部公务联络的主要通道，还是城市轨道交通内外联系的通道。在发生灾害、事故或恐怖袭击时，通信系统更是应急处理、抢险救灾与反恐的主要手段，且越是在这种时候，越是需要通信联系。为保证在不增加系统投资的前提下保持良好的运行状态，通信系统的设计应在正常情况下为运营提供联络手段，在突发情况时能集中通信资源，保证有足够容量满足特殊通信需求。

下面对通信系统的组成部分做简要介绍。

1. 传输系统

城市轨道交通专用传输网是城市轨道通信网的基础，要求具有高可靠性及丰富的业务接口。传输业务的多样性是城市轨道交通传输系统的主要特点，其传输的业务包括：电话（窄带音频）、广播（宽带音频）、信号（中低速音频）、视频（高速数据）等。传输网分为城轨专用传输网和民用（GSM、CDMA 接入）传输网这两个完全隔离的网络，不少线路还建设了隶属于公安系统的公安传输网。

2. 公务电话系统

城市轨道交通的公务电话系统相当于企业总机，是轨道交通各单位及部门间，以及轨道交通内外之间公务联系的渠道，它由程控交换设备与局间数字中继线组成传统的电话网，并采用电路交换技术组网，近年来则顺应互联网与 VoIP 技术的发展，开始在计算机网内采用 IP 软交换技术组建电话网。其组网方式主要包括采用 TDM 技术组网以及采用 IP 软交换技术组网。采用 TDM 技术组网时，一般将程控数字交换机安装在运营控制中心及车厂，用户分机分布在运营控制中心、车厂以及各车站，两台交换机之间通过局间中继线互联，并通过它接入当地市话网。采用 IP 软交换技术组网时与 TDM 技术有所不同，它没有集中的电话交换设备，软交换系统由一些 IP 网中的网元组成，其承载网络为各网元所在的 IP 分组交换网。采用这一技术组成轨道交通公务与专用电话网，将促进通信网的全 IP 化。

3. 专用电话系统

专用电话系统包括调度电话子系统与站内、站间和区间（轨旁）电话子系统两部分。调度电话子系统主要包括调度总机、调度台和调度分机三部分。在运营控制中心安装有调度机作为调度总机，调度分机安装在运营控制中心、车厂以及各车站。在运营控制中心的调度分机通过电缆连接运营控制中心调度总机，车厂及各车站调度分机通过传输网与 PCM 接口设备连接运营控制中心调度总机。车站调度电话交换机由车站值班台（主机）和站内调度分机组成，可提供站内、站际与区间热线电话。车站调度电话交换机亦可通过站间电话，为车站值班员与相邻车站的值班员提供直达通信。轨旁电话通过隧道内电缆连接临近车站调度电话交换机，摘机呼叫车站值班台或接入公务电话网，为隧道内维修人员提供通信服务。

在近几年的发展趋势中，各车站公务电话交换机除提供车站公务电话功能外，还提供站内、站间与轨旁电话的功能，省去原有的车站调度电话交换机。因此，将这种电话系统改称为公务、车站专用电话系统与调度电话系统更符合实际。

4. 无线集群通信系统

城市轨道交通通信包含有线和无线两类调度指挥系统，其中无线调度系统又称为无线集群通信系统。它在城市轨道交通的通信中发挥着十分重要的作用，是行车调度员与司机间唯一可靠的通信手段，同时也是与移动中的作业人员、抢险人员实现通信的重要手段。城市轨道交通的无线调度网包括行车调度网、维修调度网、环控调度网、车厂调度网和防灾调度网等，各调度网设有专用调度台。

城市轨道交通行车调度广泛使用计算机辅助调度（CAD）子系统，由它接收来自信号控制系统的 ATS 信息，自动生成行车控制信息，并通过集群系统的应用程序接口送到行车调度台上，再将列车运行信息显示在被呼司机车载台屏幕上。除此以外，行车调度员还可根据车次号、位置及司机名等信息直接呼叫车载台，车载台则可根据列车位置信息呼叫就近车站值班员。

5. 闭路电视监视系统

闭路电视（CCTV）监控系统为运营控制中心调度员、车站值班员、列车司机及站台监视亭值班员等提供对车站的站厅、站台、出入口等主要区域的监控服务。城市轨道交通闭路电视监控系统有模拟、数字和网络三种组网方式。运营控制中心的行车调度员实时监控全线各车站的情况，车站值班员能实时监控本站情况，列车司机能在驾驶室看到乘客上下车情况。监控画面要求具有 DVD 质量，采用运营控制中心和车站两级互相独立的监控方式，平常以车站值班员控制为主，中心调度员可任意选择上调各车站摄像头监控画面，在紧急情况下则由中心调度员控制。出于安全及事故取证要求，车站及中心的 CCTV 设备还应有录像功能。

6. 有线广播系统

有线广播系统由正线广播和车厂广播两个独立的广播系统组成，其中正线广播又分成中心广播和车站广播两级。该系统为运营控制中心调度员、车站值班员等职员提供对相应区域的有线广播，同时为运营控制中心大楼提供广播功能。

有线广播系统具有自动广播、人工广播以及相应的选择与优先级功能。其控制方式分为车站和运营控制中心两级，正常情况下以车站广播为主，运营控制中心可以插播；在紧急情况下则转换为以运营控制中心为主。其中，车厂广播系统是独立于运营控制中心的有线广播系统。正线广播系统与 ATS 联网时，可实现无人干预的全自动广播。广播系统根据 ATS 提供的运行信息自动运算并编程，按预制程序向各车站发布离本站最近列车的到达时间及延误信息等。

7. 时钟系统

时钟系统是城市轨道交通通信系统的重要组成部分之一，它为城市轨道交通职员及乘客提供统一的标准时间，并为其他各相关系统提供统一时间信息使之相互同步，以达到全线时间标准的统一。提供标准时间的时钟系统分为一级母钟和二级母钟系统，其中一级母钟系统通常与全球卫星定位系统 GPS 同步，并安装在运营控制中心；二级母钟系统受控于一级母钟系统，安装在车站及车厂，驱动各车站及车厂的子钟显示正确的时间。提供通信设备基准频率的同步时钟，采用公众通信网所使用的同步节点（BITS）设备。

8. 乘客导乘信息系统（PIS）

乘客导乘信息服务系统与轨道交通信号系统相连接。PIS 主要为车站和列车乘客及时提供列车到站及离站时间、延误时间、时刻表变更、换乘线路等导乘信息，同时提供如时间、天气预报、新闻及广告等其他信息。为了在列车上提供实时导乘信息、直播新闻及赛事等，可以设置车地之间 WLAN 无线通道，同时该无线通道亦可用于传送列车 CCTV 的监视画面。

9. 电源及接地系统

城市轨道交通通信电源必须是独立的供电系统，并且应能集中监控管理。通信电源系统应保证对通信设备不间断且无瞬变的供电，满足通信设备对电源的要求。通信设备系统应按一级负荷供电。由变电所引接双电源双回线路的交流电源至通信机房交流配电屏，当使用中的一路出现故障时，应能自动切换至另一路。对要求直流供电的通信设备，采用集中方式供电；对要求交流不间断供电的通信设备，可采用交流不间断电源供电设备供电。

通信设备的接地系统设计，应做到确保人身、通信设备安全及其本身的正常工作。城市轨道交通车站可根据实际情况采用合设接地方式，也可采用分设接地方式。

（二）信号基础设备

城市轨道交通的信号系统是一个高效的综合自动化系统，通常由列车运行自动控制系统（ATC）和车厂信号控制系统两大部分组成，用于列车进路控制、列车间隔控制、调度指挥、信息管理、设备工况监测及维护管理。

城市轨道交通信号基础设备包括信号机、转辙机、轨道电路、计轴器、应答器等。这些设备沿袭铁路信号基础设备，但有的基础设备，如信号机的设置与显示、轨道电路的制式等，又不同于铁路。

1.（色灯）信号机

色灯信号机以其灯光的颜色、数目及亮灯状态来表示信号。色灯信号机可构成二显示、三显示和单显示信号机。信号机应设于运行方向的右侧，在地下段一般安装在隧道壁上，困难情况下可装在左侧或其他位置；在车辆段的进出段信号机及停车场的进出场信号机均应采用高柱信号机，其他情况下可采用矮型信号机。但无论是采取何种形式，信号机均不得侵入设备限界。

按照规定，城市轨道交通应在 ATC 控制区域的道岔区段设置防护信号机，其他类型信号机按需设置。在正线上，一般只在道岔区段及线路尽头分别设置防护信号机以及阻挡信号机。采用 ATC 的城市轨道交通中，自动闭塞通过信号机已失去主体信号作用，故区间分界点一般不设置通过信号机。车站一般不设置进、出站信号机，而在出站方向停车位置前方适当地点设置发车指示器或计时装置，也可根据需要设置进、出站信号机及进站信号机的预告信号机。在车辆段及停车场，一般在出入口分别设置出段（出场）信号机及进段（进场）信号机，在同时能存放两列及以上列车的停车线中间进段方向设置阻挡信号机，其他地点根据需要设置调车信号机。

2. 转辙机

转辙机是道岔的转换和锁闭设备，是转辙装置的核心与主体，更是直接关系到行车安全的关键设备。由转辙机转换和锁闭道岔，易于集中操作并实现自动化。除转辙机本身外，转辙装置还包括外锁闭装置和各类杆件与安装装置，它们共同完成道岔的转换与锁闭。

按传动方式分，转辙机可分为电动转辙机与电动液压转辙机，前者采用机械传动，应用较普遍；后者简称电液转辙机，采用液力传动。按供电电源分，转辙机又可分为直流转辙机与交流转辙机。按锁闭道岔的方式分，转辙机可分为内锁闭转辙机与外锁闭转辙机。内锁闭转辙机依靠转辙机内部的锁闭方式，属间接锁闭，可靠程度差，受列车的冲击大；外锁闭转辙机主要依靠转辙机外的外锁闭装置锁闭道岔，属直接锁闭，此方式锁闭可靠，列车对转辙机几乎无冲击。

地铁与轻轨的正线一般采用 9 号道岔，车辆段与停车场一般采用 7 号道岔，通常一组道岔由一台转辙机牵引。

3. 计轴器

计轴器通过计算车辆进出区段的轮轴数以判断该区段是否有车占用。它采用轨道传感器、电子单元和计轴核算器来记录并比较驶入和驶出轨道区段的轴数，不受轨道线路、道床情况等条件影响。计轴器作为区段检查的安全设备,其作用和轨道电路等效。在采用 CBTC 的线路上，可用计轴设备检查列车位置，构成“降级”信号。

计轴器由室内设备和室外设备组成。室外设备有轮轴传感器（又称磁头）和电子连接箱；室内设备有运算器、继电器等，或采用微型计算机构成计轴器主机系统 ACE，室内外设备通过传输线路相连接。总体而言，计轴器分为产生车轴脉冲的计轴点、信息传输部分、计数部分及电源。

计轴器的基本工作原理是：当列车车轮进入轨道传感器作用区时，微机开始计轴，轮对经过传感器磁头时，向微机传送轴脉冲，微机开始计数并判定运行方向，确定对轴数是累加或是递减计数。系统规定，凡进入防护区段的轮轴数均进行递增运算，离去防护区段的轮轴数进行递减运算。

4. 应答器

应答器是一种采用电磁感应原理构成的高速点式数据传输设备，用于在特定地点实现地面与列车间的相互通信。列车通过应答器接收地面信息并得出最佳运行速度及其在线路中的精确位置。应答器在轨道交通中的主要功能是定位停车和点式列控。

应答器分为地面和车载两部分。地面应答器在大多数情况下简称为应答器或信标，根据应答器所传输报文是否可变可分为固定信息应答器（无源应答器）与可变信息应答器（有源应答器）。无论是无源应答器或是有源应答器，其工作原理都是车载天线与应答器之间按电感耦合的原理进行工作。当列车经过地面应答器上方且当列车底部的应答器天线与地面应答器之间的磁场达到规定范围时，应答器的感应线圈接收到 ATP 车载应答器天线发送的电磁能量，将电磁能量转换为工作电源，启动信源编码器和调制电路，经过低通滤波器整形放大后，将应答器传输报文循环发出，直至车载天线离开应答器上方后，应答器失去电源，停止数据发送。

5. 轨道电路

轨道电路是利用钢轨线路和钢轨绝缘构成的电路，可用于监督线路的占用情况以及将列车运行与信号显示等联系起来传递行车信息。除车厂内可采用 50 Hz 相敏轨道电路外，正线需要采用无绝缘音频轨道电路且多采用高可靠性、多信息量的数字编码式音频轨道电路，简称数字轨道电路。而当采用 CBTC 时，正线就不再使用轨道电路。

轨道电路有较多种类，也有多种分类方法。按传送电流特性分类，可分为工频轨道电路与音频轨道电路，音频轨道电路又分为模拟式与数字编码式。工频轨道电路因为只能传输连续的交流电路，故也只能监督轨道是否被占用。相比之下，音频轨道采用调频方式可以传输更多信息。按分割方式分类，轨道电路可分为有绝缘轨道电路与无绝缘轨道电路，前者指用钢轨绝缘将本轨道电路与相邻轨道互相电气隔离，一般所说的轨道电路即指有绝缘轨道电路；后者在其分界处不设钢轨绝缘，而采用电气隔离的方式予以隔离，具有明显优点。相比之下，无绝缘轨道电路在长轨区段安装时不用锯轨，在电气化区段降低了轨道电路的不平衡系数，改善了线路的运营质量，故经常在城市轨道交通中得到使用。

最简单的轨道电路如图 2.3 所示，轨道电路的送电设备在送电端，由轨道电源及限流电阻组成；接收设备在受电端，一般采用继电器，称为轨道继电器，由它接收轨道电路的信号电流。送、受电设备一般放在轨道旁的变压器箱或电缆盒内，轨道继电器设在信号机械室内。当轨道电路内钢轨完整且没有列车占用时，轨道继电器吸起，表示轨道电路空闲；轨道电路被列车占用时，它被列车轮对分路，轮对电阻远小于轨道继电器线圈电阻，流经轨道继电器的电流大大减小，轨道继电器落下，表示轨道电路被占用。

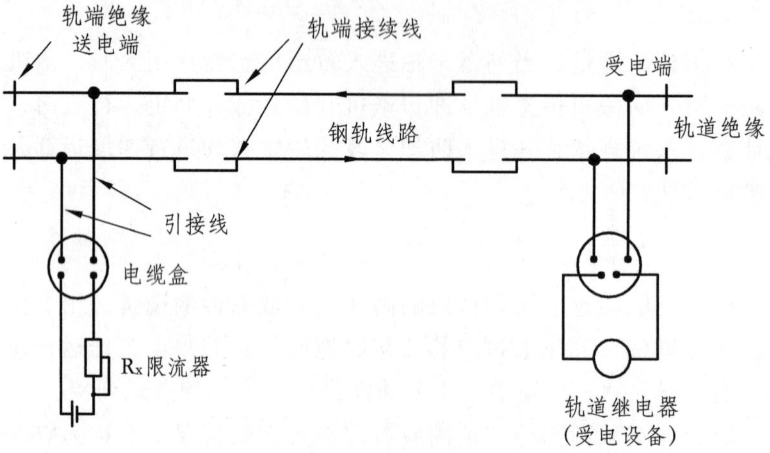

图 2.3　最简单的轨道电路

四、供电系统

（一）供电制式

牵引网的供电制式主要指电流制、电压等级与馈电方式。目前城市轨道交通的直流牵引电压等级有 DC 600 V、DC 750 V 和 DC 1500 V 等多种。我国国家标准为《地铁直流牵引供电系统》（GB 10411.89）中规定的 DC 1500 V 和 DC 750 V 两种电压制式。牵引网的馈电方式分为架空接触网和接触轨两种基本类型，其中电压制式与馈电方式密不可分。一般架空接触网馈电方式的电压等级采用 DC 1500 V，而目前主要采用 DC 750 V 作为第三轨馈电方式的电压等级，有向 DC 1500 V 发展的趋势。

（二）供电方式

城市电网对城市轨道交通的供电方式有集中供电方式、分散供电方式及混合供电方式。

集中供电方式即沿着轨道交通线路，根据用电容量及线路长短建设主变电所。这一供电方式主要包括一般具有双电源进线的主变电所与中压交流环网系统。采用这一供电方式有利于城市轨道交通企业的运营与管理，同时各牵引变电所和降压变电所由环网电缆供电，具有很高的可靠性。

分散供电方式则是根据城市轨道交通供电系统的需要，在轨道交通沿线直接从城市电网引入多路电源，由区域变电所直接对轨道交通牵引变电所和降压变电所供电。采取此种方式可取消地铁主变电所，从而节省主变电所的投资，但能否采取这一方式还与城市电网的发展情况密切相关，并且由于供电系统与外界接点增加，日后运营维护较为不便。结合上述两种方式的优越性，便产生了混合供电方式，即上述两种方式的组合，但仍以集中供电方式为主，在个别地段引入城市电网电源作为补充，使之更为完善可靠。

（三）供电系统主要设备

城市轨道交通供电系统的主要设备包括电力源及主变电站、输电线、变电所、接触网及电力监控系统。变电所通过接触网或接触轨，由车辆受电器向电客车馈送电能，而回流网是牵引电流返回变电所的导体。

1. 电力源及主变电站

城市轨道交通作为城市电网的一个用户，一般都直接从城市电网取得电能，不需单独修建电厂。通常高压输电线到了各城市后通过区域变电站（所）将电能转配或降低一个等级向附近各用电中心送电。城市轨道交通牵引用电既可从区域变电所高压线路得电，又可从下一级电压的城市地方电网得电。而对前一种方式而言，往往需要再设置一级主降压变电站以适应直流牵引变电所的需要。

从发电厂（站）经升压、高压输电线到区域变电站（如可供轨道交通使用）或主（降压）变电站的部分，通常被称为供电系统的“外部供电系统”，又称“一次供电系统”；从主（降压）变电站及其以后的部分统称为“牵引供电系统”。

2. 输电线

电流经输电线从电站传送到用电地区。我国国家电网传送电压是 110 ~ 220 kV。输电线分为地下线与架空线两种，在设置架空线有困难的情况下，常采用地下电缆。架空线是将裸导线悬在瓷瓶上，并架于混凝土、金属或木质电杆上。架空输电线的悬挂高度最低要在地面上 5 ~ 7 m，以免发生危险。当架空线跨越铁路和通信线路时，悬挂高度应适当增加并采取防护措施。两条输电线应保持适当安全距离，随着电压的升高，电杆之间的距离需随之增大。

3. 变电所

变电所可分为牵引变电所与降压变电所。牵引变电所用于将电力系统提供的三相工频交流电通过变压、变相或变流转变为本线电动车辆可用的电源；降压变电所则将电力系统提供的电流降压后供其他动力照明设备使用，包括通风、空调、排水、照明等。

根据电流制式的不同，牵引变电所又分为直流牵引变电所与交流牵引变电所。城市内的轨道交通网络多采用直流牵引制式，只有少数市郊铁路（如我国香港港铁东铁线、法国巴黎区域快线 RER）为了与干线铁路（国铁）共线运营，或由于历史原因采用交流牵引制式。直流牵引变电所将中压电降压整流后，变成供轨道交通列车使用的直流电源，再通过接触网或接触轨向列车供电。

除电动列车需要用电外，其他动力照明设备同样需要用电，其电力来自降压变电站，通过它将两路 10 ~ 35 kV 电路降压成 0.4 kV 后，向车站的动力、照明负荷供电。一般每个车站须设一座降压变电所，在有牵引变电所的情况下可与之合建成牵引降压混合变电所。

4. 接触网

接触网是将牵引变电所的电源传送给电动车辆的导体。电动车辆通过受流器从接触网获得电能，驱动牵引电动机使列车运行。广义上的接触网大体可分为接触导线（习惯上称为接触网）及接触轨两大类。接触导线悬于轨道上方，接触轨位于轨道中部或侧面。接触网可分为刚性接触网、柔性接触网及第三轨接触网。

5. 电力监控系统

电力监控系统又称 SCADA（Supervisory Control and Data Acquisition），由设置在运营控制中心的电力调度系统、通信通道和设在牵引降压混合所、降压所的综合自动化系统三部分组成。该系统主要完成对供电系统及设备运行状况的实时监控，为电力调度员提供自动化管理手段，保证电力系统安全可靠运行。

电力监控系统由运营控制中心电力调度系统（主站）、通信通道、变电所综合自动化系统（被控站）三部分构成。电力调度系统包括模拟操作、遥控、遥信、遥测、调度事务管理、供电系统运行状况的数据归档与统计等；变电所综合自动化系统包括继电保护、自动装置和测量、控制、所内通信、远程通信、系统维护等。

五、其他设备与系统

城市轨道交通除了上述设备外，还有其他一些重要的机电系统，包括：低压配电与照明系统、火灾报警系统（FAS，Fire Alarm System）、机电设备监控系统（BAS，Building Automation System）、环境控制系统、给排水系统、电梯系统、售检票系统、屏蔽门系统及门禁系统。以下将简要介绍这九个子系统中的火灾报警系统、机电设备监控系统、环境控制系统、给排水系统以及屏蔽门系统。

（一）火灾报警系统

在城市轨道交通系统中，可能发生的灾害主要包括火灾、水灾、雷击、地震、恐怖袭击、行车事故等。雷击与行车事故很难预先发出警告，只能采取相关的预防措施以尽可能降低风险。对于恐怖袭击，主要依靠公安等力量维护及预防，单靠轨道交通运营企业也较难预防。对于其他气象灾害，一般通过气象局获取预报信息，无须另设专用报警系统。

除了上述的几种灾害外，发生机率最高的可以算是火灾。火灾危害严重，损失巨大，但好在能够及早发现，因此轨道交通防灾报警设计的主要防范对象即火灾。为尽早发现并启动有关防火、灭火装置，城市轨道交通中通常设有火灾报警系统，它可在火灾发生初期就检测到，并触发警报，不仅有利于快速组织人员撤离，还有助于现场人员能够及时灭火，防止火势蔓延。火灾报警系统主要由触发器件（火灾探测器）、火灾报警装置、火灾报警输出控制装置及具有其他辅助功能的装置组成。城市轨道交通火灾报警系统主要设置在各车站站厅、站台、区间隧道、车厂等处所，由中央级火灾自动报警系统与车站级火灾自动报警系统组成。具体来说，中央级设备由两台位于控制中心调度大厅的图形命令中心 GCC 以及位于控制中心 FAS 机房内的信息处理服务器组成，实现对全线火灾情况的监控与时钟同步功能。FAS 中央级监控功能主要是监视轨道交通全线各车站、区间隧道等下属所有区域的火灾报警、消防联动和故障情况，并在火灾发生时承担全线防灾指挥中心功能。而 FAS 的车站级设备由控制盘、车站级图形命令控制中心 GCC 及各种外围设备组成，实现火灾监视及消防联动。外围设备包括火灾监测设备、状态监视设备、控制设备、消防通话和消防广播设备、接口设备等。FAS 车站级功能主要有监视、报警、控制以及与其他系统的联动等。

从整体系统配置上看，FAS 系统一般由网络及传输、报警、控制、防灾通信、时钟、消防电源、接地等子系统组成。FAS 报警系统在各车站、车厂及控制中心分别设置一台火灾报警控制器和一台专用消防联动控制设备，并在全线组成局域网。报警子系统的报警设备分为自动与手动两类，自动报警采用火灾探测器向控制室报警，手动报警采用手动报警按钮或电话向控制室报警。控制子系统分为自动与手动两类，自动控制通过模块实现；手动控制通过硬线、开关和继电器实现。防灾通信子系统包括有线电话、无线电话、防灾应急广播、电视监控等。FAS 系统的时钟应与全线其他系统的时钟一致，一般采取控制中心的火灾报警控制器接收全线时钟系统校时信号后再对车站的火灾报警控制器提供时钟校时信号的方式。

（二）机电设备监控系统

机电设备监控系统是对城市轨道交通沿线车站、区间隧道、控制中心等建筑的通风空调设备、给排水设备、照明设备、自动扶梯、电梯、屏蔽门、防淹门等站内其他机电设备进行全面有效集中监控与管理的综合自动化系统。BAS 通常由中央、车站、就地三级实现对各种设备的监视及控制。由于地下车站设备系统复杂且耗能多，而地面及高架车站设备系统简单耗能少，故地下车站应设 BAS 系统，地面及高架车站一般不设置。BAS 系统具有以下功能：

① 控制车站及区间隧道内空调及冷却水系统和风机；

② 控制正常照明并接收其反馈信号；

③ 监控水泵及水位状态，同时记录相关数据；

④ 监控防淹门及防护隔断门的状态，及时接收故障报警信号并将其发送至 FAS 系统；

⑤ 控制自动扶梯与垂梯，显示运行状态并接收报警信号；

⑥ 控制屏蔽门并显示运行状态与故障报警，在紧急情况下应手动控制。

正常运行工况下需控制的设备由 BAS 直接监控，如空调通风系统、给排水系统等设备。火灾工况下需控制的设备由 FAS 直接监控，如消防泵、气体自动灭火设备等。正常与火灾工况下均需控制的设备，如隧道风机、排风兼排烟风机、兼作事故疏散用的自动扶梯等，正常运行时由 BAS 直接监控，火灾时接受 FAS 指令，优先执行 FAS 制定的火灾工况。FAS 与 BAS 宜在车站级建立数字通信。

（三）环境控制系统

环境控制系统简称环控系统，又称通风空调系统，采用人工方式创造和维持满足一定要求的空气环境。在正常运行时，环控系统为乘客提供一个舒适良好的乘车环境，并为职员提供必要的安全卫生舒适的工作条件，同时对车辆、车站设备及用房按要求提供环境条件。在发生火灾毒气事故时，环控系统能提供新鲜空气，及时排除有害气体，为人员撤离事故现场创造条件。不论采取何种环控系统，均需满足以下基本要求：

① 在正常运行时保证地下线路及车站内部空气环境在规定标准范围内；

② 列车阻塞在区间隧道时，确保隧道内空气流通；

③ 在车站内或区间隧道发生火灾事故时，具备防灾、排烟及通风功能；

④ 对车站内各种设备管理用房按工艺与功能要求提供空调或通风换气，公共区排烟系统兼容排烟。

环控系统由风系统、车站空调水系统和集中供冷系统组成。风系统指空调、通风系统，包括空调机、风机、风阀和风管路（风道）设备，可分为隧道通风系统、空调大系统和空调小系统。车站空调水系统指各站为供给车站大小系统空调用水所设置的制冷系统，由冷水机组、水泵、冷却塔、水阀与管路等设备组成。集中供冷系统是指将相邻三到五个车站的空调用冷冻水汇集到某一处集中处理，冷冻水再由二次冷冻水泵和管路长距离输送到各车站，以满足车站所需制冷量。

环控系统制式一般分为开式系统、闭式系统以及屏蔽门系统，其中开式系统和闭式系统统称为非屏蔽门系统。

屏蔽门系统是指在站台与区间隧道之间设置完全隔断、可以移动的屏蔽门，列车停站时屏蔽门与列车门一一对应打开，列车出站时屏蔽门关闭。这一物理屏障将巨大的列车产热拒之门外，站内采用空调制冷系统，保证站内温度符合标准；区间则利用列车运行产生活塞风，通过风井与室外进行通风换气，满足区间通风要求。

非屏蔽门系统指在物理结构上的轨道交通地下车站与区间隧道相连通的系统，主要包括开式系统与闭式系统。开式系统利用“活塞效应”或机械方法使地铁内部与外界交换空气，两站之间设通风井，可以调节站内温度，正常运行时，所有通风井全部开启。这类系统多用于当地最热月月均温低于 25 °C 且运量较少的地下线路。与开式系统相对应的是闭式系统，它能使城市轨道交通地下线基本上与外界隔断，仅供给满足乘客所需的新鲜空气量。车站一般采用空调系统，而区间隧道借助于列车运行的“活塞效应”带入部分空调冷风实现冷却。该系统仅在车站两端设通风井，因车站内有空调，故正常运行时所有通风井都关闭。这种方式的车站空调制冷系统不仅需要承担车站的制冷负荷，还需承担列车运行产生的热量，因此车站冷负荷、空调风量、环控设备容量、土建规模以及耗电量都明显增大，不仅如此，因车站与区间完全连通，车站受活塞风影响较大。这种系统多用于当地最热月月均温高于 25 °C 且运量较大的轨道交通系统。而在实际工作中，往往采取开式与闭式相结合的环控系统。

目前，国内新建的城市轨道交通系统地下车站大多数都采用屏蔽门系统，较少采用非屏蔽门系统。国内部分原本采用非屏蔽门系统的线路，也逐步改为屏蔽门系统，如广州地铁 1 号线。

（四）给排水系统

给排水系统是轨道交通安全运营的重要设施之一，主要由给水系统和排水系统组成，其主要功能是满足轨道交通所属范围内的生产、生活及消防用水，及时排除生产生活废污水、结构渗入水、事故消防水及敞开部分的雨水。

城市轨道交通车站及建筑给水系统由生产、生活给水和消防给水两部分组成，采用直接给水方式，由城市自来水管网供水，一般由下列部分组成：引入管、接入管、入户管、进户管、水表节点、管道系统、给水附件、升压和储水设备以及室内消防设备。其中，消防给水系统还包括消火栓给水系统和自动喷淋灭火系统。消火栓灭火系统主要设在车站管理用房、站厅层、站台层、出入口和风道内。在区间隧道内每隔一定间距设一个消火栓，内有消防按钮。自动喷淋灭火系统主要设于车站票务房、易燃库房、备品库及商业区，该系统的喷淋泵与消防泵合用。在其他不宜采用水及泡沫灭火的重要设备用房，需采用其他自动灭火系统。

排水系统主要包括重力排水和机械排水两部分，本部分主要介绍机械排水。轨道交通车站的废水主要有生活废水、冲洗废水、生产废水、消防废水、雨水、地下结构渗水等。排水系统主要由下列六种泵站组成：车站废水排水泵站、污水排水泵站、出入口排水泵站、地下结构渗漏水和车站风井排水泵站、区间排水泵站和电缆层排水泵站。一般每个泵站设有两台潜水泵互为备用，也有部分泵站仅设单台潜水泵排水。

地面车站排水系统的机械排水主要有以下三个独立排水方式：在车站出入口自动扶梯下有两台排水泵，用于排出基坑内的积水；车站站台层下设排水泵，用于排出站下积水；在车站变电站的电缆层设有排水泵，用于排出电缆层积水。

水泵采用水位就地控制，自动排水运行，并不设第二开泵水位浮球。

（五）屏蔽门系统

屏蔽门（Platform screen door，PSD）是 20 世纪 80 年代末出现的一种先进环控设备，首先在新加坡 MRT 南北线（North South Line）一期开通时安装。目前屏蔽门有两种类型，一种是一道自上而下的玻璃隔墙和活动门，沿着车站站台边缘及两端设置，又称为全高式屏蔽门，如图 2.4 所示；另一种是上不封顶的隔墙和活动门，属于半封闭型，又称半高式屏蔽门或安全门，如图 2.5 所示，其安装位置与全高式屏蔽门相同，造价相对较低，常用于地面或高架车站，偶有用于地下车站。

屏蔽门在保障乘客安全、节省环控系统运营能耗、改善候车环境等方面起到重要作用，同时还为实现无人驾驶创造了条件，并且使轨道交通的正常运营得到保证，大大减少因站台事故而导致运营延误的机率。

屏蔽门系统的控制模式包括系统级、站台级以及人工操作（手动操作）三种正常控制模式。在屏蔽门正常运作且列车停站准确时，屏蔽门接受 ATC 系统控制活动门的启闭，此即系统级控制。当系统不能正常运作时，如出现列车对位不准确、信号故障等状况，司机通过站台头端的控制盒进行屏蔽门的启闭，此即站台级控制。在紧急运行模式下，在站台侧的工作人员用三角钥匙打开活动门，在轨道侧的乘客根据司机的广播指令使用屏蔽门上的手动解锁把手或按钮打开屏蔽门，此即手动操作模式。此外，屏蔽门还有火灾控制模式，即在相应火灾模式下，车站值班人员在车站控制室操作消防联动盘上的屏蔽门紧急控制开关配合打开活动门，疏散乘客和配合环控系统排烟。

屏蔽门系统由机械和电气两部分构成，机械部分包括门体结构和门机结构，电气部分包括电源系统和控制系统。门体结构由钢架、顶盒、门体组合、下部支撑结构构成；门机系统主要由驱动装置、传动装置、锁紧装置和 DCU 等组成；电气控制系统主要由 PSC（含接口部件）、PSL、DCU、声光警告装置、就地控制盒、PSA 和系统接口等构成。

图 2.4　新加坡地铁劳明达（Lavender）站全高式屏蔽门，是最早投入使用的屏蔽门系统之一，由美国威斯汀豪斯（Westinghouse）公司生产。

图 2.5　巴黎地铁 13 号线荣军院站(Invalides)的安全门，由瑞士 KABA 公司生产

第二节　行车闭塞法

一、行车闭塞法概述

为保证列车运行安全，在组织列车运行时，通过设备或人工控制，使连续发出的列车保持一定间隔距离安全行车的办法称为行车闭塞法。

保持列车间隔距离的方法有两大类：一类是空间间隔法，即把线路划分为若干个区间（或分区），在每个区间（或分区）内同时只准许一列车运行，使前行列车和追踪列车之间必须保持一定距离，或是前后运行的列车之间必须保持一个列车制动距离加上安全防护距离的行车方法。另一类是时间间隔法，按一定的时间间隔开行列车，即第一列车发出后，需经过一定的时间才发出下一列车。由于按时间间隔法行车不易严格保持前后运行列车之间的安全间隔，如果进路办理疏忽或司机操纵不当，容易发生追尾事故。因此，正常情况下，轨道交通采用空间间隔法行车，只是在特殊情况下，如一切电话中断时才准许采用时间间隔法，并且要有安全保证措施。

按空间间隔法行车时，行车闭塞法有基本闭塞法和代用闭塞法两类。基本闭塞法是在基本闭塞设备正常时采用的行车闭塞法。在采用自动闭塞设备的线路上，基本闭塞法是指连续发出的列车以闭塞分区、轨道电路区段，或者以列车制动距离加上安全防护距离作为安全间隔运行。在采用非自动闭塞设备的线路上，基本闭塞法是指连续发出的列车以站间区间作为安全间隔运行。代用闭塞法是指基本闭塞设备因故不能使用时临时采用的行车闭塞法，电话闭塞法是常用的代用闭塞法。

轨道交通采用的主要是自动闭塞设备。自动闭塞技术的发展经历了从固定（自动）闭塞到移动（自动）闭塞的过程，固定闭塞技术又分为传统信号和 ATC 系统两种。

传统的自动闭塞一般设地面通过信号机，装备有机车信号，保证列车按照空间间隔制运行的技术方法是用信号或凭证来实现的。轨道交通采用的自动闭塞类型通常是三显示带防护区段自动闭塞和四显示自动闭塞两种。

在采用 ATC 系统时，区间线路划分成若干个固定的轨道电路区段，追踪列车与运行列车之间以轨道电路区段作为间隔，不设置地面通过信号机，以车载 ATP 速度信号（又称速度码）作为主体信号控制列车运行。根据前行列车位置等信息，ATP 子系统不断调整前行列车后方各轨道电路区段的出口速度，通过车载 ATO 设备对后行列车运行速度进行自动控制，确保追踪安全间隔。图 2.6 是基于轨道电路的 ATC 系统速度控制与列车间隔示意图，按前行列车所在位置，要使后行列车运行速度不低于 65 km/h，则列车间隔至少应有 6 个轨道电路区段。

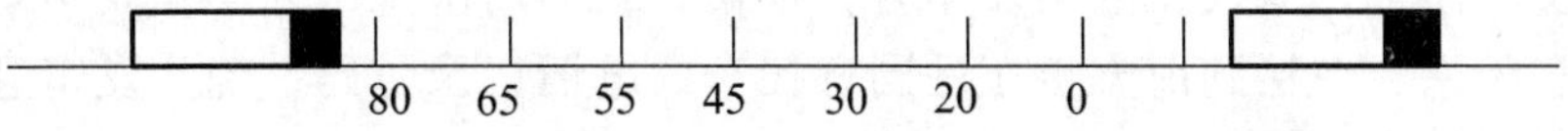

图 2.6　ATC 系统时的速度控制与列车间隔示意图

在采用移动闭塞时，取消了传统的轨道电路，区间线路不再固定划分闭塞分区或轨道电路区段，列车间隔按后行列车制动距离加上安全防护距离进行控制，并且是动态地、随着前行列车移动而移动，列车制动的起点和终点均无分界点位置限制。移动闭塞时的列车追踪运行间隔如图 2.7 所示。

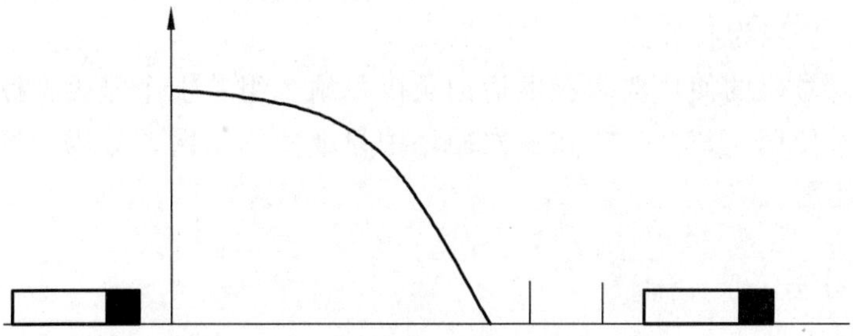
图 2.7　移动闭塞时列车间隔示意图

二、人工闭塞法

人工闭塞法主要有以下两种方式：

（一）电气路签（牌）闭塞

电气路签（牌）闭塞是早期铁路区间闭塞的基本方法之一。在一个区间的两端站各设一台闭塞机，作为一组。在一组闭塞机里装有这个区间的行车凭证——路签或路牌。只有在区间无车占用即区间开通的条件下，由两端站的值班员协同操作，从发车站的闭塞机中取出路签或路牌并交予司机。列车司机得到路签（牌）后，才能驾驶列车进入相应区间。只有当列车到达接车站，将路签（牌）放入闭塞机，此区间闭塞解除后，才有可能再一次办理闭塞。从而保证该区间只有一列列车运行，列车运行安全得到了保障。

（二）电话闭塞

电话闭塞法是当基本闭塞设备发生故障不能使用时，由相邻两站车站值班员利用站间闭塞电话，以电话记录的方式共同确认闭塞区间空闲，接/发列车进路准备妥当后，才能准许列车进入该闭塞区间的行车闭塞法，是一种代用闭塞法。电话闭塞法不论单线或双线，均按站间区间办理，每一站间区间及前方接车站线为一个闭塞区段，一个闭塞区段只允许一列车占用，行车凭证为路票。一般而言，电话闭塞法没有机械、电气设备的控制，全凭制度和人为控制，安全性较差。为保证同一区间内不会采用两种闭塞法，在停用基本闭塞法改用电话闭塞法或恢复基本闭塞法组织行车时，均需在行车调度员下达命令后方可采用。

电话闭塞法的有关规定：

（1）单线、双线反方向运行的列车或双线正方向运行的第一列车，发车站需向接车站请求闭塞，在接到前方接车站同意接车的电话记录号码，确认发车进路准备妥当后，发车站方可填写发车路票；双线正方向发车时，根据收到的前次发出列车在到达站的发出时间请求下次列车闭塞，在接到前方接车站同意接车的电话记录号码，确认发车进路准备妥当后，即可填写发车路票。

（2）路票需要在查明闭塞区间空闲，并取得接车站同意，确认发车进路准备妥当后方可填写，路票由行车值班员填写，复查无误后方可递交司机。

（3）路票填写如有增添字句及涂改，均应作废，须重新填写。

（4）列车到达车站后，行车值班员应及时收回路票，并画“×”以示注销，整理保存。

（5）路票填写的日期以接车站承认闭塞时间为准，零时以前办理的闭塞，司机若在零时以后收到路票，仍视为有效。

（6）电话记录号码的使用要求：电话记录以每站一组若干个号码，按日循环使用，由小到大，可以跳号使用。每个号码在一次循环中只准使用一次，号码一经发出无论生效与否，均不得重复使用。

三、固定闭塞

固定闭塞方式是将列车运行线路划分为若干个闭塞分区，每个闭塞分区的长度要满足一个速度等级制动距离的要求。闭塞分区的长度按线路条件经牵引计算确定，一旦划分将固定不变。固定闭塞技术又分为传统信号及 ATC 系统两种。

传统的自动闭塞信号设备将正线区间划分成若干个固定的闭塞分区，每个闭塞分区内设置一个独立的轨道电路，每个闭塞分区的入口处设置通过信号机进行防护。通过轨道电路将列车运行位置的变化与通过信号机的自动显示联系起来。轨道交通采用的自动闭塞类型通常是三显示带防护区段自动闭塞和四显示自动闭塞两种。三显示带防护区段自动闭塞是在三显示自动闭塞的基础上增加一个闭塞分区作为防护区段，如图 2.8 所示。三显示自动闭塞信号是指区间通过信号机的显示有红、黄、绿三种灯光，当通过信号机开放绿灯时，列车按图定速度运行，在带防护区段的情况下，通过信号机开放绿灯表示列车运行前方至少有三个闭塞分区空闲，一个黄灯表示列车运行前方还有两个闭塞分区空闲，红灯表示列车运行前方最多还有一个闭塞分区空闲，不准列车越过该信号机。如果司机因失去警惕而未采取停车措施时，自动停车装置将起作用，使行驶的列车自动停车。

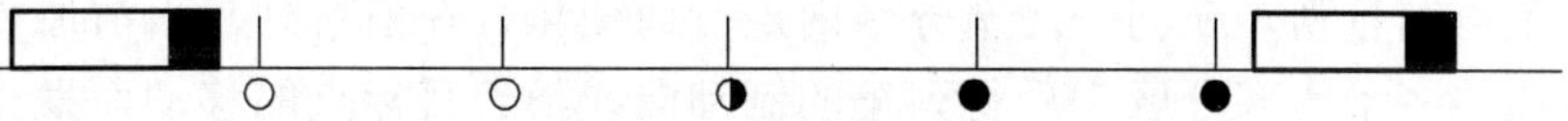

图 2.8　三显示带防护区段时的信号显示

○—绿色；◑—黄色；●—红色

在行车密度大、列车速度高的情况下，为提高线路通过能力和保证列车运行安全，可考虑采用四显示自动闭塞设备来对列车间隔、速度进行控制，即在红、黄、绿三种灯光信号显示的基础上，增加一种灯光信号显示（黄绿色），如图 2.9 所示。

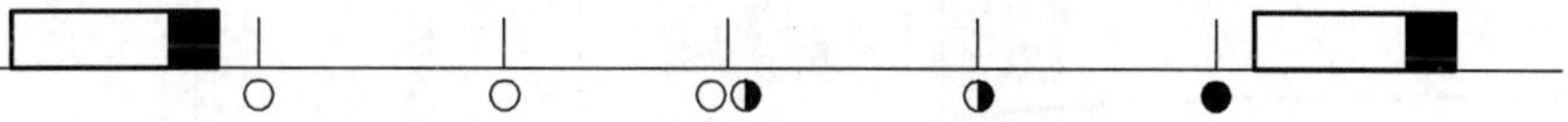

图 2.9　四显示时的信号显示

○—绿色；◑—黄色；●—红色

在采用 ATC 系统时，运行列车间的空间间隔是若干个闭塞分区，闭塞分区数根据划分的速度级别而定。一般情况下，闭塞分区用轨道电路或计轴装置来划分，它具有列车定位和轨道占用检查的功能。固定闭塞的追踪目标点为前行列车所占用闭塞分区的始端，后行列车从最高速度开始制动的计算点为要求开始减速的闭塞分区的始端，这两个点都是固定的，空间间隔的长度也是固定的，所以称为固定闭塞，如图 2.10 所示。

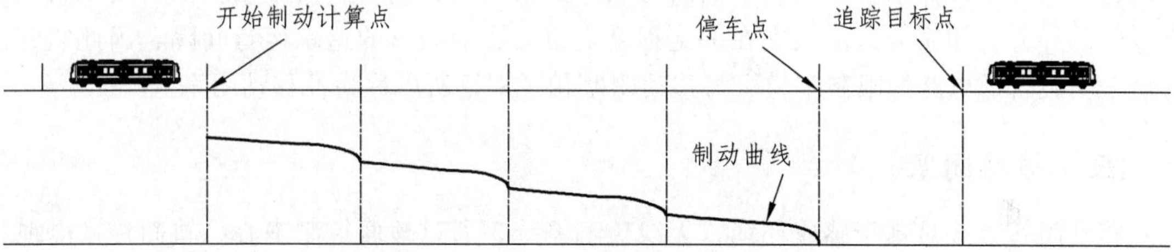

图 2.10　固定闭塞

由于列车定位是以固定区段为单位的（系统只知道列车在哪个区段中，而不知道在区段中的具体位置），所以固定闭塞的速度控制模式必然是分级的，即台阶式的。在这种制式中，需要向被控列车安全传送的只是少数几个速度码。固定闭塞在一定程度上限制了行车密度及线路通过能力。

四、准移动闭塞

准移动闭塞方式是介于固定自动闭塞和移动闭塞之间的一种闭塞方式，它对前、后列车的定位方式是不同的。前行列车的定位仍沿用固定闭塞的方式，而后行列车的定位则采用连续的或称为移动的方式。它采用目标距离控制模式（又称连续式一次速度控制），根据目标距离、目标速度及列车本身的性能确定列车制动曲线，不设定每个闭塞分区的制动等级，采用一次制动方式。

准移动闭塞的追踪目标点是前行列车或限速点所占用闭塞分区的始端，留有一定的安全距离，目标速度是目标点的限速值，目标距离是后行列车至目标点的距离。后行列车从最高速度开始制动的计算点是根据目标距离、目标速度及列车本身的性能决定的。目标点相对固定，不以前行列车在同一闭塞分区内走行而变化，在前行列车出清原占用闭塞分区时，目标点前移一个闭塞分区，后行列车的制动曲线随着目标点的移动而发生跳变。后行列车制动曲线的起始点是随线路参数和列车本身性能不同而变化的，空间间隔的长度不固定，如图 2.11 所示。

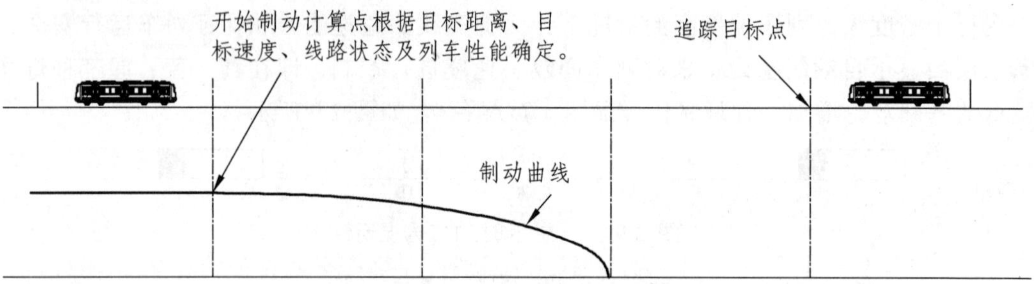

图 2.11　准移动闭塞

准移动闭塞方式在控制列车的安全间隔上比固定闭塞进了一步。它通过采用报文式轨道电路辅以环线或应答器来判断闭塞分区是否被占用并传输信息，信息量大；它可以告知后行列车继续前行的距离，后行列车可根据这一距离合理地选择减速或制动，列车制动的起点可延伸至保护其安全制动的地点，从而可改善列车速度控制，缩小列车安全间隔，提高线路利用效率。但准移动闭塞中的后行列车的最大目标制动点仍必须在前行列车占用闭塞分区的外方，闭塞分区的长度在一定程度上也会影响列车的追踪运行间隔，因此它并没有完全突破轨道电路的限制。为了与移动闭塞相区别，所以称为准移动闭塞。

五、移动闭塞

移动闭塞方式是基于感应环线或无线传输系统，通过地面控制中心、轨间传输电缆和车载设备等设备，将前方目标的距离等一系列地面基础数据传至车上，再由车载计算机实时计算出列车最大允许速度曲线，并按此曲线对列车的实际速度进行监控，实现列车超速自动防护的功能，确保列车运行不会越过前方目标点的安全距离。

移动闭塞方式中已经没有了将线路分为若干个闭塞分区的概念，列车运行间隔是动态的，并随前行列车的移动而移动，该间隔是按后行列车按照当前速度所需的制动距离加上安全余量实时计算和控制的，确保追踪运行不追尾。列车制动时机、制动起始点和终点均是动态的，其目的是最大限度地利用机车车辆特性全速运行，尽可能缩短列车运行间隔，最有效、最合理地利用区间，提高区间通行能力。

移动闭塞是一种新型的闭塞制式。它不设定固定闭塞区段，前、后两列车都采用移动式的定位方式。它采用目标距离控制模式，根据目标距离、目标速度及列车本身的性能确定列车制动曲线，采用一次制动方式。移动闭塞的追踪目标点是前行列车的尾部（留有一定的安全距离），后行列车从最高速度开始制动的计算点是根据目标距离、目标速度及列车本身的性能来计算决定，如图 2.12 所示。

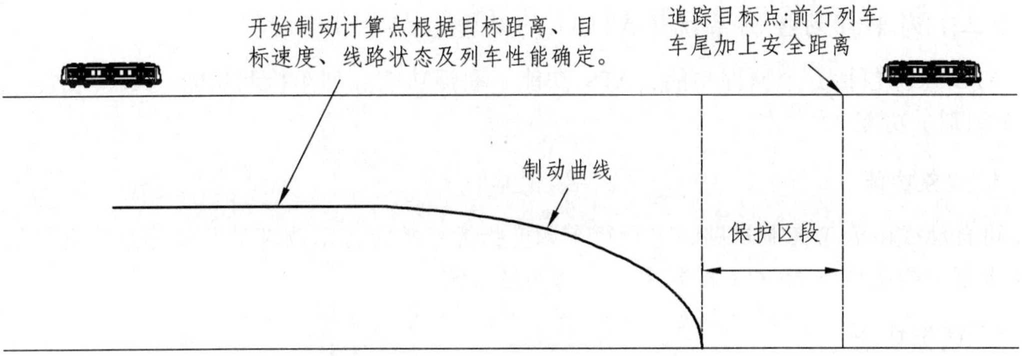

图 2.12　移动闭塞

移动闭塞追踪目标点是前行列车的尾部，与前行列车的运行速度有关，是随时变化的，而制动曲线的起始点随线路的参数和列车本身性能不同而改变。列车间的空间间隔长度不固定，所以称为移动闭塞，其追踪运行的间隔要比准移动闭塞更小一些。移动闭塞缩短了列车的行车间隔，提高了行车密度以及线路通过能力，从而提升了运能、提高服务质量和服务水平。

第三节　列车自动控制系统

一、ATC 系统概述

（一）列车自动控制系统（ATC）的组成

列车自动控制系统是将先进的控制技术、通信技术、计算机技术与轨道交通信号技术融为一体的具有行车指挥、控制、管理功能的自动化系统。它是保障轨道交通行车安全、提高运输效率的核心，也是标志一个国家轨道交通技术装备现代化水准的重要组成部分。它由列车自动保护系统、列车自动运行系统以及列车自动监控系统 3 个子系统组成。列车自动保护系统（Automatic Train Protection，ATP）的主要作用是根据故障导向安全原则，通过车载 ATP 系统和地面 ATP 系统间的信息传输，实现列车间安全距离的监控、速度控制、超速防护、安全开关门的监督和进路的安全监控等功能，确保列车和乘客的安全；列车自动运行系统（Automatic Train Operation，ATO）主要通过车载 ATO 功能完成列车站间自动运行、速度调节和进站定点停车，并接受控制中心（OCC）的调度命令，实现列车运行自动调整的功能；列车自动监控系统（Automatic Train Supervision，ATS）的主要功能是监督列车状态、生成列车时刻表、自动调整列车运行时刻和保证列车按时刻表正点运行、生成运行报告和统计报告，向旅客导向系统提供信息等。该系统通过软件实现联网、通信及列车运行管理自动化，ATP、ATO、ATS 三个子系统既相互独立又相互联系，组成完整的 ATC 系统，确保列车安全、快速、有序地运行。ATC 系统设备分布于控制中心（OCC）、车站、轨旁及列车。

（二）列车自动控制系统（ATC）的功能

ATC 系统包括五个原理功能：ATS 功能、联锁功能、列车检测功能、ATC 功能、PTI（列车识别）功能。

1. ATS 功能

可自动或由人工控制进路，进行行车调度指挥，并向行车调度员和外部系统提供信息。ATS 主要功能由位于 OCC（控制中心）内的设备实现。

2. 联锁功能

响应来自 ATS 功能的命令，在随时满足安全准则的前提下，管理进路、道岔和信号机，将进路、轨道电路、道岔和信号机的信息提供给 ATS 子系统和 ATC 子系统。联锁功能由分布在轨旁的设备来实现。

3. 列车检测功能

列车检测功能一般由轨道电路或相应的计轴等设备完成。

4. ATC 功能

在联锁功能的约束下，根据 ATS 的要求实现列车运行的控制。ATC 功能有三个功能：ATP/ATO 轨旁功能、ATP/ATO 传输功能、ATP/ATO 车载功能。ATP/ATO 轨旁功能负责列车运行间隔的监控和报文的生成；ATP/ATO 传输功能负责发送感应信号，它包括报文和 ATC 车载设备所需的其他数据；ATP/ATO 车载功能负责列车的安全运营、列车自动驾驶以及给信号系统和司机提供接口。

5. PTI 功能

PTI 功能是通过多种渠道传输和接收各种数据，并在特定的位置传给 ATS，向 ATS 报告列车的识别信息、目的地号、乘务组号和列车的位置数据，以优化列车运行。

在控制中心内，装有分布式计算机系统、中心数据传输系统、信息管理系统等，其硬件设备主要包括人机界面（MMI）、管理器（ADM）、通信器（COM）、打印服务器和打印机、维护操作控制台、过程耦合单元（PCU）、表示盘接口（PI）、模拟表示盘（MDP）、列车时刻表编辑器（TTE）、局域网（LAN）、不间断电源（UPS）及演示系统（DS）等。车站设备包括车站数据传输系统、车—地通信系统（TWC）、列车发车时间表示器（DTI）、旅客信息系统（PIS）以及列车识别系统（PTI）等，联锁站一般还装有远程终端单元（RTU）。

二、ATP 子系统

（一）ATP 的基本概念

ATP 即列车运行超速防护及列车运行速度监督。ATP 系统的功能是对列车运行进行超速防护，实时监控与安全相关的设备，实现列车位置检测，保证列车间的安全距离，确保列车在安全速度下运行，完成信号显示、故障报警、降级提示、列车和线路参数的输入，并与 ATS、ATO 及车辆系统接口以进行信息交换。

ATP 系统不断将来自联锁设备和操作层面的信息、线路信息、前方目标点的距离和允许速度信息等从地面通过轨道电路、车地无线等传至列车上，由车载设备检测实际运行速度，以此来对列车速度实行监督，使之始终在安全速度下运行。当列车速度超过 ATP 装置所指示的速度时，ATP 的车上设备就发出制动指令，使列车触发紧急制动；而运行操作可由司机及系统完成，这样可缩短列车的运行间隔，可靠地保证列车不超速、不冒进。ATP 是 ATC 的基础环节，是安全系统，必须符合故障—安全的原则。

（二）ATP 的设备

1. ATP 轨旁设备

ATP 系统的核心设备安装在列车上，但是它所需的主要信息都来自轨旁设备。根据城市轨道交通信号系统的不同制式，列车自动防护系统的轨旁设备有 ATP 轨旁单元、点式应答器、轨道电路或计轴器等。列车运行时，通过 ATP 轨旁设备向列车传递有关信息，并由安装在列车上的设备接收和处理这些信息。

（1）ATP 轨旁单元。

ATP 轨旁单元是 ATC 系统同整个列车防护系统其他要素的主要接口，执行安全功能，由基于故障—安全原理的计算机构成。ATP 轨旁单元使用的微机具备提供所需大容量储存和高计算的能力。ATP 轨旁单元还包括一个永久的存储器，储存基本设施的数据（例如轨道布置、线路速度）。ATP 轨旁单元主要负责向各列车发布安全移动授权，编制含有安全、非安全报文和信号信息的报文。

（2）点式地面应答器。

通常在线路上间隔一定的固定距离会设置点式应答器，存储线路中有关列车运行的信息。在列车经过时，由安装在列车车底的查询应答器感应接收、读取信息，再由车载主机对这些信息进行综合分析处理。

点式应答器中所包含的信息包括线路位置、列车运行距离、基本线路参数、速度限制等，这些信息固化在应答器中，应答器可分为有源应答器和无源应答器两种。有源应答器向线路发送实时信息，由列车接收，可以根据需要对应答器内的数据进行更新；无源应答器只有在列车经过时，才能由列车从应答器中读取事先存入的固定数据。

（3）轨道电路和计轴器。

轨道电路除了具有表示列车是否占用轨道的功能外，还可以向线路上实时发送列车运营所需的信息，由列车接收和处理。轨道电路所发送的信息容量大，有利于列车的车载系统对列车进行实时控制。一般来说，轨道电路所发送的信息有以下内容：轨道电路的长度、坡度和曲线参数、载波频率、轨道电路编号、线路限制速度、目标距离、目标速度、道岔定反位、列车停站信号、备用信息等。这些信息以数字编码的方式顺序排列，放在一个信息包里。列车接到信息后进行实时处理，实时控制列车运行状态。

现在使用较广泛的是计轴器，它是用于计算车辆进出区段的轮轴数，以此分析区段是否有车占用的一种技术设备。它具有检查区段占用和空闲的功能，而且不受轨道线路、道床状态等影响。在采用 CBTC（基于通信的列车控制系统）的城市轨道交通线路上，当无线传输设备发生故障时，通常使用计轴器作为次级检测设备来检测列车的位置，构成“降级”信号。

2. 车载设备

车载主机根据地面传递到车上的限速信息，计算出两信息点之间的速度控制曲线，实现列车超速防护的功能。列车正常运行时，该控制曲线对列车没有速度限制。当列车的实际速度达到或稍超过最高限速时，会发出报警，提醒司机降速。如果司机没有反应，系统会自动启动制动器并做出记录，一般先启用常用制动，如果继续超速，将采取紧急制动。ATP 系统的车载设备主要包括车载主机、驾驶状态显示单元、速度传感器、列车地面信号接收器、列车接口电路、电源和辅助设备等。

（1）车载主机。

车载主机由各种印刷电路板、输入/输出接口板、安全继电器和电源等设备组成。这些设备分层放在机柜中，各板之间利用机柜上的总线进行通信。为符合列车移动授权，车载主机执行必要程序，保证列车安全。违反移动授权会引起车载主机触发紧急制动，并使列车停车。这些操作都是安全相关的，要求车载主机是故障—安全的。

（2）司机状态显示单元。

状态显示单元是车载系统与司机之间的人机界面，可以显示列车当前运行速度、列车到达某点的目标速度、列车到达某点的走行距离、列车的驾驶模式和有关设备的运行状况等与行车直接相关的信息；还设置一些按钮用于司机操作、控制列车运行。

（3）速度传感器。

通常在列车的车轴上安装有两个速度传感器，用于测量列车的运行速度、运行距离及判定列车运行的方向，有时也安装多普勒雷达测速。

（4）列车地面信号接收器

列车地面信号接收器安装在列车底部，用于接收从轨道上传来的信息，这些信息可以由地面轨道电路发送，或由安装在地面的专门设备如应答器发送。列车地面信号接收器根据所接收的信息格式、容量和处理速度等因素，设计为感应天线或其他形式，以保证列车在一定的运行速度下能及时接收和处理所收到的信息。

（5）列车接口电路。

ATP 的车载设备通过车载主机与列车进行接口，车载主机将控制信息通过接口电路传送给列车，同时车载主机通过接口电路从列车获得列车运行的状态信息。

（6）电源和辅助设备等。

列车为 ATP 提供所需的电源，列车上还有列车运行模式开关、各种电源开关和其他一些辅助设备等。

（三）ATP 的主要功能

1. 安全停车点防护

车载 ATP 系统接收地面 ATP 的限制速度，通过计算得出紧急制动速度曲线，确保列车不能越过安全停车点。

2. 速度监督与防护

根据轨道交通线路状况、列车运行的最大允许曲段速度和列车临时限制区域速度，车载 ATP 计算列车控制运行速度，一旦超速立即报警并采取常用制动或紧急制动措施。

3. 列车间隔控制

根据前行列车的位置及线路参数等条件计算（确定）后行列车的运行速度等，保证最小安全间隔，提高运行效率。

4. 测距与测速

ATP 的测距和测速功能是基于测速单元的输入，负责列车运行速度、运行距离、运行方向和位置的测定，给出行驶距离，以便与限制速度比较，采用自动运行功能。

5. 车门监控功能

ATP 对车门的控制主要是对车门状态的监督。通常情况下，当车辆没有停稳在站台时，ATP 不允许车门开启。如果检测到列车在移动，且车门未锁闭在关闭状态时，车门监督功能就会触发紧急制动。只有当列车在车站的预定停车区域内停稳且停车点的误差在允许范围内时，ATP 才会允许开关车门。当列车停靠站台的精度偏离 0.5 m 或 1 m 时，允许列车以 5 km/h 的速度移动，以精确停车。在列车运行过程中，ATP 不断监视车门是否处于关闭且锁闭状态。

6. 列车检测

采用轨道电路或计轴器等 ATP 轨旁设备作为列车检测设备。通过发送不同的信息以检测区段是否有车占用，通常将检测到的数据传至联锁设备中。

7. 司机人机接口（MMI）功能

MMI 提供信号系统与司机的接口。借助于 MMI，司机可以按照 ATP 系统的指示安全运行。MMI 向司机显示实际运行速度、最大允许速度以及 ATP 设备的运行状态，另外显示列车运行时产生的重要故障信息，在某些情况下伴有音响警报（例如超过了最大允许速度）。

8. 折返/改换驾驶室功能

列车折返时，要求司机改换驾驶室。ATP 车载设备必须考虑到在使用不同的驾驶操作台时，需保存相对轨旁位置、列车前部和后部的信息。因改换驾驶室会引起列车前部和后部的互换，ATP 车载设备必须相应地调整位置信息。

三、ATO 子系统

（一）ATO 的基本概念

ATO 系统是控制列车自动运行和在车站自动停车的设备。ATO 系统主要用于实现“地对车的控制”，即用地面信息实现对列车驱动、制动的控制，包括列车自动折返，根据控制中心指令自动完成对列车的启动、牵引、惰行和制动，送出车门和屏蔽门同步开关信号，使列车按最佳工况正点、安全、平稳地运行。

ATO 系统实现列车自动驾驶的功能，需要 ATP 系统和 ATS 系统提供支持。ATP 系统向 AT0 系统提供列车运行速度、线路允许速度、目标速度和目标距离，以及列车当前所处位置等信息；ATS 系统向 ATO 系统提供列车运行作业和计划。ATO 系统为非故障—安全系统，其控制列车自动运行，主要是实现正常情况下高质量的自动驾驶。由于使用 ATO 系统，列车可以经常处于最佳运行状态，避免了不必要的、过于剧烈的加速和减速，因此可显著提高列车运行效率、舒适度、准点率，减少轮轨磨损，并且通过与列车再生制动配合还可以节约列车能耗。

（二）ATO 系统的设备

虽然各个城市地铁系统采用的 ATO 系统结构不尽相同，但 ATO 系统的基本组成相同，ATO 系统都由轨旁设备和车载设备组成。

1. ATO 轨旁设备

ATO 轨旁设备通常兼用 ATP 轨旁设备，接收与列车自动运行有关的信息。ATO 轨旁设备如点式应答器、轨道电路等，能够接收来自列车 ATO 车载天线发送的信息，也能够将与 ATS 有关的信息发送到列车上，由列车 ATO 车载设备进行接收和处理。

2. ATO 车载设备

ATO 车载设备由列车每一端司机室内的 ATO 车载控制器（包括司机控制台）及安装在每一端司机室车体下的两个通信天线组成，还包括 ATO 附件，这些附件用于速度测量、定位和司机接口。ATO 车载设备通常和 ATP 车载设备安装在一个机架内。ATO 车载控制器是 ATO 系统的核心组成部分，它从 ATP 车载设备获得必要的信息，如列车运行速度和列车位置信息等，进行实时处理，计算出列车当前所需的牵引力或制动力，向列车发出请求，列车牵引或制动系统收到请求指令后，对列车施加牵引或制动，使列车得到实时控制。

ATO 系统具有一个车地双向通信系统，通过车载通信天线和地面 ATO 环线使列车经控制中心与车站的 ATS 系统连接，接收控制命令（如列车的运行调整、目的地变更命令等），实现列车的最佳运行控制，完成精确停车、运行图和时刻表调整、轨旁/列车数据交换、目的地和进路控制等功能。ATO 系统具有精确定位停车系统，为列车提供精确位置信息的设备，包括车底部的标志线圈和对位天线，以及每个车站站台设置的一组地面标志线圈。

ATO 系统的功能不考虑故障导向安全原则，因此 ATO 车载单元是非故障—安全的配置。ATC 显示单元也不要求故障—安全，因而 ATC 显示单元采用商用计算机。AT0 向列车广播设备及车厢信息显示牌提供报站信息（即目的地号、下一车站号）。

（三）ATO 系统的主要功能

1. 站间自动驾驶

通过车载计算机生成牵引和制动控制信号，实现列车站间自动运行，调整列车运行间隔。

2. 车站定位停车

ATO 系统负责自动调整列车车速，生成平滑控制牵引力和制动力的指令，引导列车运行，在一定精度范围内对位停车，停车误差范围不超过±300 mm。

3. 运行时间控制

ATO 系统根据 ATS 的控制指令自动运行，区间实际走行时间与时刻表时间误差不大于 15%，自动运行过程中可以对较小的运行误差进行自动调整，按照时刻表和节能要求实现自动调整功能。

4. 区段限速

限速数据事先输入到 ATO 系统中，限速信息通过数字轨道电路或轨间环线传输到车载 ATP 系统中，再由 ATP 将限速命令经 ATO 系统传送到车辆牵引系统，实现列车限速运行。

5. 车门控制

根据停车位置和停车精度对车门进行控制，由 ATP 检查停车精度，送出开门信号，ATO 自动打开车门。

6. 运行信息记录

在 ATO 系统的缓存区内记录列车运行、制动信息，包括起动时间、运行速度、制动时间、制动力和司机信息等，以便事故的调查分析。

（四）ATO 与 ATP 的关系

在“距离码 ATP 系统”的基础上安装了 ATO 系统，列车就可采用手动方式或自动方式进行驾驶。在选择自动驾驶方式时，ATO 系统代替司机操作，诸如列车启动加速、匀速惰行、制动等基本驾驶功能均能自动进行。然而，不论是由司机手动驾驶还是由 ATO 系统自动驾驶，ATP 系统始终执行其速度监督和超速防护功能。

ATP 系统主要负责“超速防护”，属于安全设备，起到保证列车运行安全的作用；ATO 系统主要负责在正常情况下使列车高质量地运行，最大限度地提高行车效率以及增强车辆运行的舒适性。ATP 主要是运用常用制动和紧急制动作为控制手段，当列车超过其允许的最大速度时降低列车速度，以保证列车的行驶安全。ATO 主要是合理运用牵引和制动，保持列车运行准确、高效、平稳。

因此，ATO 与 ATP 的关系为：ATP 是 ATO 的基础，ATO 不能脱离 ATP 单独工作，必须从 ATP 系统获得基础信息；而且，只有在 ATP 的基础上才能实现 ATO，列车安全运行才能得到保证；ATO 是 ATP 技术的发展和延伸，不再仅仅停留在超速防护的水准上，而是在 ATP 基础上得以实现的自动驾驶。

四、ATS 子系统

（一）ATS 系统的基本概念

ATS 系统主要实现对列车运行及道岔、信号等设备运行状态的监督和控制，为行车调度员显示全线列车的运行状态，监督和记录运行图的执行情况，在列车因故偏离运行图时及时做出调整，辅助行车调度人员完成对全线列车运行的管理。

ATS 系统在 ATP 系统和 ATO 系统的支持下，根据运行时刻表完成对全线列车运行的自动监控，可以自动或人工监督和控制正线（车辆段、停车场、试车线除外）列车进路，并向行车调度员和外部系统提供信息。

ATS系统能与ATP系统、计算机联锁设备或继电联锁设备配套使用，并有与时钟系统、乘客导向系统和综合监控系统的接口。

ATS系统负责监控列车的运行，是非故障—安全系统。ATS系统工作方式为集中管理、分散控制。

（二）ATS系统的组成

1. ATS控制中心设备

ATS控制中心设备是ATC的核心，用于状态表示、运行控制、运行调整、车次追踪、时刻表编制及运行图绘制、运行报告生成、行车调度员培训与其他系统的接口。

ATS控制中心设备主要包括：中心计算机系统、综合显示屏、行车调度员及主任调度员工作站、运行图工作站、培训/模拟工作站、绘图仪和打印机、维修工作站、UPS及蓄电池。其中，综合显示屏、行车调度员及主任调度员工作站设于主控制室。控制主机、通信处理器、系统管理（数据库、时刻表）服务器、维修工作站设于中心计算机系统设备室，运行图工作站设于运行图室。绘图仪和打印机设于打印室，培训/模拟工作站设于培训室，UPS设于电源室，蓄电池设于蓄电池室。

（1）中心计算机系统。

中心计算机系统包括：控制主机、COM通信服务器、ADM服务器、TTE服务器、局域网及各自的外部设备。为保证系统的可靠性，主要硬件设备均为主／备双套热备方式，可自动或人工切换。系统能满足自动控制、行车调度员人工控制及车站控制的要求。

控制主机：主要进行数据的处理。

通信处理器：实际的进程映象都存储在COM服务器上。所有从联锁和外围设备发送来的数据都由COM服务器最先得到和处理。一些应用功能也由COM服务器激活，并在此服务器上运行，如列车调整、自动进路设置等功能。因此，COM服务器是自动调整功能的核心部分。

系统管理服务器（ADM 服务器）：用于系统数据存储，并处理所有不受运行事件影响的数据，如系统配置、计划时刻表、计划运行图等。通常在系统启动时或收到一个询问指令或对某一设备的参数进行设置时才需要。列车自动调整功能所需的计划时刻数据就是在系统启动时从ADM服务器中读到的。

时刻表服务器（TTE服务器）：用来建立离线时刻表的操作平台，主要进行时刻表的编译。系统管理服务器存储的计划时刻表由时刻表服务器提供。

维修工作站：主要用于ATS系统的维护、ATC系统故障报警处理和车站信号设备的监测。

（2）主控制室设备。

综合显示屏：用来监视正线列车运行情况和监视系统设备状态，由显示设备和相应的驱动设备组成。

行车调度员及主任调度员工作站：用于行车调度指挥，是实际操作的平台。行车调度员在控制中心监视和控制联锁设备，并组织行车，工作站显示计划运行图和实际运行图。

（3）培训室设备。

培训/模拟工作站配有各种系统的编辑、装配、连接和系统构成工具及列车运行仿真的软件。它可与行车调度员工作站显示相同的内容，有相同的控制功能，能仿真列车在线运行及各种异常情况，而不参与实际的列车控制。实习行车调度员可通过它模拟实际操作，培养系统控制和各种情况下的处理能力。

（4）运行图室和打印室设备。

运行图工作站：用于运行计划的编制和修改，通过人机对话可以实现对运行时刻表的编辑、修改及管理。

打印服务器缓冲和协调所有操作员和实时事件激活的打印任务。彩色绘图仪和彩色激光打印机用于输出运行图及各种报表。

（5）电源和局域网设备。

控制中心配备在线式 UPS 及可提供 30 min 后备电源的蓄电池。

局域网设备采用以太网把本地和远程工作站、服务器的 PLC 连接在一起，允许各成员间进行高速数据交换。

2. ATS 车站设备

ATS 车站设备构成分为集中联锁车站和非集中联锁车站两种类型。

（1）集中联锁站设备。

集中联锁站设一台 ATS 分机，是 ATS 与 ATP 地面设备和 ATO 设备的接口，用于连接联锁设备和其他外围系统，采集车站设备的信息，传送控制命令，使车站联锁设备能接收 ATS 系统的控制命令，以实现车站进路的自动控制。为从联锁设备取得所需数据，集中站联锁设备配备了采用可编程控制器的远程终端单元。由于采用模块化设计，因而扩展十分容易。不仅如此，它还能控制站台上 PIS 的列车目的地显示器、列车到发时间显示器和发车计时器 DTI。

（2）非集中联锁站设备。

非集中联锁车站不设 ATS 分机。非集中联锁站的 PTI、PIS 和 DTI 均通过集中联锁站的 ATS 系统联系。有岔非集中联锁车站的进路、道岔和信号机由集中联锁站的计算机控制，通过集中联锁车站的 ATS 分机接收 ATS 系统的控制命令。

3. ATS 车厂设备

ATS 车厂设备包括 ATS 分机和车厂终端设备。车厂联锁设备通过 ATS 分机与控制中心交换信息，实现厂内运行列车的追踪监视。

车厂设一台 ATS 分机，用于采集车厂内存车库线的列车占用及进/出厂的列车信号机状态，在控制中心显示屏上给出以上信息的显示，以便控制中心及车厂值班员及车辆管理人员了解厂内停车库线列车的车次及车组运用情况，正确控制列车出厂。

车厂派班室和信号楼控制台室各设一台终端，与车厂 ATS 分机相连，根据来自控制中心的实际时刻表建立车厂作业计划。

4. ATS 列车识别系统（PTI）和列车发车指示器（DTI）

PTI 设备是 ATS 车次识别及车辆管理的辅助设备，由地面查询器环路和车载应答器组成。地面查询器环路设于各站，PTI 设备用于校核列车车次号。当列车经过地面查询器时，地面查询器可采集到车载应答器中设定的列车车次号，并经车站 ATS 设备送至控制中心，校核是否与中心计算机列车计划中的车次号一致，若不相同则报警并进行修正。

DTI 设备设于各站，为列车运行提供车站发车时间、列车到站晚点情况，以提示列车按计划时刻表运行。正常情况下，在列车整列进入站台后，DTI 按系统给定停站时间显示距计划时刻表的发车时间，为零时指示列车发车；若列车晚点，则 DTI 增加停站时间的计时。在特殊情况下，若下达了站台扣车指令，则 DTI 给出“H”显示；如下达提前发车指令，则 DTI 立即显示零；列车通过车站时 DTI 显示“=”。

（三）ATS 系统的主要功能

1. 列车追踪

列车追踪功能通过处理由 ATP/ATO 系统、计算机联锁系统发送的数据对线路上运行的所有列车位置及识别号数据进行汇总。在移动闭塞方式下，通过车载 ATC 系统发送的列车位置信息对车次号进行追踪。在非 CBTC 模式下，则是通过计算机联锁子系统发送的计轴占用信息追踪车次号。该功能通过动态刷新站场模拟图的方式，将列车运行信息以图形化的方式显示出来。

2. 列车监视

ATS 中央系统通过与综合显示屏控制系统接口，能够生成供大屏显示的全线的线路、设备和行车状态全景图形，也可显示车厂内线路的全景。该图形能够根据显示屏的数量（分辨率的大小）调整大小，并预留扩展能力。

在行车调度员的工作站上，能显示全线的线路、设备、列车运行图和行车状态，并能通过选择显示某一局部区段或者车厂的运行状态。

联锁站的工作站显示其监控范围内的线路及车站布局、相邻联锁站站场信息、列车运行状态、信号设备状态、列车进路状态、列车车次等信息，并在获得控制权后具有本地控制功能。与车厂相邻的联锁站，其工作站可显示车厂内的站场信息；与其他线路接口的联锁站，其工作站可显示联络线入口信号机接近区段占用信息。

车厂的 ATS 工作站也能显示全线的车站（或某一区域）和车厂内的列车运行状态，并能获得当日的行车计划。

3. 列车进路的控制

ATS 子系统对列车进路的控制包括自动控制和人工控制两种。

行车调度员和车站值班员可通过改变信号机的进路控制模式实现进路的自动控制和人工控制。

（1）自动控制列车进路模式。

自动列车进路控制模式分为 ATS 中央自动和 ATS 车站自动。

中央 ATS 自动：正常情况下，系统根据列车运行图/时刻表、在线列车运行信息、车站联锁状态自动设置列车进路。

车站 ATS 自动：在中心 ATS 服务器全部故障的情况下，接替中央 ATS 服务器工作，进路设置方式与中央 ATS 自动控制相同。

自动建立进路功能在列车占用触发轨时，通过车次号中的目的地码来确定列车进路，检查进路的可用性，再对联锁系统下达命令，并对联锁系统返回的信息进行确认。

（2）人工控制列车进路模式。

人工控制列车进路控制模式分为行车调度员控制列车进路和车站值班员控制列车进路，即由行车调度员或车站值班员人工为列车排列进路。

4. 列车运行调整

列车停站时，ATS 系统自动对照列车运行图/时刻表，判断列车的早晚点状态，通过计算给出合理的发车时间和到下一站的区间运行时间，并将该信息发送给车载控制器，以控制列车的停站时间及区间运行时间。

当列车运行状况与计划偏离在系统的调整范围内时，ATS 系统能够通过调整列车的停站时间和列车的区间运行时间，或只调整两者之一来纠正偏离。

当列车运行状况与计划偏离超出一定范围时，ATS 系统经调度员操作确认后，能以起始站或终点站为基点对所有列车自动按等间隔运行原则自动调整。

当列车运行状况与计划偏离超出调整范围时，行车调度员可通过人工修改列车在区间的运行时间、停站时间、扣车、跳停、修改列车在线计划等操作，调整列车运行，以尽快恢复列车的计划运营。

计划偏离阈值是系统参数，系统管理员可自行设置。

5. 节能运行

ATS 系统可以通过改变列车运行等级控制和协调列车加速、惰行、减速，在确保列车按照运行图运行的基础上，合理控制列车运行，达到节能及自动调整列车运行的目的。

6. 临时限速

中央 ATS 具备设置/取消临时限速的功能，行车调度员可根据需要对线路设置临时限速，临时限速仅对 CBTC 模式运行的列车有效。

7. 车站发车指示

发车计时器（DTI）采用发光二极管 LED 作为光源全屏显示，为列车运行提供发车指示，提示列车按计划时刻表运行。当列车在站台停妥后，发车指示器按系统给定的站停时分倒计时，显示距计划时刻表的发车时间。当站停时间值减到零时，提示司机关门动车，正计时为发车晚点。

发车计时器亦可根据 ATS 系统或者行车调度员下达的“扣车”及“跳停”操作命令，对司机显示相应的标志作为提示。

8. 列车运行图/时刻表的编制及管理

通过输入基本数据，包括各区间运行时间、车站停站时间、运行间隔、起始和终到站、时间段、列车折返等信息，由计算机辅助自动编制基本列车时刻表和运行图，再由人工进行精确调整。运行图编制过程中系统能自动进行冲突检查，并给出明确的提示及建议。基本运行图编制完成后，可以按自定义名称存入系统数据库内，以便行车调度员根据不同情况随时调用。

行车调度员可提前分配列车运行周计划，ATS 系统在每日运营开始前的指定时间，自动删除旧的运行计划，选择指定的基本计划创建为新的运行计划。行车调度员也可在每天运营前从系统数据库中调用一个基本计划作为列车当日运行计划。

运营期间，行车调度员可根据需要对当日的计划运行图/时刻表进行在线修改。

9. 运营记录与回放

系统对运营过程中的重要信息内容，如站场表示信息、中央和车站的人工操作命令、各种报警信息、列车运行轨迹等，以及对 ATS 外部系统接口的关键收发数据均进行记录保存，保存时间不少于一年，且所有记录均不可修改，以便于故障分析、事故定位、运营统计以及优化改进等工作。

系统回放提供对历史运行画面的真实再现，包括信号机、道岔、区段、列车位置、车次号、进路办理情况等相关记录。行车调度员可根据需要选择回放的日期、开始时间、结束时间及回放速度等控制条件。

10. 行车报表及行车指标统计

中央 ATS 能自动对列车、车站、车次号等各种运行指标进行统计，并自行生成报表。所有报表均能按照要求进行显示和打印，并可保存为文本输出。生成的报表有日常运营报告、时刻表报告、时刻表偏离报告、兑现率、准点率、停运列车数、加开列车数、开行列数合计、车辆运行公里数及修程、列车状态、信号设备状态、控制命令、告警、调度日志等，行车调度员可根据需要查看。

11. 系统故障监测与报警

ATS 系统具有完善的自诊断、设备运行状态监视及故障报警功能。当列车运行或信号设备发生故障时，系统能自动将报警信息显示在行车调度员、车站值班员及信号维护人员的工作站上，并对所有的报警信息按照其对整个运营系统的影响程度不同，予以视觉及音响报警提示，直到确认或恢复正常状态为止。

第四节　全自动运行系统

随着城市轨道交通的快速发展，轨道交通设备系统应能在保证行车安全、提高运输效率、节能环保等方面同步提高。因此，采用技术先进、性能稳定、效率优先的全自动运行系统成为轨道交通建设的迫切需求。

全自动运行系统是以现代信息及自动化技术提升运营服务水平，增强系统装备功能和性能为目标的新一代城市轨道交通系统，它能提升列车运行的安全与效率，在世界城市轨道交通建设中已被广泛应用，在未来轨道交通领域也具有广阔的应用空间。

一、全自动运行系统及自动化等级的定义

全自动运行系统（Fully Automatic Operation，FAO）是一种全自动化的、高度集中控制的列车运行控制系统，是基于现代计算机、通信、控制和系统集成等技术实现列车运行全过程自动化的新一代城市轨道交通系统。

全自动运行系统作为衡量城市轨道交通系统性能先进水平的标尺，其主要作用一是提高系统可靠性、安全性、可用性、可维护性；二是提升运营和系统应急处置水平；三是提升系统自动化水平，降低劳动强度。

国际公共交通协会（UITP）将列车运行的自动化等级（GoA）划分为 5 级，具体分级见表 2.2。

表 2.2　列车运行自动化分级

自动化等级	列车运行方式	驾驶模式
GoA0	无 ATP 防护，目视下的人工驾驶	无 ATP 防护
GoA1	ATP 防护下的人工驾驶	ATP
GoA2	半自动列车运行（Semi-automatic train operation，STO），司机监督下的 ATO 驾驶	ATO
GoA3	有人值守下列车自动运行 DTO（Driverless train operation）	FAO
GoA4	无人值守下的列车自动运行 UTO（Unattended train operation）	

国际电工协会标准 IEC62290-1 对列车运行过程中所需完成各项功能下的人和设备的职责划分，定义了不同运行自动化等级。从目前国内建设经验和设备系统配置水平来看，实际上 GoA3（DTO）和 GoA4（UTO）等级设备配置以及工程实施差别不大，因此在 IEC62290 标准基础上提升了自动化等级的功能要求，详见图 2.13。

自动化等级	列车运行类型	定义	列车运行调整	列车停车	关闭车门	站台发车	紧急情况下的操作
GoA1	人工操作	ATP	司机	司机	司机	司机	司机
GoA2	自动操作	ATO	自动	自动	自动/司机	司机	司机
GoA3	无人驾驶	DTO	自动	自动	自动	自动	乘务员
GoA4	全自动无人驾驶	UTO	自动	自动	自动	自动	自动

图 2.13　列车运行自动化等级划分

正常情况下，GoA3 与 GoA4 一样，由设备自动完成各项操作。紧急情况下，GoA3 与 GoA2 一样，由车上的司乘人员处置故障，而 GoA4 则需由地面派人到车上进行处置。GoA3 与 GoA4 的具体功能配置差异见表 2.3。

表 2.3　GoA3 与 GoA4 的功能配置差异

基本功能		场景	DTO GoA3	UTO GoA4
保证列车运行安全	安全进路	静止状态下确定初始列车位置	系统	系统
	列车间隔	时刻表和运行调整	系统	系统
		FAM 模式（全自动运行模式）/CAM（蠕动模式）模式管理		
	速度监控	列车速度防护	系统	系统
列车驾驶	加速制动	自动驾驶列车（含跳停、扣车）	系统	系统
监控轨道	障碍物监视	轨道监督（车载视频监控系统监督区间与站台轨道异物/障碍物检测）	系统	系统
	防止碰撞人员	阻止列车进站	系统	系统
		轨道上工作人员的防护		
		监督站台端门		
监视乘客上下车	车门控制	屏蔽门/车门对位隔离	系统	系统
		屏蔽门/车门开启/关闭的远程控制		
		屏蔽门/车门关闭的监督（如车门防夹、门打开阻止离站/进站）		
	乘客跌落站台	屏蔽门/车门间隙探测	人工或系统	系统
监控列车	投入/退出运营	列车进入/退出运营	半人工或系统	系统和/或控制中心人员
		唤醒列车（含上电自检、静态测试及动态测试）		
		休眠列车		
	监督列车运行	自动化车辆段	系统	系统
		改变列车运行方向		
紧急状态的检测与处理	列车诊断	OCC 车辆远程监控（车载视频监控系统及列车状态）	系统	设备检测+人工处置
	烟火检测	车辆火灾应急处理（提供烟火报警装置）	人工或系统	
	脱轨检测	脱轨检测	人工或系统	
	紧急情况处理	异常天气应急处理模式（通过 OCC 确认进入雨雪模式运行）	人工或系统	
		远程指导疏散	人工	
		车辆故障自动限速运行（例如蠕动模式、制动故障）	人工或系统	
		车上乘客服务（如紧急呼叫、紧急拉手）	人工或系统	

二、全自动运行系统应用及发展情况

全自动运行系统的发展应用情况分为起步阶段（1971—2004 年）和广泛应用阶段（2005年至今）。在此过程中，轨道交通系统经历了从人工驾驶、半自动驾驶到全自动运行的转变。轨道交通系统的安全性和自动化程度得到了不断提升。

世界第一条 FAO 城轨线为法国里尔 1 号线，于 1983 年开通运营。2005 年前全自动运行系统的推广速度比较慢，2005 年后发展速度逐渐加快，并开始在中、高运量地铁广泛应用，如新加坡东北线于 2005 年后开通全自动运行。目前，加拿大、法国、丹麦等国家均已不同程度实现了列车运行全自动化，截至 2016 年 7 月，全球已有 36 个城市、56 条共 789 km 线路使用全自动运行系统。

国内地铁线路应用全自动运行系统的主要有北京燕房线、北京机场线、上海 10 号线及香港南港岛线。其中，北京燕房线作为国内第一条采用自主化全自动运行系统的线路，按照 GoA4 等级建设，已于 2017 年 12 月 30 日开通 DTO；上海 10 号线 2010 年 4 月开通 ATO，2014 年 8 月开通 DTO；香港南港岛线 2016 年 12 月 28 日按 GoA4 等级开通运行，车厢最大特点是无驾驶室，增加列车两端开放式空间，让乘客享受特别的乘坐体验。

国际公共交通协会（UITP）估计，到 2020 年国际上 75% 的新线和 40% 的既有线改造将使用全自动运行系统，预计至 2025 年全球将有 2 300 km 的地铁线路使用全自动运行系统。

三、全自动运行系统的特点及优势

全自动运行系统是一项系统工程，其涉及车辆、信号、综合监控、通信、屏蔽门、车厂等多个专业，以行车为核心，信号与车辆、综合监控、通信等多系统配合，不断提升轨道交通运行系统的整体自动化水平，它的特点及优势如下：

（一）全自动运行系统的特点

（1）高度自动化、深度集成。

全自动运行系统以行车为核心，通过信号、车辆、综合监控、通信等多系统深度集成，提升轨道交通运行系统的整体自动化水平。

全自动运行系统利用高效列车自动控制系统和以行车指挥为核心的控制系统实现智能运转的功能保障，结合人工监视、干预的机制，落实高精度列车运行的同时，减少不必要的误操作，进一步减少人为因素对运营的影响，提升运营能力。自动化程度的提高，使系统可以快速、有效地应对运营过程中的扰动，具备更强的调整能力。其自动化体现在：列车上电、自检、厂内行驶、正线区间行驶、车站停车及发车、终点站折返、列车回厂、休眠断电、洗车等全过程自动控制。

（2）充分的冗余配置。

全自动运行系统的车辆、信号等关键运行设备均采用冗余技术，减少运行故障，完善的故障自诊断和自愈功能提高了整个系统的可用性和可靠性。

信号在既有设备冗余的基础上，增强了冗余配置，包括：车载控制器头尾设备冗余、ATO 冗余配置、与车辆接口冗余配置、ATS 与其他子系统通信采用四重冗余网关、主备中心冗余等。车辆加强了双网冗余控制，增加与信号、PIS 的接口冗余配置等。

在全自动运行系统中，控制中心的作用远远超过常规地铁运营线路，为了防止控制中心失效而影响正常运行，需加强控制中心的配置级别。

（3）完善的安全防护。

全自动运行系统实现了列车运行全过程的安全防护，具体体现在：

① 增强运营人员防护功能：在车站及车厂增设人员防护开关，对进入正线及车厂自动化区域人员进行安全防护；

② 增强乘客防护功能：通过对位隔离功能对乘客上下车及车内安全进行防护；

③ 扩大了 ATP 的防护范围：车厂自动化区域内列车运行进行 ATP 防护；

④ 增加了轨道障碍物检测功能：车上加装脱轨/障碍物检测器实现轨道障碍物检测功能；

⑤ 增加应急情况下的各个系统联动功能：如火灾情况下，通风、行车、供电、视频、广播的联动等；

⑥ 增加中心处理突发情况的防护能力，包括：远程紧急制动施加、雨雪模式设置、远程复位等。

（4）丰富的中心功能。

全自动运行系统中传统司机的工作职能一部分由列车自动控制系统负责，另一部分则移交至控制中心完成，控制中心调度员需要直接面对列车进行运营指挥。因此，全自动运行系统的控制中心具备更加丰富的控制功能，以满足列车全自动运行的全面监控、详细的各设备系统监测与维护调度、远程面向乘客服务等需求。

车辆各系统自检及运行状态、故障情况可实时传送至控制中心，使控制中心及时掌握列车运行情况，对列车运行实施有效控制。信号与综合监控、车辆等专业配合实现正常运营及故障处置情况下的相关联动控制，同时，控制中心具备远程控制列车运行及故障处理功能，必要时可远程控制列车运行。对此，控制中心新增车辆调度及乘客调度，车辆调度主要负责在线车辆设备状态的监视；乘客调度主要负责对列车、车站乘客的客服工作，包括与乘客对话、发布车站广播、列车广播、PIS 信息等。

（5）完全兼容常规驾驶模式。

全自动运行系统在常规驾驶模式的基础上增加了 FAO 模式，可从传统的 CBTC 运营应用模式平滑过渡到全自动运行运营应用模式。

（二）全自动运行系统的优势

全自动运行系统与传统 CBTC 系统相比，具有以下优势：

（1）提升运行组织的灵活性。

全自动运行能够实现 7×24 小时不间断的运输服务，可以根据运输需求灵活地调整发车间隔，不受司乘人员的限制。全自动运行系统兼容有人驾驶 CBTC 运行模式，发生紧急情况时中心可远程随时介入处理，GoA3 等级下车上人员也可随时就地处理。

（2）提高运能。

全自动运行系统运行时不需要司机进行任何操作，节约了司机操作时间，在保证相同有效站停时间下可减少站停时间，缩短列车追踪及折返间隔，提高线路旅行速度。

（3）提高整体自动化水平，减少人为误操作。

由于人为误操作导致的地铁事故时有发生，采用先进的全自动运行系统，结合切实有效的控制策略，可以防止人为误操作，大大减少事故的发生。

（4）降低运营人员劳动强度，提升乘客服务质量。

目前轨道交通人员特别是司机的劳动强度已接近极限状态，全自动运行系统将司机从重复的作业中解放出来，承担列车巡视人员的职能，为乘客服务的同时监视列车运行状态。

（5）节能减排。

节能减排是城市轨道交通可持续发展的需求，全自动运行系统可以在单车节能驾驶的基础上进一步实现列车的协同控制，避免集中负载。系统支持灵活的增删列车，可调整高峰和平峰时期投入运营的列车数量适应运量，实现节能减排。

四、全自动运行系统的新增场景及设备

（一）全自动运行系统的新增场景

为保障行车安全及效率，降低故障影响，缩短系统恢复时间，各地铁运营公司应在使用全自动运行系统线路的建设初期，针对全自动运行系统的特点，设计符合各运营公司的全自动运行系统下特有的作业场景，制定设备交互流程，特别是分析设备故障、突发事件等情况下的处理策略。

根据每日运营早间到晚间列车运行的主线，形成全自动运行系统场景，包含正常和异常下的场景共 41 项，如图 2.14 所示。

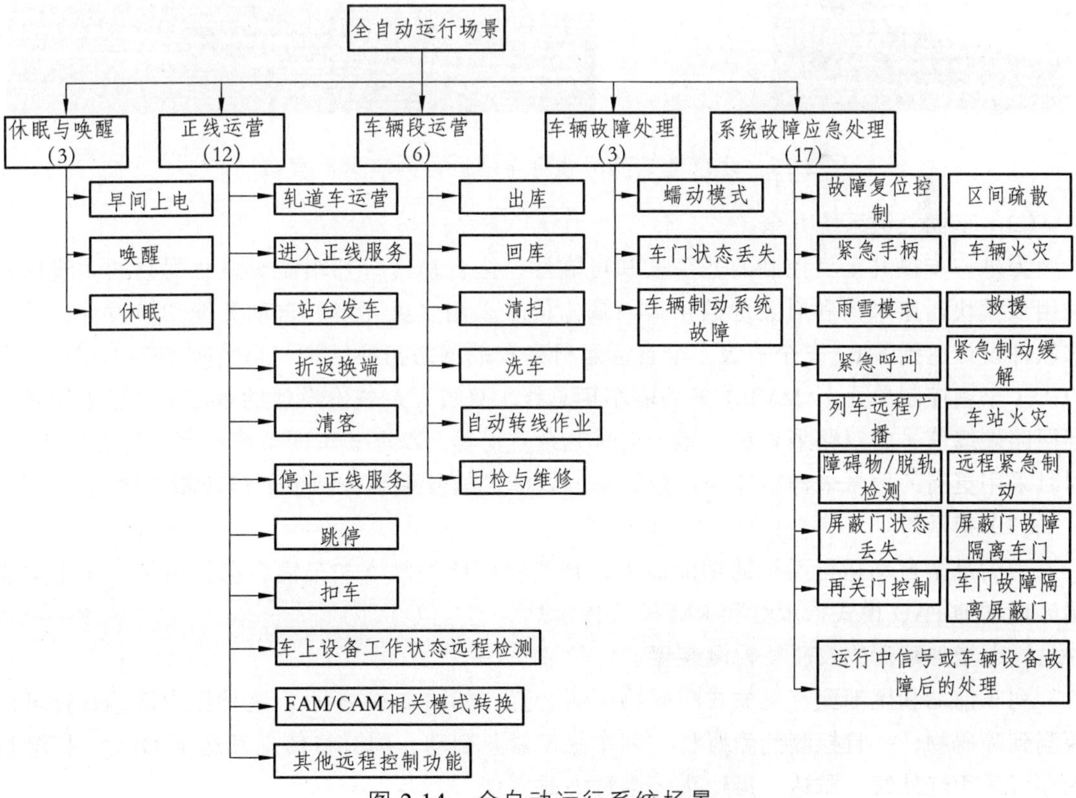

图 2.14　全自动运行系统场景

（二）全自动运行系统的新增设备

1. 车辆设备

车辆是全自动运行系统的载体，需要高可靠性、高可用性的车辆系统来支撑。目前，全自动运行列车的车体设计已进行了相应的优化，并采用新技术和在车辆系统方案设计上提升子系统的冗余度、可靠性、可用性和安全性。

（1）司机室。

为满足 FAO 的需求，列车司机室设置开放式驾驶室，采用小型化驾驶台、内藏处理。司机操作台设可拆卸防护罩，并具有锁闭功能，以防止非专业人员的误动作。如北京地铁燕房线，采用了间隔门（预留可拆除接口）、可翻转收纳的司机台、简易座椅及折页式司机室侧门的封闭式司机室方案，如图 2.15 所示。

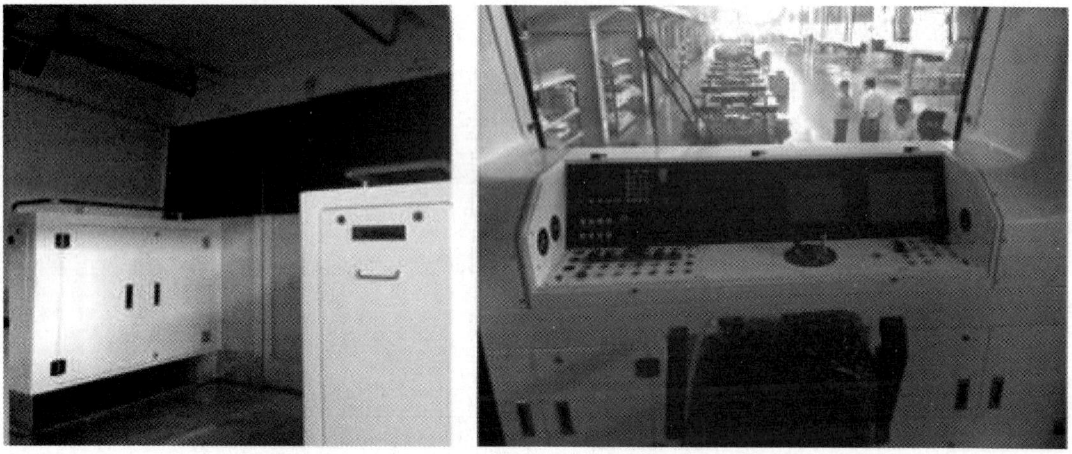

图 2.15　北京地铁燕房线全自动运行列车司机室布局

（2）车辆关键系统冗余。

为进一步提升车辆控制的冗余度和可靠性，全自动运行列车需对应急驾驶的硬线信号采用双模块通道采集和对关键数字输入输出信号采用多重冗余、自动无缝切换设计，并要求软件设计达到 SIL2 安全等级。全自动运行列车的网络拓扑结构与传统列车基本相同，在 VCU（车辆控制单元）、MVB（多功能车辆总线）双线冗余备份设计的基础上，还采用对关键回路硬线信号的双路采集和头尾车信号冗余备份等，以提升车辆系统的冗余度和可用性，同时采用更高的信号采样精度和传输频率，以满足信号系统控制下的停车精度要求。

（3）指示灯。

为满足全自动运行系统的功能需求，司机室区域外侧增加车辆启动提示灯、司机室前端区域增加 FAO 模式指示灯和 RM 模式指示灯。

（4）增加障碍物及脱轨检测装置。

列车前端和尾端配有机械式障碍物探测装置，如图 2.16 所示，这种压力敏感装置可以探测到障碍物，一旦探测到障碍物，列车触发紧急制动，同时将信息发送至 OCC。探测装置亦可采用红外线、雷达、摄像头等多种方式实现。

图 2.16　障碍物检测装置

（5）紧急手柄。

列车客室内设置紧急手柄，用于乘客应急使用，每节车厢至少设置 1 个紧急手柄，如图 2.17 所示。当乘客拉下紧急手柄后，系统向控制中心报警，车载视频监控系统主动向乘客调度推送相关区域的视频画面。

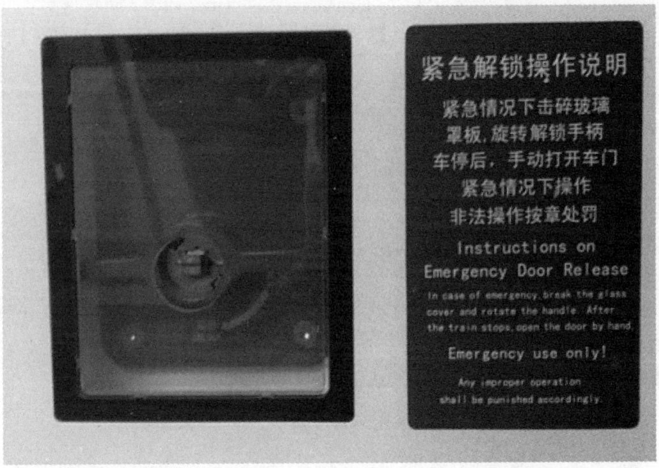

图 2.17　紧急手柄

（6）车辆电路控制。

车辆控制回路增加自动唤醒模块、人工唤醒备用回路、唤醒继电器、列车供电接触器等装置。车辆控制回路采用冗余设计，对关键安全电路进行可靠性分析，降低电路故障对列车运行的影响。

（7）列车广播。

广播系统应采用内部总线控制的模块化冗余结构，内部总线也应冗余。每个模块均具备自检功能，单个模块故障不应造成广播系统的功能失效。

（8）蓄电池容量。

车辆蓄电池容量能够满足列车连续休眠多天的供电时间，同时能够确保端电压足以满足列车正常唤醒和列车所有设备的正常启动，并能投入运营。除此之外，还能够满足紧急情况下 45 分钟以上的用电需求。

2. 信号设备

车辆是全自动运行系统的载体，信号系统则是全自动运行系统的控制核心，是控制列车运行、保证行车安全、提高运输效率、传递行车信息，改善行车人员劳动强度的关键设备。对此，全自动运行下的信号系统相较于 GoA2 等级信号系统在设备配置方面有所增强，具体如下：

（1）车站及轨旁设备。

① SPKS 开关（人员防护开关）：为进入轨行区人员提供可靠的安全防护，防止全自动运行列车进入人工作业区域或在人工作业区域移动。信号系统在车控室 IBP 盘或站台区设置 SPKS 开关及相应表示灯，如图 2.18 所示。工作站具有 SPKS 相关表示，SPKS 的具体位置可根据运营需求进行设置。工作人员进入区间前需操作 SPKS，建立相应封锁区域，封锁区域外的列车不能进入该区间，封锁区域内的列车制动停车或保持静止状态不发生移动。

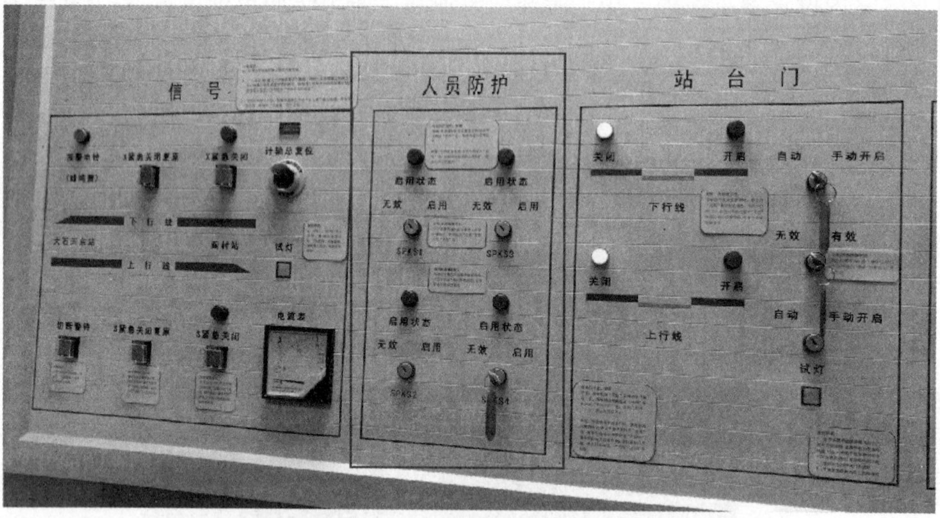

图 2.18 车控室 IBP 盘上的 SPKS 开关

② 站台关门按钮：为了实现站台人工关闭车门功能，信号系统在车站站台上设置站台关门按钮，如图 2.19 所示。车站值班员人工进行清客确认后或需要关闭车门时，按压该按钮，关闭车门和屏蔽门。

图 2.19 站台关门按钮

③ 应答器：根据需要，在正线折返线、存车线增加用于休眠/唤醒和列车定位的应答器设备。

（2）车载设备。

车载信号设备设置辅助驾驶设备用于实现休眠和唤醒等相关控制功能，或可通过其他车载设备实现此功能。

为了提高车载设备的可靠性和可用性，信号车载 ATO 设备采用冗余配置，车载信号设备增加与车辆的输入/输出接口，用于实现列车全自动运行的控制要求。

（3）车厂设备。

与仅能采用人工驾驶模式的车厂相比，全自动车厂增加轨旁 ATP/ATO 计算机设备，并在车厂的咽喉区、洗车库、自动控制区域/非自动控制区域的转换轨、停车列检库内增加相应的应答器。

与已配置轨旁 ATP/ATO 计算机设备的车厂相比，全自动车厂在洗车库、自动区域/非自动区域的转换轨、停车列检库内增加相应的应答器。

在停车列检库运转值班室或停车列检库内设置 SPKS 开关及相应表示灯的控制盘，ATS 相关工作站具有 SPKS 相关表示。原则上车厂自动控制区被划分成若干 SPKS 防护分区，停车列检库内每一条停车列检线（2 个列位）设置 1 个 SPKS；洗车库区域设置 1 个 SPKS；车厂咽喉区自动控制区域（停车列检库和洗车库区域除外）设置 1 个 SPKS。SPKS 的具体设置位置根据运营需求进行调整。

（4）控制中心设备。

控制中心增设车辆管理调度工作站和乘客调度工作站，用于实现车辆和乘客的相关监视、控制及调度功能。

（5）备用控制中心设备。

备用控制中心一般处于热备状态，能够实现与控制中心无缝切换，其核心设备的冗余配置程度与控制中心一致。

3. 通信设备

根据全自动运行需求，通信系统需为调度人员提供运行车辆现场图像、故障信息以及相关联动调度指令下发的传输通道，涉及视频监视、车地无线通信网（数据）以及无线通信（语音）三个系统。

（1）列车司机室及客室摄像机设置。

增强车载视频主机（含高清解码及存储）和车载视频监视网络交换设备的处理能力，以及增加或增强与相关系统的接口。原则上在每个司机室增设 2 套高清数字摄像机（含高清编码），每个客室内增设 3 套高清数字摄像机（含高清编码）。

（2）区间线路视频监视。

全自动运行线路可在高架区域每隔一定距离设置摄像机，用于中心、车站监视线路情况，对每个摄像机设置视频分析功能，报警时可自动弹出画面，并将信息送至行车综合自动化（或其他）系统进行驾驶条件的综合分析。

（3）紧急通话装置。

利用无线通信语音通道，实现乘客与控制中心的紧急通话。紧急通话装置安装于客室内车门一侧，乘客操作后，可与控制中心乘客调度员通话，同时联动视频监视系统，将紧急通话装置所在车门附近的视频上传至中心工作站。

（4）车地无线通信网方案。

一般采用 LTE-M 技术构建专用车-地无线通信网络，采用基于 IP 的扁平化网络结构，由核心网子系统 EPC、无线子系统 eNB、网管子系统及终端设备组成，其中，eNB 包含 BBU（基带处理单元）和 RRU（射频拉远模块）设备。

（5）乘客调度、车辆调度通信设备配置。

专用电话系统在控制中心增加乘客服务调度台 1 台、车辆调度台 1 台，并在各相关位置相应增加调度分机。

视频监视系统在主备控制中心增加乘客服务控制终端及监视器各 1 套、车辆调度控制终端及监视器各 1 套。

五、全自动运行系统的车厂

全自动车厂是承担全自动运行列车运用、停车、整备、清洁、检查、定期检修、调试等功能的场所，将正线对列车的运营控制权由车站延伸至车厂的全自动运行区域。该区域具备自动唤醒、休眠列车、自动出入厂功能，同时具备与停车列检库库门、洗车库库门联动、自动洗车等功能。

（一）控制区域的划分

为满足列车全自动运行需求，车厂内根据作业需要划分为自动控制区和非自动控制区，并设置控制区转换线，满足人工驾驶向全自动运行平滑过渡的需求。

自动控制区包含停车列检库、洗车库及线路咽喉区，其余设施位于非自动控制区。自动控制区域与非自动控制区之间严格分区，并采用物理隔离措施，出入口设置门禁。自动控制区与非自动控制区之间设置驾驶模式转换区，具备全自动运行模式与人工驾驶模式转换的线路一般为牵出线。各分区功能相对独立，避免作业干扰。车厂典型设计方案（以上海 10 号线为例）如图 2.20 所示。

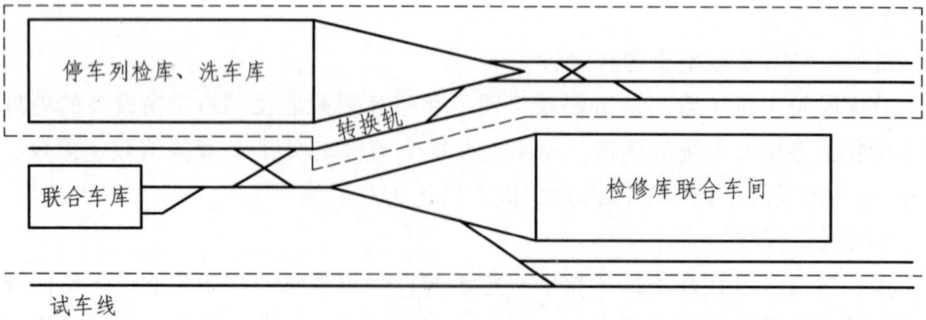

图 2.20　上海 10 号线停车场典型设计方案

（二）人员出入自动控制区的作业流程

车厂自动控制区被划分成若干防护分区，在各防护分区间之间设置物理隔离，每个防护分区出入口设置门禁，并设置 SPKS 开关，由车厂信号系统为各防护分区建立逻辑防护。

停车列检库一般按每 2 股道或 3 股道设置为 1 个物理分区，分区之间通过库前地下通道、库中地下通道（如有）或库后平交道贯通全库的人行走廊将各个分区联通起来，并在通往各防护分区的出入口处设置门禁，控制人员的进出。清扫、列检或司机等人员可通过库前地下走廊、库中地下走廊或库后平交道经过门禁系统进入目标分区。针对不同性质的人员，进入停车列检区的授权级别不同。

（三）停车列检库线及转换线长度

停车列检库线、转换线、洗车线的长度设置需满足列车自动控制的要求。

因采用全自动运行技术，车厂内停车列检库、自动控制区域/非自动控制区域转换轨、洗车库需考虑信号 ATP 安全防护距离而增加相应长度。除常规作业所需距离之外，长度设置还需考虑如下信号保护距离：

（1）停车列检库内每股道的长度需考虑列车距信号机的瞭望距离、列车长度、安全保护距离长度，一般设置为 20 m。

（2）自动控制区域/非自动控制区域转换轨长度需考虑信号机距道岔的距离、列车距信号机的瞭望距离、列车长度、安全保护距离长度，一般设置为 40 m。

（3）洗车库前股道长度需考虑信号机距道岔的距离、信号机距洗车库前平交道的距离、列车距信号机的瞭望距离、列车长度、安全保护距离长度，一般设置为 40 m。洗车库后股道长度需考虑信号机距洗车库后平交道的距离、列车距信号机的瞭望距离、列车长度、安全保护距离长度，一般设置为 20 m。

（四）库　门

停车列检库及洗车库库门为自动车库门，纳入信号系统监控，系统具备车库门故障旁路功能。

第三章　列车开行计划与运行图编制

列车运行图是城市轨道交通运输工作的综合计划和行车组织的基础，是协调各部门按一定程序进行活动的依据。列车运行图编制的前提是合理确定列车开行计划，需要在综合考虑客流、技术设备及其能力的基础上，制定全日行车计划以及列车运行交路、列车停站方案、车辆配备与运用计划等。此外，在城市轨道交通网络化运营条件下，列车开行计划与运行图的编制不仅需要考虑线路本身运能运量的适应性，也需要考虑到线网各线路之间的衔接协调性。

第一节　列车开行计划

一、客流计划

客流计划是对运输计划期间城市轨道交通线路客流的规划，它是全日行车计划、车辆配备计划和列车交路计划编制的基础。对于投入运营的新线，客流计划根据客流预测资料进行编制；对于既有运营线路，客流计划根据客流统计资料和客流调查资料进行编制。客流计划的主要内容包括站间到发客流量，各站上下车人数，全日、高峰小时和非高峰小时的断面客流量，全日分时最大断面客流量等。

客流计划以站间到发客流量作为编制基础，分步计算出各站上下车人数和断面客流量数据。表 3.1 是一条有 8 座车站地铁线路的站间到发客流量斜表，根据站间到发客流量可以计算出各站上下车人数，见表 3.2。

表 3.1　早高峰小时站间 OD 客流（人）

O \ D	A	B	C	D	E	F	G	H
A		2 341	2 033	2 518	1 626	2 104	3 245	4 232
B	2 314		575	1 540	1 320	2 282	2 603	3 112
C	1 887	524		187	281	761	959	1 587
D	2 575	1 376	199		153	665	940	1 638
E	1 556	1 253	322	158		143	426	1 040
F	3 100	2 337	662	691	162		280	1 895
G	4 191	3 109	816	956	448	388		711
H	3 560	2 918	1 569	1 728	967	1 752	671	

表 3.2　早高峰小时各站上下车人数（人）

下行		车站	上行	
上客数	下客数		下客数	上客数
18 099	0	A	19 183	0
11 432	2 341	B	11 517	2 314
3 775	2 608	C	3 568	2 411
3 396	4 245	D	3 533	4 150
1 609	3 380	E	1 577	3 289
2 175	5 955	F	2 140	6 952
711	8 453	G	671	9 908
0	14 215	H	0	13 165

根据各站上下车人数，可计算出各断面客流量，计算公式见（3-1），结果见表 3.3。

$$P_{i+1} = P_i - P_{\text{off}} + P_{\text{on}} \tag{3-1}$$

式中　P_{i+1}——第 i+1 个断面的客流量（人）；

P_i——第 i 个断面的客流量（人）；

P_{off}——在车站下车人数（人）；

P_{on}——在车站上车人数（人）；

表 3.3　早高峰小时各区间断面客流量（人）

下行	区间	上行
18 099	A—B	19 183
27 190	B—C	28 386
28 357	C—D	29 543
27 508	D—E	28 926
25 737	E—F	27 214
21 957	F—G	22 402
14 215	G—H	13 165

根据表 3.3 的资料可绘制出断面客流图，如图 3.1 所示。

在客流计划编制过程中，高峰小时的断面客流量可以通过高峰小时站间到发客流量来计算，也可以通过全日站间到发客流量来估算。在用全日站间到发客流量进行估算时，求出全日断面客流量数据后，高峰小时的断面客流量按占全日断面客流量的一定比例来估算，比例系数的取值可通过客流调查来确定。全日分时最大断面客流量可在求出高峰小时断面客流量的基础上根据全日客流分布模拟图来确定。

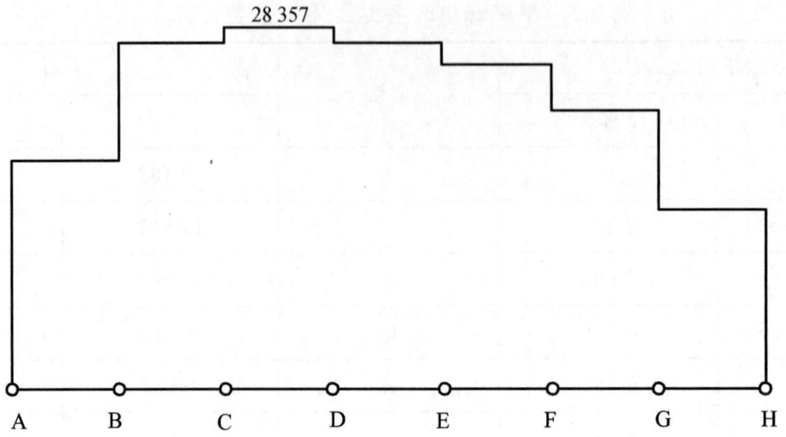

图 3.1　断面客流图（下行）

二、全日行车计划

全日行车计划是指运营时间内各小时开行的列车数计划，它是编制列车运行图和确定车辆运用的基础资料。它规定了城市轨道交通线路的日常作业任务，是科学地组织运送乘客的办法，又是计算运营工作量和确定车辆配备数的基础资料。

全日行车计划根据运营时间内分时最大断面客流量、列车定员人数、线路断面满载率以及希望达到的服务水平进行编制。

（一）编制资料

1. 运营时间

运营时间的安排主要考虑两个因素：一是考虑市民出行活动的特点，要做到方便乘客；二是满足城市轨道交通各项设备检修施工的需要。世界上大多数城市的轨道交通运营时间为 18 ~ 20 小时，个别城市是 24 小时运营，如美国的纽约和芝加哥。适当延长运营时间，是城市轨道交通提高服务水平的体现。

2. 分时最大断面客流量

站间 OD 客流数据是计算最大断面客流量的原始资料。根据站间 OD 客流数据，首先计算出各站上下车人数，然后计算出断面客流量，最后得到最大断面客流量。

对于新投入运营的线路，站间 OD 客流数据来源于客流预测资料。对于既有运营线路，站间 OD 客流数据来源于客流统计或客流调查资料。客流预测资料通常指高峰小时与全日站间 OD 客流预测数据。分时最大断面客流量有两种确定方法：一种是在已知高峰小时最大断面客流量的基础上，根据分时客流占高峰小时客流的比例进行确定；另一种是在已知全日最大断面客流量的基础上，根据分时客流占全日客流的比例进行确定。

3. 列车定员数

列车定员数是列车编组辆数和车辆定员数的乘积。

列车编组辆数的确定以高峰小时最大断面客流量作为基本依据。在客流量与列车运能一定的情况下，列车编组辆数取决于列车间隔和车辆选型，但在行车密度已经较大时，为满足增长的客流需求，增加列车编组辆数往往成为选用措施。此时，城市轨道交通保有的运用车数是增加列车编组辆数的限制因素之一，其他限制因素包括站台长度等。

车辆定员数取决于车辆的尺寸、车厢内座位布置方式和车门设置数。一般而言，在车辆限界范围内，车辆长宽尺寸越大载客越多，车厢内座位纵向布置较横向布置载客要多。

4. 线路断面满载率

线路断面满载率是指单位时间内特定断面上的车辆载客能力利用率。在实际工作中，线路断面满载率通常是指早高峰小时单向最大客流断面的车辆载客能力利用率，计算公式见式（3-2）。线路断面满载率既反映了列车在最大客流断面的满载程度，也反映了乘客的舒适程度。为提高车辆利用率、降低运输成本，在编制全日行车计划时，高峰小时可适当超载。

$$\text{线路断面满载率}=\frac{\text{单向最大断面客流量}}{\text{开行列车数}\times\text{列车编组辆数}\times\text{车辆定员}}\times 100\% \tag{3-2}$$

（二）编制步骤

1. 计算分时开行列车数

计算公式如下：

$$n_i=\frac{P_{\max}^i}{P_{\text{列}}\beta} \tag{3-3}$$

式中 n_i——分时开行列车数（列或对）；

$P_{\max}^i$——分时最大断面客流量（人）；

$P_{\text{列}}$——列车定员数（人）；

β——线路断面满载率。

2. 计算分时行车间隔

计算公式如下：

$$t_{\text{间隔}}^i=\frac{3\,600}{n_i} \tag{3-4}$$

式中 $t_{\text{间隔}}^i$——分时行车间隔（s）。

3. 最终确定全日行车计划

在计算得出分时开行列车数和行车间隔的基础上，应检查是否存在某段时间内行车间隔过长的情形。行车间隔过长，会增加乘客候车时间，降低乘客服务水平，不利于吸引客流。为提高服务水平，城市轨道交通的行车间隔在非高峰运营时间 9:00—21:00 一般不宜大于 6 min，在其他非高峰运营时间一般不宜大于 10 min。另外，高峰小时行车间隔的确定应检验与列车折返能力是否相适应。

（三）全日行车计划编制实例

1. 编制资料

（1）早高峰小时（7:00—8:00）各断面客流量见表 3.3。

（2）分时最大断面客流量分布比例图见图 3.2。

（3）列车编组为 6 辆，车辆定员为 310 人。

（4）线路断面满载率，早、晚高峰小时为 1.1，其他运营时间为 0.9。

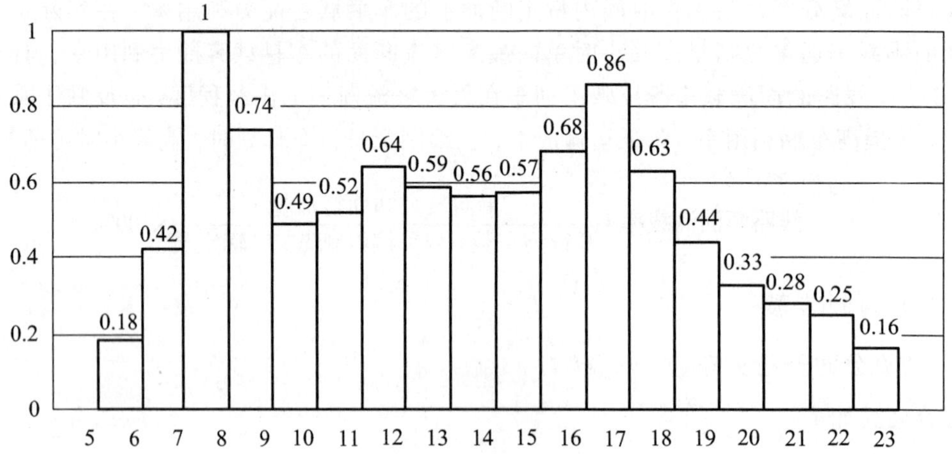

图 3.2　分时最大断面客流量分布比例图

2. 编制全日行车计划

（1）计算早高峰小时断面客流量。

根据早高峰小时站间 OD 客流数据计算早高峰小时断面客流量，计算结果参见表 3.3，早高峰小时最大断面客流量为 29 543 人。

（2）计算分时最大断面客流量：根据分时最大断面客流分布比例图（见图 3.2）计算分时最大断面客流量，计算结果见表 3.4。

表 3.4　分时最大断面客流量

运营时间	最大断面客流量（人）	运营时间	最大断面客流量（人）
5:00—6:00	5 318	14:00—15:00	16 840
6:00—7:00	12 408	15:00—16:00	20 089
7:00—8:00	29 543	16:00—17:00	25 407
8:00—9:00	21 862	17:00—18:00	18 612
9:00—10:00	14 476	18:00—19:00	12 999
10:00—11:00	15 362	19:00—20:00	9 749
11:00—12:00	18 908	20:00—21:00	8 272
12:00—13:00	17 430	21:00—22:00	7 386
13:00—14:00	16 429	22:00—23:00	4 727

（3）计算分时开行列车数：根据分时最大断面客流量、列车定员与线路断面满载率计算分时开行列车数，计算结果见表 3.5。

表 3.5　分时开行列车数

运营时间	开行列车数	运营时间	开行列车数
5:00—6:00	4	14:00—15:00	10
6:00—7:00	8	15:00—16:00	12
7:00—8:00	15	16:00—17:00	13
8:00—9:00	13	17:00—18:00	12
9:00—10:00	9	18:00—19:00	8
10:00—11:00	10	19:00—20:00	6
11:00—12:00	12	20:00—21:00	5
12:00—13:00	11	21:00—22:00	5
13:00—14:00	10	22:00—23:00	3

（4）计算分时行车间隔：根据分时开行列车数计算分时行车间隔。

（5）最终确定全日行车计划：检查表 3.5 中的分时开行列车数，非高峰运营时间内部分小时的行车间隔较长（超过了 10 min 或 6 min），为保持一定的服务水平，对开行列车数进行了调整，最终确定的全日行车计划见表 3.6。

表 3.6　全日行车计划

运营时间	开行列车数	行车间隔	运营时间	开行列车数	行车间隔
5:00—6:00	6	10 min	14:00—15:00	10	6 min
6:00—7:00	8	7 min 30 s	15:00—16:00	12	5 min
7:00—8:00	15	4 min	16:00—17:00	13	4 min 35 s
8:00—9:00	13	4 min 35 s	17:00—18:00	12	5 min
9:00—10:00	10	6 min	18:00—19:00	10	6 min
10:00—11:00	10	6 min	19:00—20:00	10	6 min
11:00—12:00	12	5 min	20:00—21:00	10	6 min
12:00—13:00	11	5 min 25 s	21:00—22:00	6	10 min
13:00—14:00	10	6 min	22:00—23:00	6	10 min

该城市轨道交通线路全天开行列车 184 对，其中早高峰小时开行列车 15 对，行车间隔为 4 min，晚高峰小时开行列车 13 对，行车间隔为 4 min 35 s。假设早高峰小时客运量占全日客运量的比例为 0.2，则全日客运量为 416 930 人次。

三、列车开行方案

列车开行方案包括列车编组方案、列车交路方案和列车停站方案三部分。在列车开行方案中，列车编组方案规定了列车是固定编组还是非固定编组，以及列车的编组辆数；列车交路方案规定了列车的运行区段与折返车站；列车停站方案规定了列车是站站停车还是非站站停车，以及非站站停车的方式。此外，列车开行方案还规定了按不同编组、交路和停站方案开行的列车数。

列车开行方案是日常运营组织的基础。列车开行方案的比选应遵循客流分布特征并兼顾运营经济合理的原则，以实现既能维持较高的乘客服务水平，又能提高车辆运用效率的目标。

（一）列车编组方案

1. 列车编组种类

（1）大编组方案。

大编组是指在运营时间内列车编组辆数固定且相对较多，如地铁列车采用 6 或 8 辆编组的情形。

（2）小编组方案。

小编组是指在运营时间内列车编组辆数固定且相对较少，如地铁列车采用 3 或 4 辆编组的情形。

（3）大小编组方案。

大小编组是指在运营时间内列车编组辆数不固定。大小编组有两种情形：一种是在客流非高峰时段编组辆数相对较少，在客流高峰时段编组辆数相对较多，如在客流非高峰和高峰时段，地铁列车分别采用 3/6 辆编组、4/6 辆编组或 4/8 辆编组的情形；另一种是在全日运营时间内采用大小编组，如地铁列车采用 3/6 辆编组或 4/6 辆编组的情形。采用大小编组方案时，与 4/6 辆编组方案相比，3/6 辆编组方案更具有乘客服务水平较高、可根据客流量灵活编组以及车辆检修周期一致等优点。

应该指出，离开一定的客流条件来讨论列车编组方案的比选是无意义的。例如，在线路的分时客流比较均衡时，大小编组方案失去了比选的必要性；在客流已经接近远期设计客流量时，小编组方案失去了实施的可能性。因此，只有在客流尚未达到远期设计客流量，并且分时客流不均衡程度较大的情况下，才有必要对列车编组方案进行比选。

2. 影响列车编组方案比选的因素

为满足一定的客流需求，城市轨道交通必须提供一定的列车运能。小时列车运能既与小时内开行的列车数有关，也与列车编组辆数和车辆定员有关。假设小时列车运能应达到 18 000 人，在车辆选型一定时，列车编组与行车间隔成正比关系；在行车间隔一定时，列车编组与车辆定员成反比关系，见表 3.7。由此可见，影响列车编组方案选用的主要因素是客流、通过能力和车辆选型。此外，在进行列车编组方案比选时，通常还应考虑乘客服务水平、车辆运用经济性和运营组织复杂性等因素。

表 3.7　列车编组与车辆选型、通过能力的关系

序号	一	二	三	四
编组辆数（辆）	3	6	4	6
车辆定员（人）	300	300	300	200
列车间隔（min）	3	6	4	4
列车运能（人/h）	18 000			

（1）客流。

客流因素主要是指高峰小时最大断面客流与分时客流不均衡程度。高峰小时最大断面客流越大，需要的小时列车运能也越大。在车辆选型、行车间隔一定的情况下，列车编组辆数与高峰小时最大断面客流成正比关系，即客流较大时，列车编组也较大。从提供必要的小时列车运能出发，在高峰小时最大断面客流较大且行车间隔已无法进一步压缩时，列车编组只有大编组方案一种选择；在高峰小时最大断面客流不大，但分时客流不均衡程度较大时，选择小编组方案或大小编组方案有助于提高运营经济性和乘客服务水平。

（2）车辆选型。

车辆选型的依据是高峰小时最大断面客流量，在高峰小时最大断面客流≥3 万人时应采用 A 型车和 B 型车，车辆定员分别为 310 人和 230 人左右。在行车间隔一定的情况下，小时列车运能取决于列车定员，而列车定员又是车辆定员与列车编组辆数的乘积，如果车辆定员较大，列车编组可相应较小。

（3）行车间隔。

从提供必要的小时列车运能出发，在车辆定员一定的情况下，为适应小编组方案，行车间隔应相应压缩，但行车间隔的压缩受到线路通过能力和列车折返能力的制约。因此，采用小编组方案是有条件的，在用小编组方案替代大编组方案时，应验算与通过能力是否相适应。在客流已经接近远期设计客流量时，由于通过能力的利用接近饱和，无法进一步压缩行车间隔，小编组方案就失去了实施的可能性。

（4）乘客服务水平。

在进行列车编组方案比选时，应考虑不同编组方案的乘客服务水平。在客流量不大、行车密度较低的情况下，与大编组方案相比，采用小编组方案时的乘客候车时间较短。因此，小编组方案有助于提高乘客服务水平。另外，在采用大小编组方案时，应在站台上设置乘客候车位置导向标志。

（5）车辆运用经济性。

采用小编组方案，对提高列车满载率及降低牵引能耗具有积极意义，但随着列车中的动车比例增加，车辆的平均价格也呈增加趋势。此外，随着小编组列车开行数的增加，司机的配备数也相应增加。

（6）运营组织复杂性。

在进行列车编组方案比选时还应考虑运营组织的复杂性。与采用固定编组方案相比，在选用大小编组方案时，列车的编组与解体、高峰与非高峰时段的过渡以及列车间隔的调整等均增加了运营组织的复杂程度。

（二）列车交路方案

1. 列车交路种类

列车交路有常规交路、混合交路和衔接交路三种，其中混合交路和衔接交路又统称为特殊交路。

（1）常规交路。

常规交路又称为长交路，列车在线路的两个终点站间运行，到达线路终点站后折返，如图 3.3 所示。与采用特殊交路方案相比，采用常规交路方案行车组织简单，乘客无须换乘，不需要设置中间折返站。但是，如果线路各区段断面客流不均衡程度较大，则会产生部分区段列车运能的浪费。

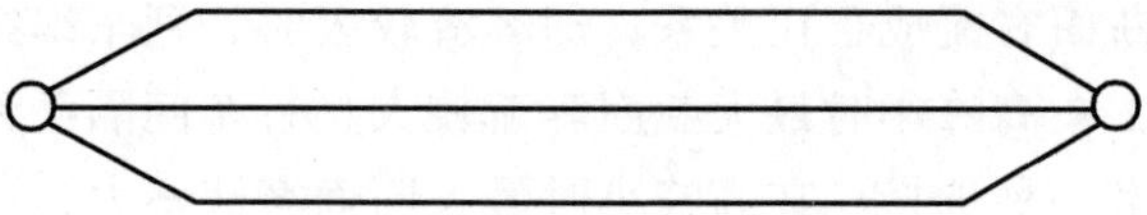

图 3.3　常规交路（长交路）

（2）混合交路。

混合交路又称为长短交路，长短交路列车在线路的部分区段共线运行，长交路列车到达线路终点站后折返、短交路列车在指定的中间站单向折返，如图 3.4 所示。与常规交路方案相比，采用混合交路方案可提高长交路列车满载率，加快短交路列车周转，但部分乘坐长交路列车乘客的候车时间会增加，以及需要设置中间折返站。

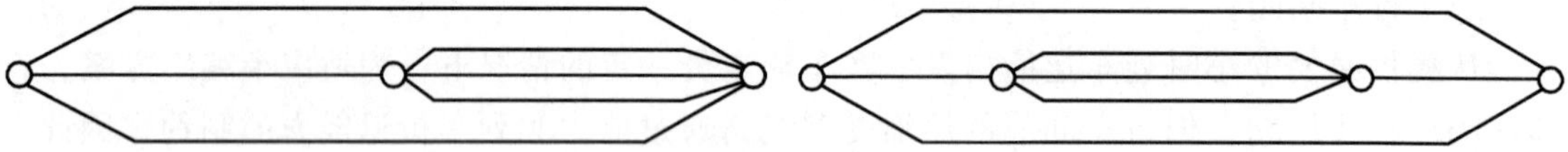

图 3.4　混合交路（长短交路）

（3）衔接交路。

衔接交路又称为短交路，是长短交路的衔接组合，列车只在线路的某一区段内运行，在指定的中间站折返，如图 3.5 所示。采用衔接交路方案可提高断面客流较小区段的列车满载率，但跨区段出行的乘客需要换乘，以及需要设置中间折返站。与混合交路方案相比，衔接交路的短交路列车在中间站是双向折返，增加了折返作业的复杂性。

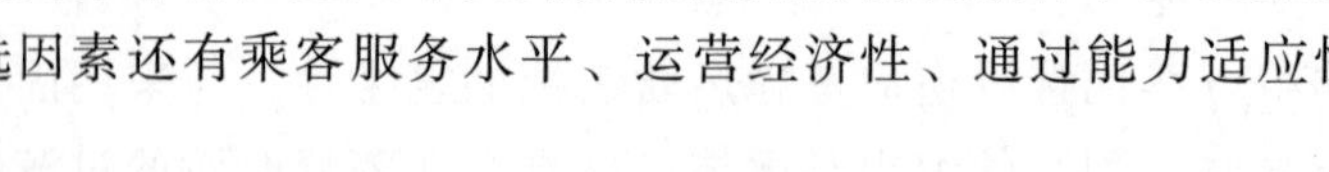

图 3.5　衔接交路（短交路）

2. 影响列车交路方案比选的因素

符合客流的空间分布特征是列车交路方案选用的前提条件和必要条件。此外，影响列车交路方案的比选因素还有乘客服务水平、运营经济性、通过能力适应性和运营组织复杂性等。

（1）客流的空间分布特征。

符合客流的空间分布特征是列车交路方案采用的基本依据，只有在线路各区段断面客流分布不均衡程度较大时，才有必要对常规交路和特殊交路方案进行比选。当断面客流分布为阶梯形时，可选用混合交路或衔接交路方案；当断面客流分布为凸字形时，可选用混合交路方案；当断面客流分布比较均衡时，一般应选用常规交路方案。

（2）乘客服务水平。

在进行列车交路方案比选时，线路各区段断面客流分布的不均衡仅仅是采用特殊交路方案的必要条件，而不是充分条件。在采用混合交路时，部分乘坐长交路列车的乘客会增加候车时间；在采用衔接交路时，跨区段出行的乘客需要在中间折返站换乘。鉴于上述情形的存在，采用特殊交路会使部分乘客增加出行时间从而引起乘客服务水平的下降。特殊交路方案对乘客服务水平影响的程度，取决于乘坐长交路列车或跨区段出行乘客的数量及其所占比例。如果乘客出行时间增加较大，一般不宜采用特殊交路方案，但应指出，在特殊交路与非站站停车方案结合选用时，乘客服务水平下降的情况可以得到改善。

（3）运营经济性。

与常规交路相比，采用特殊交路能提高列车满载率、加快列车周转、减少运用车数，从而提高车辆运用经济性、降低运营成本。但由于采用特殊交路方案需要在中间站铺设折返线、道岔和安装信号设备，因此也会增加投资与运营费用。

（4）通过能力适应性。

采用特殊交路方案时，部分列车在中间站单向折返，或全部列车在中间站双向折返。在单向折返时，短交路列车的折返进路与长交路列车的到发进路有可能产生进路冲突；在双向折返时，两个方向短交路列车的折返进路有可能产生进路冲突。在产生进路冲突的情况下，线路折返能力甚至最终通过能力均有可能降低。因此，通过能力是否适应是采用特殊交路方案的充分条件之一。

（5）运营组织复杂性。

由于列车按不同的交路运行并在中间站折返，以及需要加强站台乘车导向服务，特殊交路方案的运营组织要比常规交路方案复杂。此外，在采用特殊交路方案时，中间折返站的选择也是运营组织中需要考虑的问题。中间折返站一般应选择在断面客流出现明显落差的车站，但如果这些车站的到达客流较大，乘客下车作业稍有延误就会造成列车出发晚点。因此，在选择中间折返站位置时，可考虑将不同列车交路的中间折返站错开设置，以避免产生中间站折返能力不足问题，以及可考虑将中间折返站位置选择在断面客流出现明显落差的前方车站，以缩短折返出发间隔时间。

（三）列车停站方案

1. 列车停站种类

（1）站站停车。

站站停车指列车在全线所有车站均停车，如图 3.6 所示。与非站站停车相比，线路上开行列车种类简单，不存在列车越行，乘客无须换乘，也无须关注站台上的列车信息显示。在跨区段、长距离出行乘客比例较大时，站站停车在车辆运用与服务水平方面均未达到最佳状态。

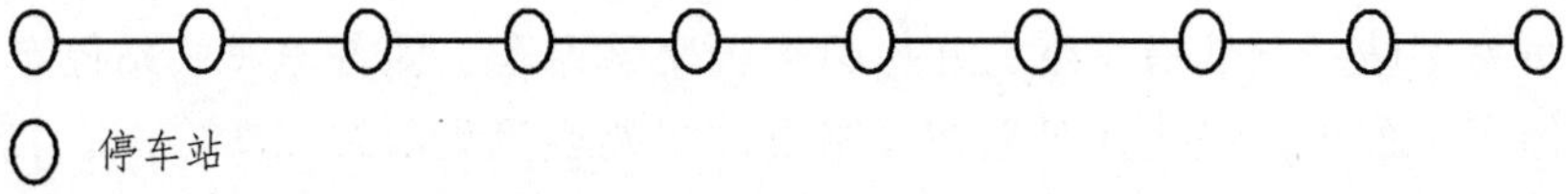

图 3.6　站站停车方案示意图

（2）区段停车。

区段停车在长短交路情况下采用，长交路列车在短交路区段外每站停车，但在短交路区段内不停车通过；而短交路列车则在短交路区段内每站停车，短交路列车的中间折返站同时又是乘客换乘站，如图 3.7 所示。与站站停车相比，区段停车方案中的长交路列车在短交路区段内不停车通过，列车停站次数的减少使长交路列车的停站时间及起停车附加时间总和也相应减少，提高了列车旅行速度，压缩了列车周转时间。因此，采用区段停车方案有利于压缩长距离出行乘客的乘车时间、减少车辆运用和降低运营成本。但是，区段停车方案也存在若干问题：首先，在行车量较大的情况下，有可能会产生列车越行，需要在部分中间站修建侧线；其次，在不同交路区段间上下车的乘客会增加换乘时间，而在短交路区段内上下车的乘客则会延长候车时间。

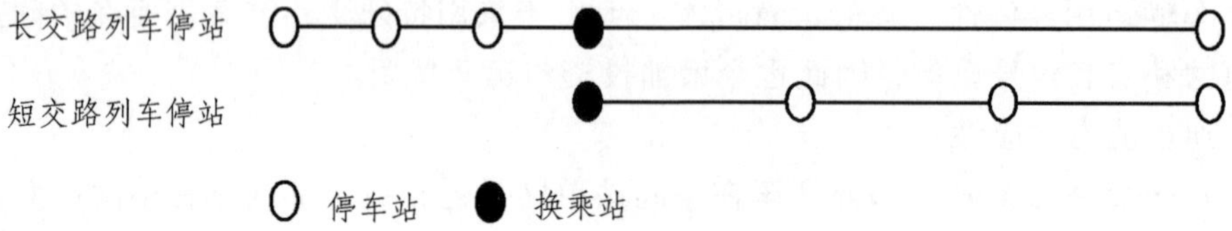

图 3.7　区段停车方案示意图

（3）跨站停车。

列车跨站停车在长交路的情况下采用，将线路上开行的列车分为 A、B 两类，全线的车站分为 A、B、C 三类，其中 A、B 类车站按相邻分布的原则设置，C 类车站按每隔 4 或 6 个车站选择一个的原则设置。A 类车在 A、C 类车站停车、在 B 类车站不停站通过；B 类车在 B、C 类车站停车，在 A 类车站不停站通过，如图 3.8 所示。与站站停车方案相比，跨站停车方案的优点类似于区段停车方案。由于 A、B 两类车站的列车到达间隔加大，在 A、B 两类车站上车乘客的候车时间有所增加；此外，在 A、B 两类车站间上下车的乘客需要在 C 类车站换乘，会增加换乘时间及带来不便。因此，跨站停车方案比较适用于 C 类车站上下车客流较大，并且乘客乘车距离较远的情形。

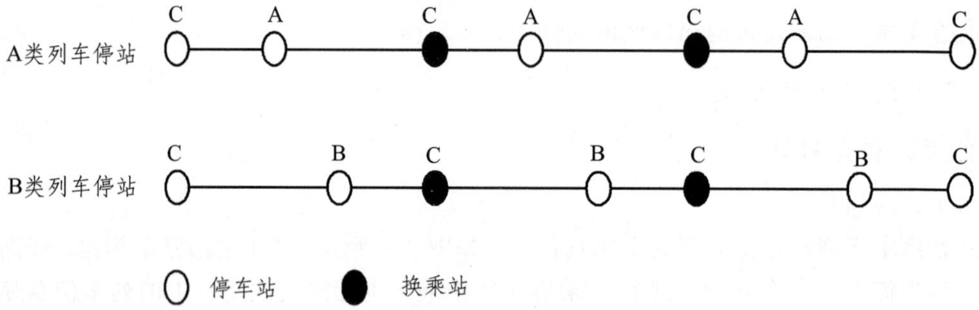

图 3.8　跨站停车方案示意图

（4）部分列车跨多站停车。

部分列车跨多站停车是指线路上开行两类长交路列车，即普速（站站停车）列车和快速（跨多站停车）列车，快速列车只在线路上的主要客流集散站停车，而在其他站则不停站通过，如图 3.9 所示。该停车方案在提高跨多站停车列车旅行速度的同时，避免了跨站停车方案存在的部分乘客需要换乘的问题，做到了既能提高运营经济性，又不降低对乘客的服务水平。此外，该停车方案运用比较灵活，运营部门可根据客流特征按不同比例确定快速列车开行对数。在线路通过能力利用率比较高的情况下，采用该停车方案通常会引起快速列车越行普速列车；如果不安排列车越行，则只能以损失线路通过能力来保证追踪列车间隔时间。

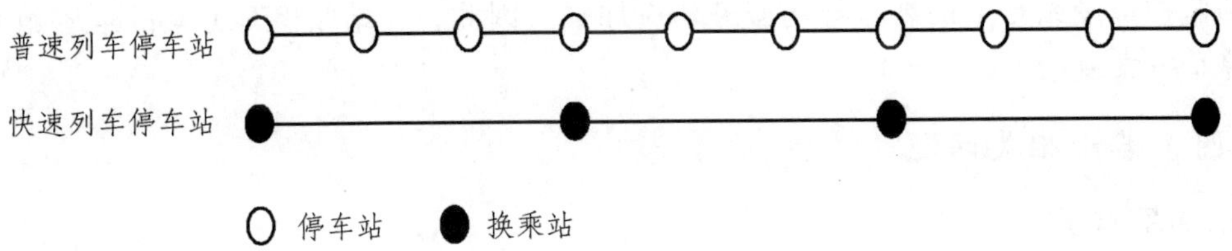

图 3.9　部分列车跨多站停车方案示意图

2. 影响列车停站方案比选的因素

采用非站站停车方案通常有利于减少车辆运用与降低运营成本，但采用非站站停车方案也会出现一部分乘客节约了乘车时间，另一部分乘客又增加了候车时间或换乘时间的情形，乘客节约时间总和是否大于增加时间总和取决于站间 OD 客流的空间分布特征。此外，由于城市轨道交通车站一般不设置侧线，采用非站站停车方案还会产生列车越行问题。因此，影响列车停站方案比选的主要因素为站间 OD 客流特征、乘客服务水平、列车越行、运营经济性和运营组织复杂性等。

（1）站间 OD 客流特征。

在长距离出行乘客比例较大及某些发、到站间的直达客流也较大时，采用非站站停车方案通常是有利的。此时，区段停车方案比较适用于大部分乘客的乘车区间是郊区段各站与市区段终点站之间的通勤出行，如远郊区与中央商务区之间、远郊区车站与城市轨道交通环线换乘站之间的通勤出行；跨站停车方案比较适用于 C 类车站上下车客流较大，并且乘客乘车距离较远的情形。在线路上以同一区段内发、到的短途客流为主时，不宜采用非站站停车方案。

（2）乘客服务水平。

采用非站站停车方案，在压缩长距离出行乘客乘车时间的同时，也会出现一部分乘客增加换乘时间或候车时间的情形。因此，是否采用非站站停车方案，应根据站间 OD 客流定量分析计算长途乘客节约的出行时间与部分乘客增加的换乘与候车时间。一般而言，如果乘客的节约时间总和大于增加时间总和，或者乘客的节约时间与增加时间基本持平，采用非站站停车方案是可行的，能提高或至少不降低乘客服务水平。

（3）列车越行问题。

在采用列车非站站停车方案时，存在后行列车越行前行列车的可能性。如果后行列车越行前行列车，可通过调整列车追踪运行间隔来避免越行，但这是以降低线路通过能力来换取的，难以适应大客流的线路或客流增加较快的线路。因此，采用非站站停车方案，必须对列车越行相关问题，如列车越行判定条件、越行站设置数量及位置等问题做进一步分析。

（4）运营经济性。

与站站停车方案相比，非站站停车方案能加快列车周转、减少运用车数，从而降低运营成本。但采用非站站停车方案时，通常要在部分中间站增设越行线，车站土建与轨道等费用的增加会引起车站造价上升。

（5）运营组织复杂性。

由于各类列车的停站安排不同以及列车在中间站越行，控制中心、车站控制室对列车运行的监控以及站台上的乘车导向服务均应加强。因此，非站站停车方案的运营组织要比站站停车方案复杂。

（四）若干相关问题

1. 方案选优

列车开行方案选优，首先是列车编组、列车交路与列车停站方案的初步选优，然后是列车开行方案的综合选优。影响列车开行方案选优的因素包括多个方面，每个方面又有若干评价指标，它们分别从某一侧面反映了列车开行方案的某个特征，如车辆运用、运输成本方面的评价指标侧重于反映列车开行方案的经济合理性；通过能力适应性、运营组织复杂性方面的评价指标侧重于反映列车开行方案的技术可行性，但任何一个列车开行方案都很难使各方面的评价指标均达到最优。此外，在众多评价指标中，一些评价指标不能量化，即使能够量化的评价指标，它们的量纲也不尽相同。因此，列车开行方案选优是一个复杂的多指标综合评价问题。

列车开行方案选优的评价指标包括五个方面：

（1）乘客服务水平。

相关评价指标包括乘客乘车时间、候车时间、换乘时间、换乘次数和平均出行速度等。

（2）车辆运用。

相关评价指标包括列车周转时间、旅行速度、运用车数、日车走行公里和车辆满载率等。

（3）通过能力适应性。

主要是评价列车开行方案实施后的能力损失，以及最终通过能力是否适应。相关评价指标包括线路通过能力利用率、列车折返能力利用率等。

（4）运营组织复杂性。

运营组织复杂性与列车开行方案中的列车编组、交路或停站种类数、乘客需要获得的乘车信息量以及列车运行调整的机动性等有关。运营组织太复杂的列车开行方案，实践中通常不为运营部门所接受。在列车开行方案选优时，可用等级或排序的方式来反映运营组织的复杂程度。

（5）运输成本。

相关评价指标包括车辆购置费用、增设折返线费用、增设越行线费用、列车运行距离相关费用和乘务人员费用等。

2. 列车越行

（1）越行判定条件。

如图 3.10 所示，A、B 两站间的车站数为 $n-2$，前行列车为 A、B 两站间开行的站站停车列车，后行列车为 A、B 两站间开行的不停站列车；前、后行列车在 A、B 两站间的运行时间分别为 $T_{前行}$ 和 $T_{后行}$，前、后行列车在 A 站的发车间隔时间为 $T_{间隔}$。

$$T_{前行}=\sum_{i=1}^{n-1} t_{运,i}+\sum_{j=2}^{n-1} t_{站,j} \tag{3-5}$$

$$T_{后行}=T_{前行}-\sum_{j=2}^{n-1}(t_{停,j}+t_{站,j}+t_{起,j}) \tag{3-6}$$

式中　$t_{运,i}$——第 i 区间的列车运行时间（s）；

$t_{站,j}$——第 j 站的列车停站时间（s）；

$t_{停,j}$——第 j 站的停车附加时间（s）；

$t_{起,j}$——第 j 站的起动附加时间（s）。

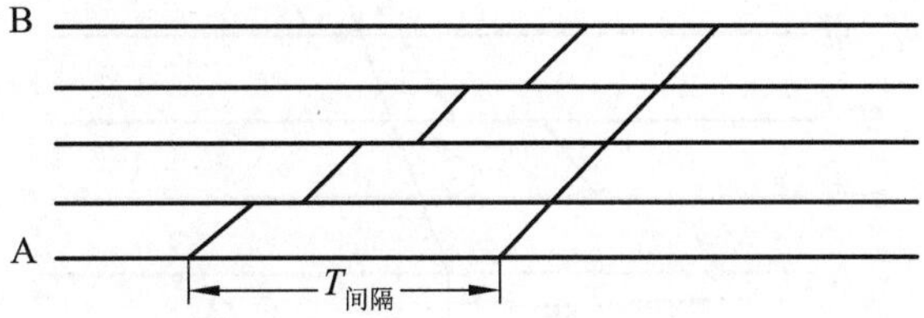

图 3.10　列车越行判定条件示意图

后行列车是否会越行前行列车，可按前、后行列车到达 B 站的间隔时间是否大于或等于追踪间隔时间 h 的条件来判定。

在 $T_{间隔}+T_{后行}-T_{前行}\geqslant h$ 时，后行列车在 A、B 两站间不越行前行列车；

在 $T_{间隔}+T_{后行}-T_{前行}<h$ 时，后行列车在 A、B 两站间越行前行列车。

（2）越行站设置数量。

为化简分析过程，先假设前行站站停车列车与后行不停站列车的开行比例为 p∶1（p 为整数）。显然此时，后行列车越行前行列车的次数即为需要设置的越行站数。

根据图 3.11，后行列车越行前行列车的次数 $K_{越}$ 可按下式计算：

$$K_{越}=\left(\frac{T_{前行}+h-T_{后行}-T_{间隔}}{I}\right) \tag{3-7}$$

式中　$K_{越}$——越行次数（次）；

I——前行站站停车列车的平均发车间隔时间（s）。

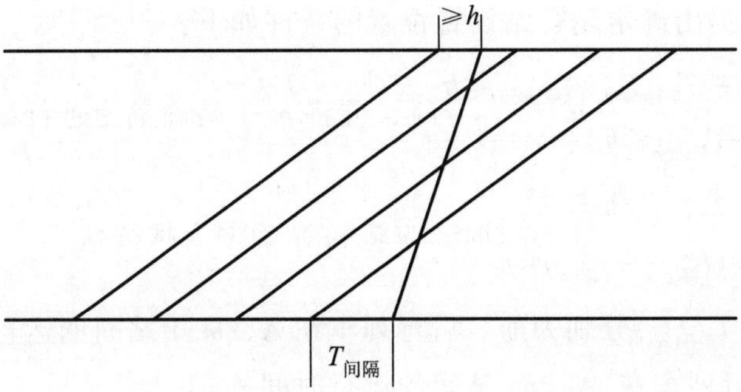

图 3.11　p∶1 时的越行次数示意图

当前行站站停车列车与后行不停站列车的开行比例为 p∶q（$p>q>1$，且 p 与 q 均为整数）时，首列不停站快速列车越行前行站站停车列车的次数仍为开行比例 $p:1$ 时的越行次数 $K_{越}$，而其他不停站快速列车越行前行站站停车列车的次数均小于 $K_{越}$。因此，在 $p:q$ 的情况下，尽管总的越行次数会增加，但仍可根据首列不停站快速列车越行前行站站停车列车的次数来确定越行站的设置数。

（3）越行站设置位置。

如图 3.12 所示的 A、B 两站间，如果后行不停站列车与前行站站停车列车在 $m-1$ 站的不同时发车间隔时间大于或等于追踪列车间隔时间，但在 m 站的不同时到达时间间隔小于追踪列车间隔时间，则后行列车应在 $m-1$ 站越行前行列车。

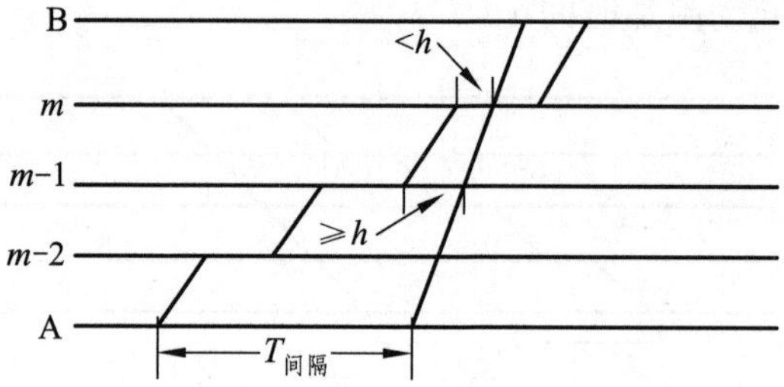

图 3.12　应在 $m-1$ 站越行示意图

如图 3.13 所示的 A、B 两站间，如果后行不停站列车与前行站站停车列车在 m 站的不同时到达时间大于或等于追踪列车间隔时间（列车运行线为实线），但在 m 站的不同时发车间隔时间小于追踪列车间隔时间（列车运行线为虚线），后行列车应在 m 站越行前行列车。

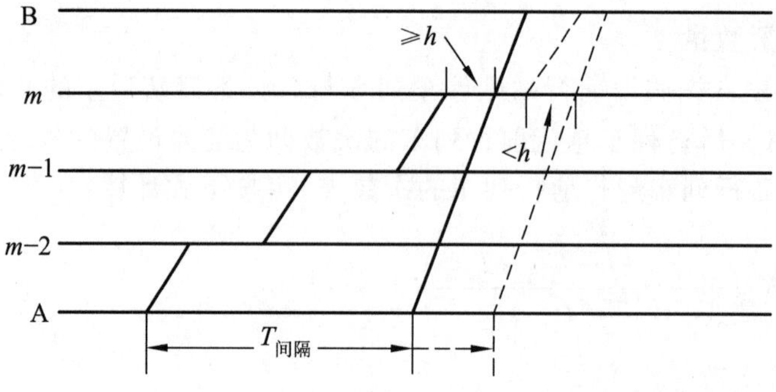

图 3.13　应在 m 站越行示意图

根据以上分析，提出确定越行站设置位置的条件如下：

在 $\begin{cases} T_{间隔}+T_{后行,m-1}-(T_{前行,m-1}+t_{站,m-1})\geqslant h \\ T_{间隔}+T_{后行,m}-T_{前行,m}<h \end{cases}$ 时，应将 $m-1$ 站确定为越行站；

在 $\begin{cases} T_{间隔}+T_{后行,m}-T_{前行,m}\geqslant h \\ T_{间隔}+T_{后行,m}-(T_{前行,m}+t_{站,m})<h \end{cases}$ 时，应将 m 站确定为越行站。

式中的 $T_{前行,m-1}$、$T_{后行,m-1}$ 分别为前、后行列车在 A、$m-1$ 站间的运行时间（s）；$T_{前行,m}$、$T_{后行,m}$ 分别为前、后行列车在 A、m 站间的运行时间（s）；$t_{站,m}$、$t_{站,m-1}$ 分别为前行列车在 m、$m-1$ 站的停站时间（s）。

3．车站造价

列车编组大小即列车长度对车站造价的影响存在两种截然不同的观点。一种观点认为：小编组方案的列车长度较短，因而可缩短站台长度和缩小车站土建规模，进而降低车站造价和运营费用。由于车站土建费用占整条线路土建费用的比例高达 60%，因此采用小编组方案对降低车站造价和整条线路造价具有重要意义。另一种观点则认为：地下站的站厅层除了付费区和非付费区外，还有各种设备用房、作业用房和管理用房，站厅层的总长度接近 200 m，而 A 型车 8 辆编组时的长度约为 186 m。由于站台层长度小于站厅层长度，因而决定车站长度的并不是站台长度。方案比较结果表明，将列车编组由 6 辆减少到 5 辆，车站的土建费用仅降低 4%左右，因此采用小编组方案对降低车站的造价作用不大。

由于小编组方案对降低车站的造价作用不大，且小编组方案的列车只能适应线路的初、中期客流量。因此，即使在运营的初、中期采用小编组方案，站台长度还是应按线路远期客流量，采用大编组方案进行设计和一次建成。在车站的建设规模上，以增加较小的工程投资换取必要的运能储备或发展预留是必需的。

4．设置配线

车站设置越行线会使车站造价增加，但车站配线的设置也为运营组织带来若干附加功能：

（1）在列车运行晚点或临时加开短交路列车时，有助于提高列车运行调整的机动性。

（2）在短交路列车折返进路与长交路列车接发进路冲突时，有助于消除进路冲突对线路通过能力的不利影响。

（3）在列车故障或发生行车事故时可作为临时停车线使用，有助于在最短时间内开通正线、恢复行车。

（4）在夜间可作为列车停留线使用，有助于压缩车厂建设规模、减少工程投资和运营费用。

四、车辆配备与运用计划

（一）车辆运用分类

为完成乘客运送任务，城市轨道交通必须设置车厂，配属一定数量的车辆。按运用上的不同车辆分为运用车、检修车和备用车三类。

1．运用车

运用车是指为完成日常客运任务而配备的技术状态良好的车辆。运用车按下式计算：

$$N_{运用}=\frac{n_{高峰}\theta_{列}m}{3\,600} \tag{3-8}$$

式中 $N_{运用}$——运用车数（辆）；

$n_{高峰}$——高峰小时开行列车数（列）；

$\theta_{列}$——列车周转时间（s）；

m——列车编组辆数（辆）。

列车周转时间是指列车在线路上往返一次所消耗的全部时间。它包括了列车在各区间的运行时间、在各中间站的停站时间以及在两端折返站的折返停留时间。

$$\theta_{列}=\sum t_{运}+\sum t_{站}+\sum t_{折停} \tag{3-9}$$

式中 $\sum t_{运}$——列车在线路上往返一次各区间运行时间的和（s）；

$\sum t_{站}$——列车在线路上往返一次各中间站停站时间的和（s）；

$\sum t_{折停}$——列车在折返站停留时间的和（s）。

确定运用车组数的方法有分析法和图解法两种。

（1）分析法。

利用分析法计算运用车组数的公式如下：

$$N_{车组}=\frac{\theta_{列}}{t_{间隔}} \tag{3-10}$$

式中 $N_{车组}$——运用车组数（组）；

$t_{间隔}$——行车间隔（s）。

（2）图解法。

利用图解法确定运用车组数，如图 3.14 所示，在列车运行图上，垂直于横轴的截取线 J 与列车运行线、折返站停留列车的交点数即为运用车组数。

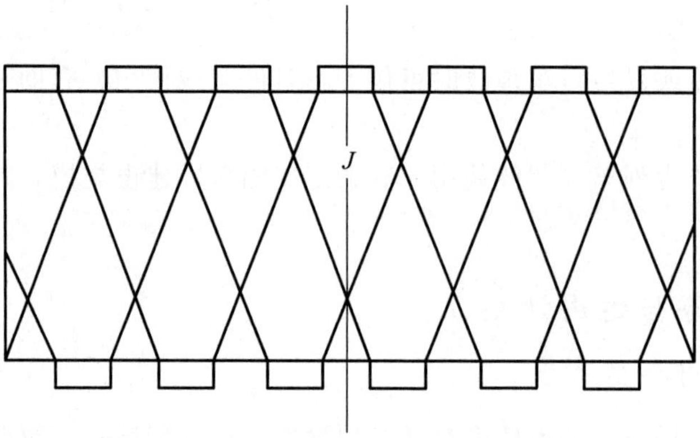

图 3.14　运用车组数图解

2. 检修车

检修车是指处于定期检修状态的车辆。车辆经过一段时间的运用后，各部件会产生磨耗、变形或损坏，为保证车辆技术状态良好、确保列车运行安全和延长车辆使用寿命，需要定期对车辆进行各种修程的检修。目前，国内城市轨道交通实行计划维修和故障维修相结合的车辆检修制度。

车辆的定期检修分为月检、定修、架修和大修（厂修），有的城市轨道交通线路还增设了双周检、双月检或半年检等。车辆检修修程、检修周期根据车辆各部件使用寿命和车辆运用环境等因素综合考虑确定。在实行预防性计划检修制度时，车辆定期检修通常是按车辆运行时间和行走公里先达到者执行，表 3.8 是某地铁线路的车辆检修制度。

表 3.8　车辆检修修程、周期及停时

检修修程	检修周期		检修停时（日）
	运用时间	走行千米（万）	
双周检	2 周	0.4	0.5
双月检	2 月	2	2
定修	1 年	10	10
架修	5 年	50	25
大修	10 年	100	40

车辆检修制度是确定车厂建设规模、计算检修车数与配属车数的依据。合理的车辆检修制度对减少检修车等非运用车数、降低城市轨道交通建设投资与运营成本具有重要意义。城市轨道交通车辆检修的发展趋势为：优化车辆检修制度，延长车辆检修周期，利用非运营与非高峰时间进行较小修程的均衡修，采用直接更换车辆零部件的方式进行换件修。通过上述途径与措施，可以缩短车辆检修停时，提高车辆检修效率，减少配属车数和压缩车厂建设规模。

车辆检修除定期检修外，还有日常检修，包括列检和临修。

检修车的数量取决于运用车配属数、检修周期与检修停时。检修周期与检修停时对检修车数量的影响可用检修系数反映。检修车计算公式如下：

$$N_{检修}=N_{运用}\alpha_{检修} \tag{3-11}$$

$$\alpha_{检修}=\frac{\sum T_i^{检修}}{D_{年}} \tag{3-12}$$

式中　$N_{检修}$——检修车数（辆）；

$\alpha_{检修}$——检修系数（s）；

$T_i^{检修}$——包括临修在内的各种检修修程年均检修停时（天）；

$D_{年}$——年检修工作日（天）；

3. 备用车

备用车是指为完成临时紧急运输任务或为替换退出故障运营列车而储备的技术状态良好的车辆。备用车数一般控制在运用车数的 10%左右。

（二）车辆运用计划

车辆运用包括列车的出入厂、正线运行和列检等作业。车辆运用应按计划进行，车辆运用计划根据列车运行图与车辆检修计划进行编制，主要内容如下：

1. 排定出入厂顺序与时间

新图下达后，车厂应根据列车运行图的要求，排定运用车组的出厂顺序、时间和担当车次、回厂顺序、时间和返回方向。运用车组出厂时间应分别明确司机的出勤时间和运用车组出库、出厂时间。

2. 铺画车辆周转图

列车正线运行通常采用循环交路，根据列车运行图和车辆出入厂顺序，车辆运用计划以车辆周转图的形式规定了全日对应各出入厂顺序的运用车组在正线上往返运行的列车交路，运用车组在两端折返站的到、发时刻，以及运用车组出入厂时间和顺序，如图 3.15 所示。

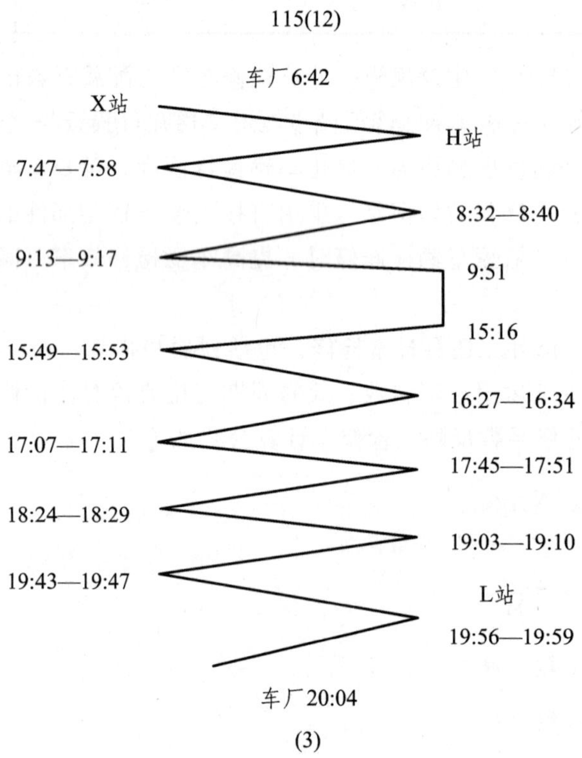

图 3.15　车辆周转图

3. 确定对应各出厂顺序的运用车

根据车辆的运用状态与检修计划，确定担当次日各出厂顺序、列车交路的运用车（编号）与待发股道。在安排车辆运用时，应注意使运用车的走行公里在一定时期内大体均衡。

4. 配备司机

城市轨道交通的乘务制度通常采用轮乘制。由于司机值乘的列车不固定，在编制车辆运用计划时，应对司机的出、退勤时间、地点、值乘列车车次以及工间休息和途中用餐等事务同步做出安排。在安排司机的工作时，应注意司机的连续工作时间，不要超劳。

第二节　列车运行图编制

一、列车运行图的作用与意义

列车运行图是列车运行时间与空间关系的图解。列车运行图规定了各次列车占用区间的次序，列车在区间的运行时分，在车站的到达、出发或通过时刻，在车站的停站时间和在折返站的折返时间，以及列车交路和列车出入车厂时刻等。它能直观地显示出列车在各区间运行及在各车站停车或通过的状态。

列车运行图是列车运行组织的基础。在运营企业内部，列车运行图不但规定了线路、车站、车辆等技术设备的运用，同时也规定了与列车运行有关各部门、各工种的工作要求。例如，控制中心应按照列车运行图指挥列车运行；车站应按照列车运行图组织行车和客运工作；车厂应根据列车运行图的要求，确定每天需要派出的运用车数、车辆出入厂顺序及时间、安排司机作息时间和列检作业等；供电、通号、机电和工务等部门应根据列车运行图的规定来安排检修施工计划。所有与列车运行有关的部门、工种均应根据列车运行图的要求，严格按照一定程序有条不紊地进行工作，因此，列车运行图是城市轨道交通运营组织的综合性计划。供乘客使用的列车运行图以列车时刻表的形式对外公布，它规定了向乘客提供运输服务的规格与质量。服务质量欠佳的列车运行图会引起乘客的抱怨，严重时还会引起客流的减少。

二、列车运行图的分类

根据区间正线数目、列车运行速度、上下行方向列车数和同方向列车运行方式等条件，列车运行图的分类如下：

（一）按区间正线数目的不同分类

（1）单线运行图：列车运行图上，上下行列车都在同一正线上运行。

（2）双线运行图：列车运行图上，上下行列车在各自的正线上运行。

（3）单双线运行图：单双线运行图兼有单线和双线运行图的特点，列车在单线区间和双线区间分别按单线运行图和双线运行图运行。

（二）按列车运行速度的不同分类

（1）平行运行图：在同一区间内，同一方向列车的运行速度相同，且列车在区间两端站的到、发或通过的运行方式也相同，因而列车运行线相互平行。

（2）非平行运行图：在运行图上铺有各种不同速度的列车，且列车在区间两端站的到、发或通过的运行方式不同，因而列车运行线不相互平行。

（三）按上下行方向列车数目的不同分类

（1）成对运行图：列车运行图上，上下行方向的列车数目相等。

（2）不成对运行图：列车运行图上，上下行方向的列车数目不相等。

（四）按同方向列车运行方式的不同分类

（1）连发运行图：列车运行图上，同方向列车的运行以站间区间为间隔，采用连发运行图时在连发的一组列车之间不铺画对向列车。

（2）追踪运行图：列车运行图上，同方向列车的运行以闭塞分区（轨道电路区段）或制动距离加上安全防护距离为间隔，即在一个区间内允许有一列以上同方向列车运行。采用追踪运行图的必须是安装自动闭塞设备的线路。

实践中，每张列车运行图都具有上述四个方面的特点。例如，地铁列车运行图通常具备双线、平行、成对和追踪的特点。

三、列车运行图的基本要素

列车运行图的分类是基于列车运行图的特殊性，而列车运行图的要素则是基于列车运行图的共性。

列车运行图要素的实质是把列车运行过程按空间或时间上衔接的特征划分为若干单项作业。在空间关系上，把列车运行过程划分为列车在区间运行、列车进站停车、列车起动出站、列车停站和列车折返等单项作业；在时间关系上，分别确定每一单项作业的开始、终止和延续时间。决定单项作业时间的主要因素有：活动设备和固定设备的技术条件、作业的质量要求、作业人员数量和作业环境条件。

城市轨道交通列车运行图的要素包括：列车区间运行时分、列车停站时间、列车在折返站停留时间、列车折返出发间隔时间、列车出入车厂作业时间、追踪列车间隔时间和连发间隔时间。

（一）列车区间运行时分

列车区间运行时分是指列车在两个相邻车站间的运行时间标准，通过牵引计算和列车试运行相结合的方法计算确定。

由于上下行方向线路平纵断面条件以及列车运行速度的不同，区间运行时分应按上下行方向和不同列车类型分别确定。

区间运行时分应根据列车在每一区间的两个车站上不停车通过和停车两种情况分别确定。列车不停车通过两个相邻车站所需的区间运行时分称为纯运行时分。因列车到站停车和列车起动出站而增大的区间运行时分与纯运行时分之差称为停车附加时分和起动附加时分。停车、起动附加时分应根据车辆类型、列车编组辆数以及进、出站线路的平纵断面条件等进行确定。

（二）列车停站时间

列车停站是为了供乘客上下车，列车停站时间取决于下列因素：

（1）车站上下车人数。

平均上（下）一个乘客所需时间，该项时间取决于车辆的车门数、车门宽度、车厢内的座椅布置方式、站台高度和车站客运组织措施等；

（2）开关车门时间。

（3）车门和屏蔽门的不同步时间。

（4）确认车门关妥与信号显示时间。

列车停站时间的计算公式为：

$$t_{站}=\frac{(p_{上}+p_{下})t_{上(下)}}{n_{高峰}md}+t_{开关}+t_{不同}+t_{确认} \tag{3-13}$$

式中 $t_{站}$——列车停站时间（s）；

$p_{上}$——高峰小时车站上车人数（人）；

$p_{下}$——高峰小时车站下车人数（人）；

$t_{上(下)}$——平均每上（下）一个乘客所需时间（s）；

$n_{高峰}$——高峰小时开行列车数（列）；

m——列车编组辆数（辆）；

d——每车每侧车门数（扇）；

$t_{开关}$——开关车门时间（s）

$t_{不同}$——车门和屏蔽门开关不同步时间（s）；

$t_{确认}$——确认车门关妥与信号显示时间（s）。

按式（3-13）计算的列车停站时间一般应适当增加余量并取整。在实际工作中，通常将全线各站的列车停站时间确定为 3 至 4 种时间标准。

（三）列车在折返站停留时间

列车在折返站停留时间是指列车在折返站办理各项作业时所需时间。

在站后折返时，按作业顺序列车应办理的作业有以下五项，如图 3.16 所示。

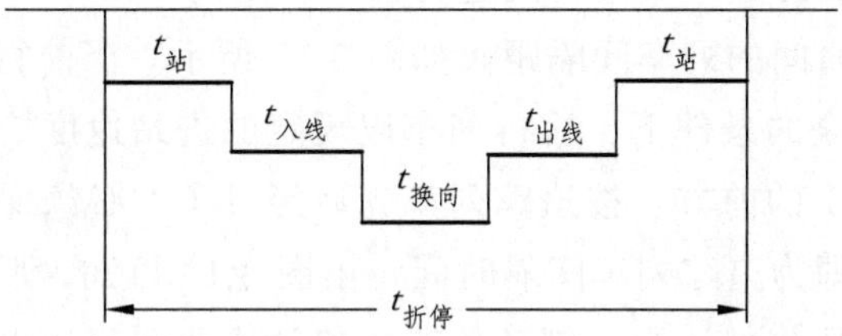

图 3.16　列车在折返站停留时间（站后折返）

（1）在站线上，开车门、乘客下车作业。

（2）列车驶入折返线。

（3）在折返线上，列车换端作业。

（4）列车驶出折返线。

（5）在站线上，乘客上车、关车门作业。

在站前折返时，列车在折返站应办理的作业有：

（1）在站线上，乘客下车、上车与开、关车门作业；

（2）在站线上，列车换端作业。

上述两项作业可平行进行。

上述各单项作业时间可根据分析与查标相结合的方法计算确定。综合各个单项作业所需时间，即为列车在折返站的停留时间。

（四）列车折返出发间隔时间

列车折返出发间隔时间是指列车在折返站的最小出发间隔时间，主要取决于折返线的布置、采用的折返方式等。

（五）列车出入车厂作业时间

列车出入车厂作业时间包括列车在车厂与正线防护信号机间的运行时间、列车在正线防护信号机与列车始发站间的运行时间以及列车在进入区间正线前等待信号开放和确认信号的时间。前两项时间可通过牵引计算和列车试运行相结合的方法计算确定；第三项时间可根据分析与查标相结合的方法计算确定。

（六）追踪列车间隔时间

在自动闭塞线路上，同方向运行的两列车以闭塞分区（轨道电路区段）或制动距离加上安全防护距离为间隔运行称为追踪运行。追踪运行的两列车在运行过程中相互不受干扰的最小间隔时间称为追踪列车间隔时间。

影响追踪列车间隔时间的主要因素包括：列车停站时间、列车运行控制方式、列车间隔距离、列车运行速度、接近车站线路的平纵断面、车站是否设置配线和行车组织方法等。

1. 固定（自动）闭塞线路

一般情况下，城市轨道交通车站不设置配线，客运作业在车站站线上办理，由于追踪列车经过车站时的间隔时间远大于在区间运行时的间隔时间，因而追踪列车间隔时间应根据追踪运行的两列车先后经过车站的时间进行计算确定。

计算追踪列车间隔时间的列车间隔距离如图 3.17 所示。当前行列车出清了车站轨道电路区段，在确保行车安全的条件下，后行列车以规定的进站速度恰好位于某一分界点（闭塞分区或轨道电路区段）的前方。按追踪列车先后经过车站必须保持的最小列车间隔距离计算得到的间隔时间，即为追踪列车间隔时间。由图 3.17 可知，后行列车从初始位置至前行列车所处位置，需经历进站运行、制动停车、停站作业和起动出站四项作业过程，即追踪列车间隔时间由四个单项作业时间组成，计算公式为：

$$h = t_{运} + t_{制} + t_{站} + t_{加} \qquad (3\text{-}14)$$

式中 $t_{运}$——列车从初始位置时起至开始制动时止的运行时间（s）；

$t_{制}$——列车从开始制动时起至站内停车时止的制动时间（s）；

$t_{加}$——列车从车站起动加速时起至出清车站轨道电路区段时止的运行时间（s）。

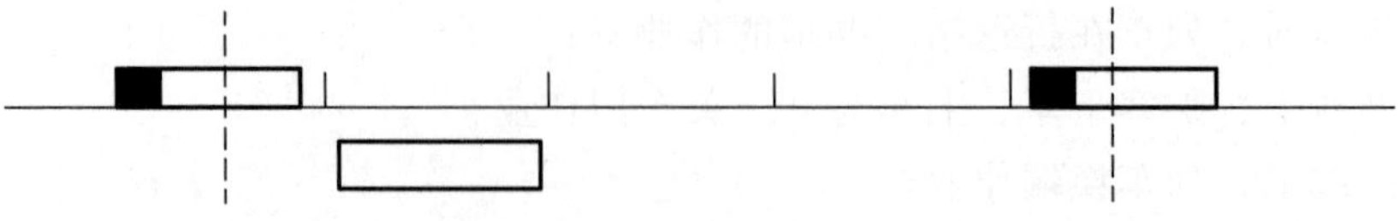

图 3.17 固定闭塞时追踪列车经过车站间隔距离图

2. 移动（自动）闭塞线路

计算追踪列车间隔时间的列车间隔距离如图 3.18 所示。在前行列车出清车站轨道电路区段与安全防护距离时，后行列车以规定速度恰好运行至进站位置处。按图中所示的列车间隔距离计算得到的间隔时间就是追踪列车间隔时间。由图 3.18 可知：后行列车从初始位置至前行列车所处位置，需经历制动停车、停站作业和起动出站三项作业过程，即追踪列车间隔时间由三个单项作业时间组成，计算公式为：

$$h = t_{制} + t_{站} + t_{加} \tag{3-15}$$

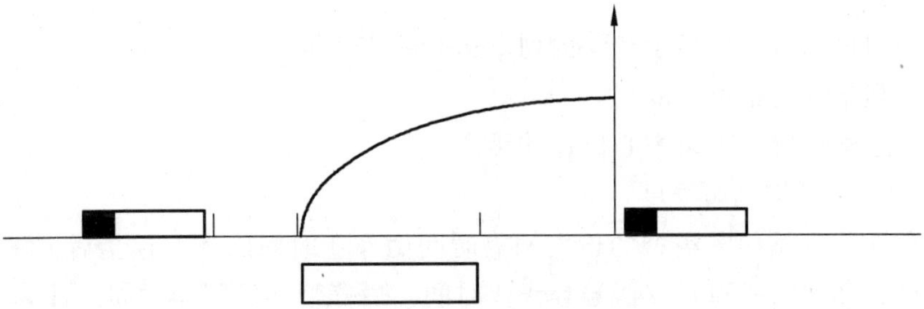

图 3.18　移动闭塞时追踪列车经过车站间隔距离图

（七）连发间隔时间

从列车到达或通过前方车站时起，至由车站向该区间发出另一同方向列车时止的最小间隔时间，称为连发间隔时间。连发间隔时间有两种类型、四种形式。两种类型根据后行列车在后方站通过或停车进行划分。四种形式分别为：

（1）后行列车在后方站通过，前行列车在前方站通过，见图 3.19（a）；

（2）后行列车在后方站通过，前行列车在前方站停车，见图 3.19（b）；

（3）后行列车在后方站停车，前行列车在前方站通过，见图 3.19（c）；

（4）后行列车在后方站停车，前行列车在前方站停车，见图 3.19（d）。

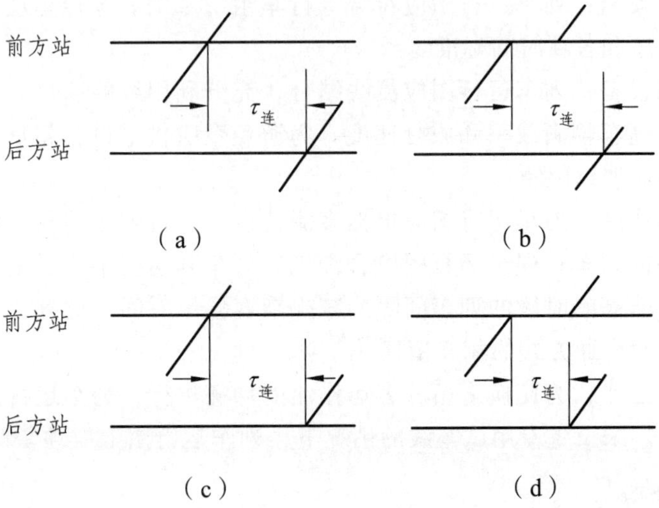

图 3.19　连发间隔时间

后行列车在后方站通过类型的连发间隔时间由两部分组成：第一部分为后方站为后行

列车准备接车进路、办理闭塞和开放信号等作业时间；第二部分为后行列车通过后方站进站距离的时间。后通型连发间隔时间的计算公式为：

$$\tau_{连（后通）}=t_{作业}+t_{进}=t_{作业}+\frac{0.5l_{列}+l_{确}+l_{制}+l_{进}}{v_{进}} \tag{3-16}$$

式中 $\tau_{连}$——连发间隔时间（s）；

$t_{作业}$——后方站为通过列车准备接车近路、办理闭塞和开放信号等作业时间（s）；

$t_{进}$——后行列车通过后方站进站距离的时间（s）；

$l_{列}$——列车长度（m）；

$l_{确}$——司机确认信号显示时间内列车运行距离（m）；

$l_{制}$——列车制动距离（m）；

$l_{进}$——进站位置至车站中心位置的距离（m）；

$v_{进}$——列车平均进站速度（m/s）。

后行列车在后方站停车类型的连发间隔时间由作业时间组成，包括后方站为后行列车准备发车进路、办理闭塞和开发信号等作业时间。后停型连发间隔时间的计算公式为：

$$\tau_{连（后停）}=t_{作业} \tag{3-17}$$

式中 $t_{作业}$——后方站为出发列车准备进路、办理闭塞和开放信号等作业时间（s）。

四、列车运行图编制

在新线投入运营或既有线技术设备、客运量、行车组织方法发生较大变化时，均需要进行列车运行图的编制或重新编制。

（一）编图要求

列车运行图的编制应符合下列要求：

（1）确保行车安全：列车运行图应符合《行车组织规则》等行车规章的有关规定，严格遵守行车作业程序和各项时间标准。

（2）合理运用设备：列车运行图应流线结合，充分利用线路通过能力。在满足客流需求的同时，注意提高车辆满载率和旅行速度。为避免牵引供电设备超负荷，对供电区段内同时起动的列车数应加以限制。

（3）优化运输产品：列车运行图应根据客流特点，开行列车间隔、编组辆数、列车交路和旅行速度不同的列车；列车运行图应合理规定列车到达换乘站时刻，减少乘客换乘时间；合理规定运营非高峰时段的列车间隔，减少乘客候车时间。此外，列车运行图应注意城市轨道交通与其他交通方式的相互衔接。

（4）配合站厂工作：为使换乘站的客运作业能均衡进行，列车运行图应安排列车交错到达换乘站；在车厂未设置专用试车线的情况下，列车运行图上应预留调试列车运行线。

（二）编图步骤

列车运行图的编制由运营管理部门负责组织，大体经历研究讨论、编制方案、铺画详图和计算指标四个阶段，具体工作步骤如下：

（1）按编图要求与编图目标确定编图注意事项；
（2）收集编图资料，对有关问题组织调查研究和试验；
（3）总结分析现行列车运行图的完成情况和存在问题，提出改进意见；
（4）编制列车运行方案；
（5）征求调度、车站、车辆部门对列车运行方案的意见，并进行必要的调整；
（6）根据列车运行方案铺画详细的列车运行图，编制列车时刻表；
（7）对列车运行图的编制质量进行全面的检查，并计算列车运行图指标；
（8）将编制完毕的列车运行图、列车时刻表与编制说明等报有关部门审核批准。

（三）编图资料

在编制列车运行图前应收集的编图资料包括：运营时间、分时最大断面客流量、全日行车计划、列车编组方案、列车交路方案与列车停站方案、运用车数、线路通过能力、列车折返能力、列车出入厂能力、换乘站设备能力与车站存车线能力、列车区间运行时分、列车停站时间、列车在折返站停留时间、列车折返出发间隔时间、列车出入车厂作业时间、追踪列车间隔时间与连发间隔时间、列检、列车上线调试与乘务员作息安排、与其他交通方式的衔接，以及对现行列车运行图完成情况的分析等。

（四）铺画列车运行图

铺画列车运行图分两步进行。第一步编制列车运行方案，着重解决列车运行图的全面布局问题；第二步铺画列车运行详图，即详细规定每一列车在各个车站的到达、出发或通过时刻。在铺画列车运行图前，首先应确定车站中心线的位置。

1. 确定车站中心线

在实际工作中，通常是采用按区间运行时分比率来确定车站中心线。采用这种方法，列车运行线基本上是一条斜直线，并且容易发现列车区间运行时分的差错。车站中心线的具体确定方法如图 3.20 所示。

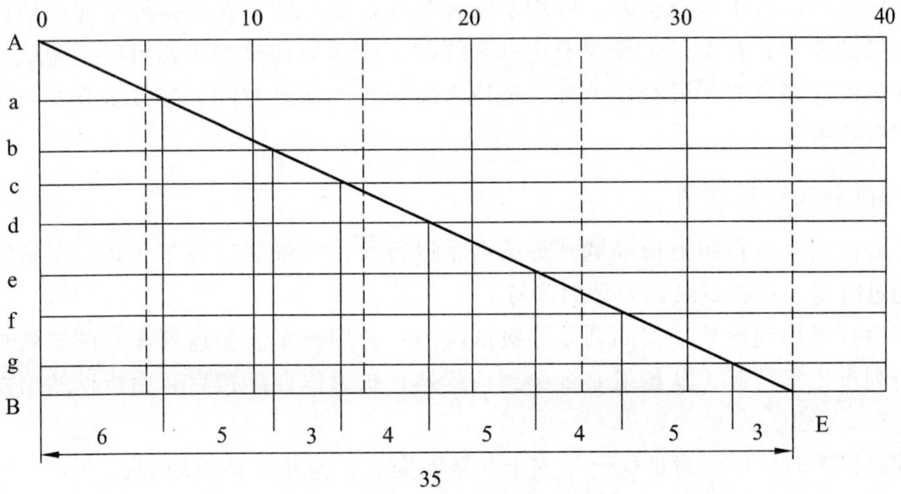

图 3.20　按区间运行时分比率确定车站中心线

某城市轨道交通线路下行列车单程纯运行时分共计 35 min，首先在列车运行图上确定该线路两终点 A 与 B 的位置，在代表终点站 B 的横线上向右截取等于 35 min 或 35 min 整数倍的线段，得分割点 E，连接 A、E 两点，得一斜直线；然后自终点站 A 起，根据各区间下行列车的运行时分在代表终点站 B 的横线上向右依次截取相应的线段，得到相应的分割点；接着以各分割点作为基点作横轴的垂直线，得到垂直线与斜直线的各交点；最后过各交点作横轴的平行线，得到该线路各站的车站中心线。

2. 编制列车运行方案

编制列车运行方案时，应考虑的主要问题有：

（1）方便乘客。

在编制列车运行方案时，方便乘客主要体现在：合理安排始、末班车的发、到时刻；清晨与夜间的列车间隔不宜太长；合理规定列车的停车站及停站时间；各线路列车在换乘站到发时刻合理衔接，在换乘站存在几个方向的换乘客流时，各个方向的换乘客流同时得到照顾通常会有困难，此时应重点照顾优势方向的换乘客流；城市轨道交通列车与其他交通工具在到发时刻上合理衔接等。

（2）列车运行与折返站作业协调。

列车在中间站单向折返时，有可能产生短交路列车折返进路与长交路列车到发进路的冲突；列车在中间站双向折返时，有可能产生两个方向短交路列车折返进路的冲突。调整列车在折返站的到发间隔，尽可能安排平行作业，能最大限度避免进路冲突，提高列车折返能力。

（3）列车运行与换乘站作业协调。

在客流高峰时间，如果各线列车同时到达换乘站，由于大客流集中到达，会造成站台、付费区和非付费区的拥挤。为避免车站设备运用紧张与客运作业秩序混乱，在编制列车运行方案时应安排各线列车交错到达换乘站。

（4）列车运行与车厂作业协调。

为保证运用车技术状态良好，应均衡安排列检作业时间；在安排列车回厂检修时，应考虑列检线的能力；在车厂未设置专用试车线时，应预留调试列车运行线，调试列车一般应安排在客流非高峰时间开行；此外，还应考虑司机的作息时间、交接班方式与地点，以及途中用餐等事务。

3. 铺画列车运行详图

在一分格列车运行图上精确铺画每条列车运行线，详细规定列车在每个车站的到达、出发和通过时刻、在折返站的停留时间等。

列车运行详图铺画顺序按照列车等级依次为：专用列车、客运列车、调试列车和空驶列车。自列车出车厂起，从始发站铺画到折返站，折返作业停留后，由折返站出发向区间铺画。

在铺画详图时，应注意确保行车安全和乘客安全。为此，必须做到：

（1）遵守列车区间运行时分和列车停站时间标准；

（2）遵守列车在折返站停留时间和列车折返出发间隔时间标准；
（3）遵守追踪列车间隔时间和连发间隔时间标准；
（4）遵守司机作息时间标准；
（5）列车在车站折返时，停在折返站上的列车数应与该站的站线数相适应；
（6）列车在车站越行时，停在越行站上的列车数应与该站的侧线数相适应。

除编制基本运行图外，为适应客流量波动和人工驾驶需要，还应编制分号运行图。分号运行图包括双休日运行图、节假日运行图和人工驾驶运行图等。

4. 列车运行图编制的自动化

长期以来，列车运行图都是人工编制，要求编图人员具有丰富的行车组织实践经验和较高的列车运行图编制技巧，并且每次编图需要较长时间。由于重新编一次列车运行图要做大量工作，费工费时，在实际工作中不得不减少编图次数，延长执行时间，结果是列车运行图不能及时适应运量和设备的变化。

为了解决上述问题，从 20 世纪 60 年代起，许多国家开展了利用计算机编制列车运行图的研究，一些国家开发的编制地铁列车运行图软件在 20 世纪 70 年代达到实用化。列车运行图编制软件主要包括铺画列车运行线、安排运用车组、安排司机和数据管理四个功能模块。采用计算机编制列车运行图在节省运用车组和乘务人员方面也有一定效果。

（五）列车运行图检查

列车运行图编制完毕后，应对其质量进行检查，主要检查内容有：
（1）开行列车数、折返列车数及列车折返站是否符合要求；
（2）列车运行线的铺画是否符合规定的各项时间标准；
（3）停在折返站上的列车数是否超过该站的站线数；
（4）停在越行站上的列车数是否超过该站的侧线数；
（5）换乘站的列车到发是否均衡；
（6）司机的作息时间是否符合规定。

（六）实行新图前的准备工作

为保证新图能够正确和顺利的实行，必须在实行新图前做好下列准备工作：
（1）发布实行新图的命令；
（2）印刷并分发列车运行图和列车时刻表；
（3）拟定执行新图的技术组织措施；
（4）做好车辆和司机的调配工作；
（5）组织有关人员学习新图，了解与熟悉新图的规定与要求。

五、计算机编制列车运行图

随着城市轨道交通系统的不断建设和完善，城市轨道交通系统的范围和规模日益扩大，最终将形成城市轨道交通系统网络。列车运行图是城市轨道交通网络运营管理中的一项综合性核心计划，运行图编制质量及速度直接关系到运营管理的效率、运输能力、服务水平及运营可靠性。因此，编制以列车运行图为核心的运营计划更显得十分重要。

城市轨道交通客流具有流量大、阶段性高峰明显及变化大、站间距离较短、车站配线数量少等特点。以往在城市轨道交通列车运行图编制中，编图人员依靠经验和概算，借用Excel、AutoCAD等第三方工具编制完成。每编制一张列车运行图，往往要花费近一个星期的时间，工作量大，费时费力，难以适应城市轨道交通列车运行图随客流、技术设备、运输组织方法的变化而经常调整的需要。因此国内城市轨道运营管理部门引入和应用计算机编制列车运行图系统，实现对列车开行方案的优化设计和列车运行图的自动编制，对减轻编图人员劳动强度、缩短编图周期、提高运行图编制质量、提高城市轨道交通运输组织管理现代化水平和运输效率、适应运输需求具有十分重要的意义。目前，同济大学运输工程管理系研发的计算机编制列车运行图系统已在国内得到广泛应用。

城市轨道交通列车运行图编制与线路布置条件、折返站的布置形式、列车运行方式、列车开行交路、车厂的位置、客流的时间与空间分布特点等因素相关。计算机编制列车运行图系统（以同济大学运输工程管理系研发的TPM为例）包括如下功能：

（一）列车运行图基础信息管理

（1）线路、车站的拓扑结构、车厂的布置形式、车站平面图结构、车站与线路等基础信息的图形化、可视化、一体化管理与维护。

（2）车站平面图生成、管理，以图形化的界面方式方便铺画车站的线路、道岔、渡线、信号机和其他设备；系统根据道岔间的连接关系自动生成各类列车进路，如图3.21所示。

（3）列车运行时分、停站时间等运行图编图参数管理。

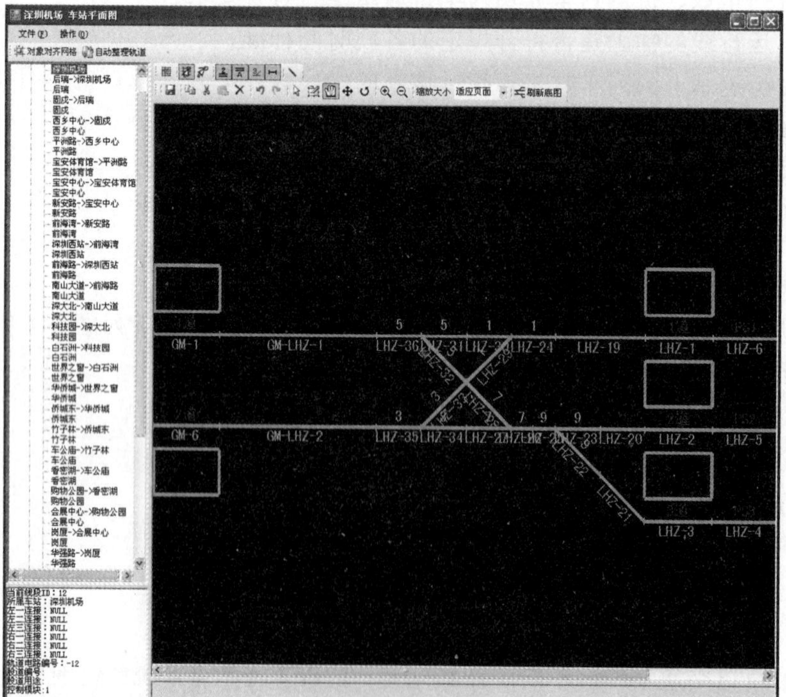

图3.21　车站平面图

（二）车底运用信息管理

（1）车底信息管理：实现对线路的车组类型、车组运用方式、车组在折返站的折返方式、折返作业时间标准等信息的管理与维护，如图 3.22 所示。

图 3.22　车底信息管理

（2）列车交路信息管理：实现对线路开行的各种列车交路管理，如图 3.23 所示。

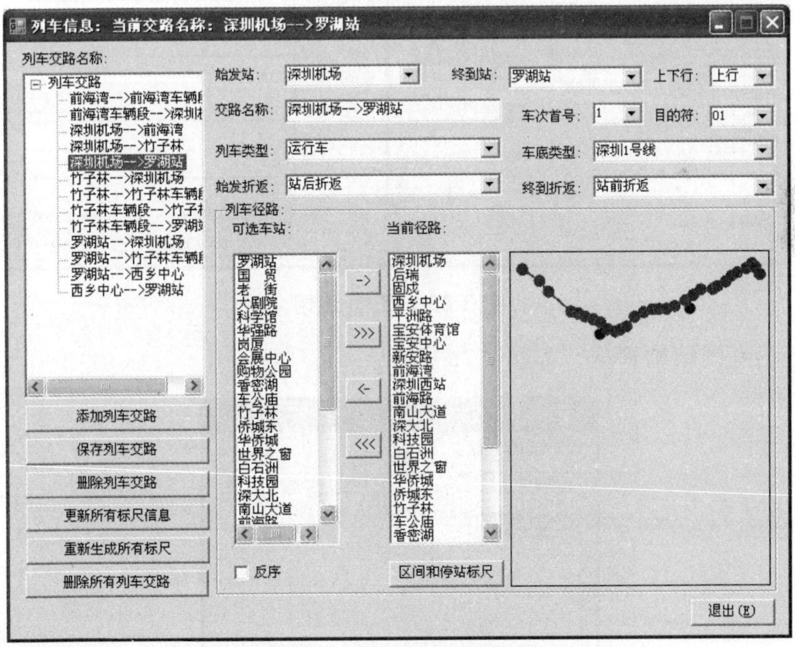

图 3.23　列车交路管理信息

（三）开行方案信息管理

（1）全天不同列车开行时间段、开行间隔管理。

（2）各时间段的运行周期、车底数量确定。

（3）不同种类（交路）列车的运行时间和停站时间的定义、始发与终到的折返时间定义。

图 3.24 列车开行方案信息

（四）列车运行图版本及底图结构管理

（1）运行图底图数据版本管理，如图 3.25 所示。

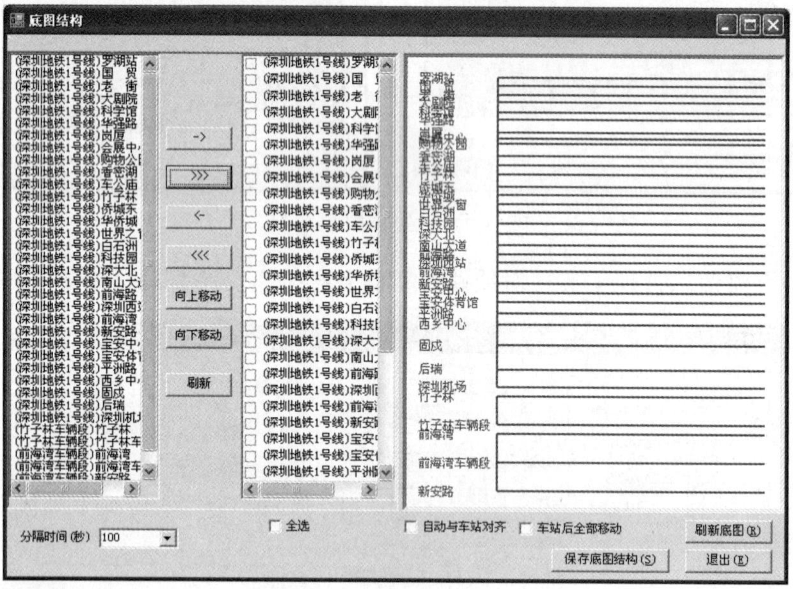

图 3.25 底图结构

（2）运行图底图结构管理，如图 3.26 所示。

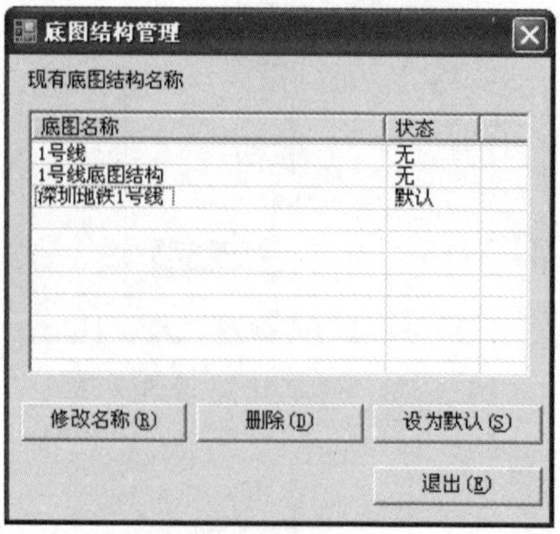

图 3.26 底图结构管理

（五）列车运行图编制与调整

（1）列车运行图的快速编制：计算机根据列车开行方案进行运行图一次性铺画，如图 3.27 所示。

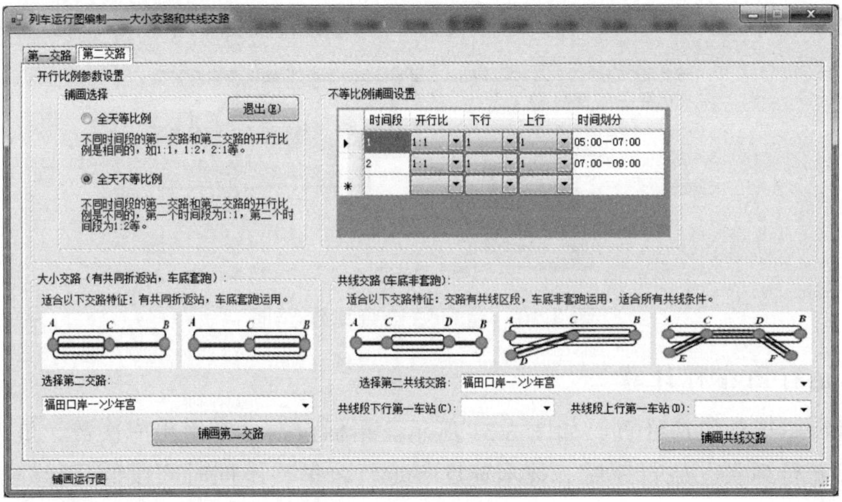

图 3.27　运行图编制

（2）列车运行图的调整：计算机提供方便的人机操作界面，实现列车运行图的调整，如图 3.28 和图 3.29 所示。

图 3.28　列车运行图调整

图 3.29　交路股道使用方案

（六）车站线路使用方案的编制与调整

（1）车站线路使用方案编制：依据列车运行图的编制与调整结果，安排车站线路的使用方案。

（2）车站线路使用方案调整。

（七）列车运行图检查

系统根据各类时分标准检查列车运行图是否满足要求，如图 3.30 所示。检查的内容包括：折返时间、各类间隔时间、各类进路交叉、车底周转圈数、车站各股道使用方案等。

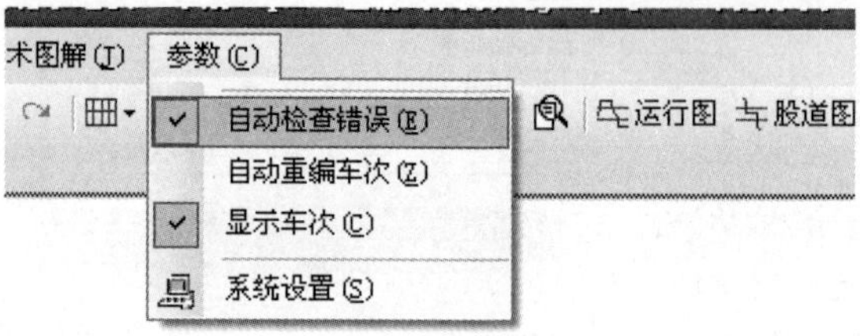

图 3.30　运行图检查错误界面

（八）运行图指标计算

实现运行图指标快速计算，如图 3.31 所示。指标包括：车组出库次数、最大投运车组数量、每天开行列次、旅行速度、技术速度、走行公里、不同时间段的开行列次、各车站的首末班车时刻等。

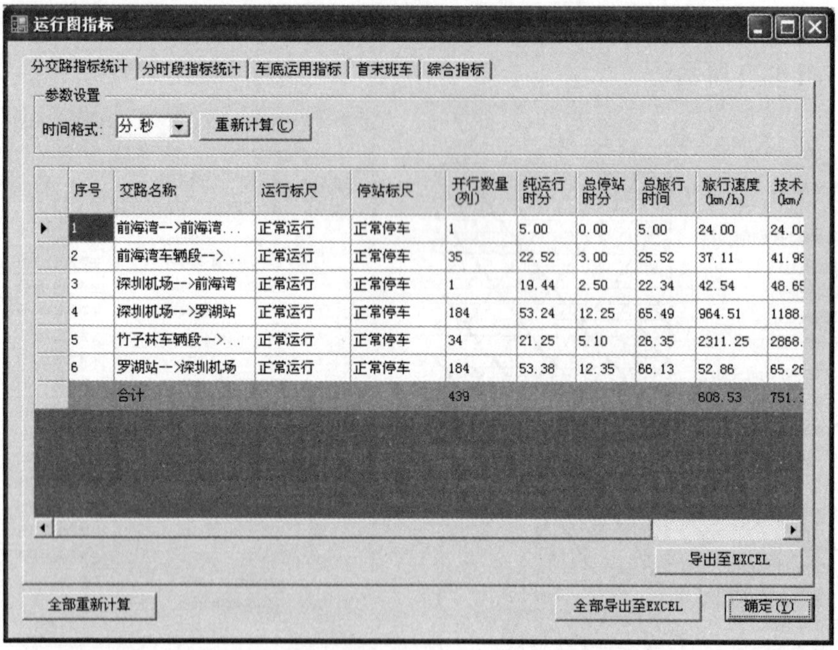

图 3.31　指标计算

（九）运行图结果输出

实现列车运行图、车组周转图、线路与车站时刻表、车组运用方案表、车站首末班车时间表、运行图指标等图表的打印与输出，如图 3.32 和图 3.33 所示。输出图表提供多形式、多格式（PDF/CAD/Excel 等）的文件输出。

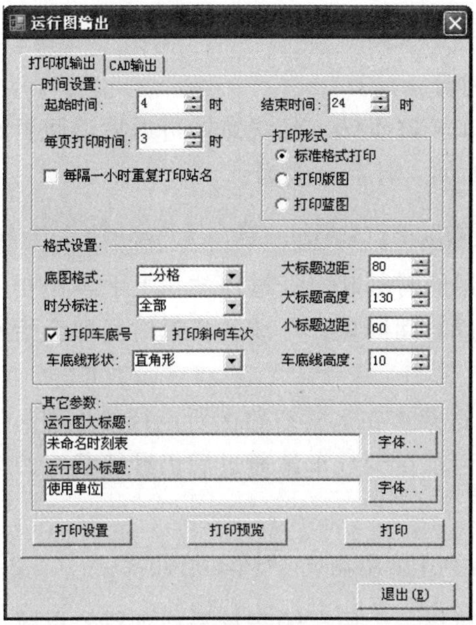

图 3.32　输出列车运行图

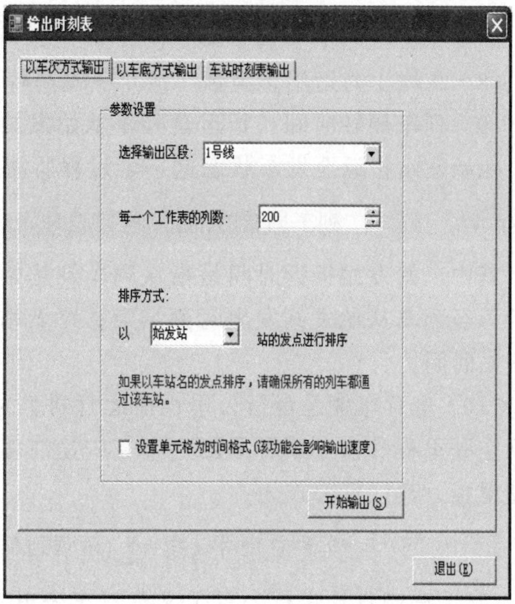

图 3.33　输出时刻表

（十）数据交换

建立编图软件与 ATS 间数据交换的标准文件，实现编图软件与 ATS 之间的数据无缝连接。

六、行车指标统计与分析

在确认列车运行图符合各项要求后，计算列车运行图指标。列车运行图的主要指标有：

（1）开行列车数：列车在运营线路上行驶一个单程，无论列车交路长短，均按一列计算。开行列车数按列车种类和上下行分别计算。

（2）折返列车数：按各个折返站分布计算。

（3）行车间隔：行车间隔包括高峰小时与非高峰小时时段。

（4）首、末班车列车始发站发车时刻。

（5）客运列车的技术速度：列车在运营线路上自始发站至终点站不计停站时间的运行速度，计算公式为：

$$\text{客运列车技术速度(km/ h)}=\frac{\text{线路运营长度}}{\text{单程行驶时间}-\text{中途停站时间}}\times 3\,600 \tag{3-18}$$

其中，单程行驶时间包含中间站停站时间，不包含始发站及终点站停站时间。

（6）客运列车的旅行速度（运送速度）：列车在运营线路上运载乘客时的速度（包括列车在中途停站时间）。旅行速度是表明列车运行图质量的一项重要指标，也是影响车辆周转和乘客送达的一项重要因素。

$$\text{客运列车旅行速度(km/ h)}=\frac{\text{线路运营长度}}{\text{单程行驶时间}}\times 3\,600 \tag{3-19}$$

（7）输送能力的计算公式为：

$$输送能力=\sum(客运列车数\times列车定员) \quad (3\text{-}20)$$

（8）高峰小时运用车组数：按早、晚高峰小时分别计算。

（9）列车周转时间：指运营列车从始发站发车至终点站，经终点站折返后返回至始发站，在始发站折返至发车状态这一全过程所需的时间。计算公式为：

$$列车周转时间=单程行驶时间\times2+始发站折返时间+终点站折返时间 \quad (3\text{-}21)$$

其中，始发站折返时间是指从列车到达始发站的时刻起，经过停站、上下客作业、折返后，至列车从始发站发出时刻结束；终点站折返时间同理；环线的折返时间即为始发站的停站时间。

（10）全日车辆总走行公里：指运营列车为运送乘客在运营线路上所走行的里程，包括车辆空驶里程和由于某种原因列车在中途清客或列车在少数车站通过后仍继续载客的车辆空驶里程，其计算公式为：

$$车辆总走行公里=\sum(运营列车数\times列车编组辆数\times列车运行距离) \quad (3\text{-}22)$$

（11）车辆日均走行公里（又称日车公里）：指每一运用车辆每日平均走行公里数，其计算公式为：

$$车辆日均走行公里=\frac{全日车辆总走行公里}{全日运用车辆数} \quad (3\text{-}23)$$

（12）运能利用率的计算公式为：

$$运能利用率=\frac{客运周转量}{载客能力(6人/m^2)}\times100\% \quad (3\text{-}24)$$

为了评价新编列车运行图的质量，应将新图的各项指标与现有运行图的各项指标进行比较，分析各项指标提高或降低的原因。

第三节　网络列车开行计划与运行图编制

网络列车开行计划是指在网络化运营条件下，协调优化经过各换乘站列车到发时间后的列车开行计划。

一、网络列车开行计划的作用与意义

（一）提高城市轨道交通服务质量

随着经济的发展、物质文化水平的提高，人们对出行的需求已不仅仅满足于安全到达目的地，对出行的便捷性、舒适性等提出了更高的要求。网络运营计划的协调优化，可以使各线列车在换乘站的到发时刻实现良好的衔接，缩短乘客不必要的换乘等待时间，减少乘客出行时间，提高出行便捷性。因此，网络运营协调能够提高城市轨道交通的服务质量，提升城市轨道交通的竞争力，更好地发挥城市轨道交通在城市公共交通中的骨干作用。

（二）提高城市轨道交通乘客的出行可达性

在城市轨道交通网络化运营条件下，随着换乘节点的增多，乘客可选路径大幅增加，运营组织需保证乘客换乘后所需线路列车的接续。首末班车计划的协调编制，使每天运营开始和结束时段进入城市轨道交通网络的乘客有车可乘，顺利完成换乘，最大化地方便乘客，使无法到达目的地的乘客数量最小化，以提高城市轨道交通乘客出行的可达性。

（三）缓解换乘设施压力，协调运输能力

通过网络列车运行计划的协调，促成换乘客流迅速搭乘期望列车离站，一方面，大幅度降低了客流在换乘枢纽的停留时间，减轻站内设施压力；另一方面，协调利用各条线路的运输能力，使换乘客流分批到站，并按批次搭乘不同列车依次离站，避免了大量换乘客流积聚导致部分列车过度拥挤，而其他列车载客率不高的现象。

（四）提高网络整体效能

一方面，网络运营计划的协调充分发挥了各条线路相互补充、相互配合的良好作用，有效提升了城市轨道交通网络的整体运输能力；另一方面，通过多线路联合调度指挥，安排列车在合理、安全行车的基础上，做好不同线路的列车在换乘站的运力衔接，从而提高网络列车调度指挥的质量，使各条线路的运输能力得到均衡利用。

二、网络列车开行计划的编制

（一）网络运营协调的目标

一个换乘站的换乘客流量在一天内通常呈现出双峰型的动态变化，不同时段的客流组织要点也不同，应针对不同时段的换乘客流特点分别制订客流组织方案。

1. 高峰时段

高峰时段换乘客流量大，列车运行间隔小，即使换乘站内不同线路方向的列车未形成良好的衔接关系，乘客的换乘等待时间也不会过长，但若多批客流在短时间内同时集聚在接续线路方向的站台，将导致服务水平的下降。因此，高峰时段的网络列车运行计划协调应实现换乘站内不同线路方向的列车衔接关系的优化，使换乘客流按批次有序地完成换乘过程，同时，尽量安排同一线路双方向列车错时进站。

2. 平峰时段

平峰时段换乘客流量相对较小，但列车运行间隔大，乘客的平均等待时间也较大，因此，平峰时段网络列车运行计划协调的目的是促成不同线路方向的列车在换乘站内的合理衔接，缩短乘客的换乘等待时间，这是网络列车运行计划协调的工作重点。

3. 运营开始和结束时段

在每天运营开始和结束时段，网络列车运行计划协调的主要任务是协调安排各线路方向的首末班车在换乘站的到发时刻，首班车计划协调应达到缩短乘客换乘等待时间的目的，末班车计划协调应实现能够换乘至末班车完成出行的乘客数量最大化。

不同时段内网络列车运行计划协调优化的目的不同，但优化的目标具有一致性，即为促成不同线路方向的列车在换乘站的合理衔接，且优化的结果均是缩短乘客的换乘时间。

（二）网络列车运行计划编制基础

1. 网络列车运行计划编制原则

在网络化运营条件下，运行计划编制既需要考虑线路本身的运能供需协调性，也需要考虑到与其他线路的衔接协调性。网络列车运行计划的编制原则如下：

（1）统一管理、分工负责；

（2）严格遵守各项技术标准；

（3）严格遵守路网运力配置计划。

具体到各条线路，要求如下：

（1）确保行车安全，严格遵守行车作业程序和各项时间标准；

（2）以安全可靠为前提，提高旅行速度，降低全程周转运行时间；

（3）优化运输产品，保证合理的列车发车间隔和合适的满载率；

（4）在保证运量需求的条件下，减少车组运用数量；

（5）合理运用设施设备，流线结合，充分利用线路通过能力。

2. 网络列车运行计划编制需求

编制网络列车运行计划需要对不同层次运行计划的编制需求进行界定。

路网层全局管理对各条线路运能供需协调性的规定及对线间协调性的规定；线路层根据路网层对运行计划编制的总体需求，考虑线路功能和定位的差异性，在已知线路各项基础作业时间参数及与移动设施相关的数量参数（如编组长度、定员、车组周转里程等）的基础上，通过与路网层进行的对运行计划编制过程中运能供需情况的交互反馈调整，实现运行计划编制。

根据运行计划编制对路网层及线路层的需求，在路网层下达对各条线路运能供需协调性的规定及对线间协调性的规定时，要求掌握路网的运能需求及各条线路的运能供给情况。路网运能需求以路网客流 OD 数据及各线全天分小时、30 分钟、15 分钟的最大断面客流量为依据；路网的运能供给以各条线路最大通过能力及对应不同满载率的最大输送能力为依据；路网线间协作则以换乘站小时分向换乘客流量、分向换乘必需时间等数据为依据。由路网整体的运能供需现状规定各线路运营起止时间、各线路满载率、换乘站的分时方向性衔接需求以及最大列车发车间隔时间。必要时，路网层还应提供现行列车运行计划完成情况的分析总结和改进意见，并给出计划编制的运行计划预计完成的主要指标及其分析比较。

（三）网络列车运行计划编制的关键问题

针对城市轨道交通网络化运营带来的新问题，城市轨道交通网络列车运行计划编制需要重点解决的问题如下：

（1）线路列车运行计划编制时的客流依据不仅仅包括本线路直达客流，还包括系统内出行路径经由该线路某个区段的换乘客流。因此，给定路网分时 OD 数据，如何获取各条线路本身客流的时空分布及线间换乘客流的时空分布特性，将其量化为线路列车运行计划编制相关的参数、约束或目标，是网络列车运行计划一体化编制要解决的第一个问题。

（2）根据各线客流时空分布特性量化数据进行列车开行参数的设计，这是一个运输需求与供给的协调过程。线路的空间位置及功能定位不同使得列车开行参数设计具有较大的线间差异性，因此，设计路网通用性线路列车发车频率的模型应满足各条线路对运能配置协调程度的差异性需求。

（3）城市轨道交通系统的线路结构具有较大的差异性，各线路列车运行计划编制时都是以本线的线路拓扑结构为依据。因此，编制网络列车运行计划时应考虑线路结构差异性和不同的作业规则约束。可以借鉴对单线列车运行图编制关键技术的研究（如车辆出入厂、折返以及行车间隔、运用周期、车底数量间相互影响和制约条件的满足）和对多时段车底数量需求的研究进行网络列车运行计划的编制。

（4）跨线客流组织优化是城市轨道交通网络列车运行计划编制最重要的特点。在单线叠加网络化运营下，换乘客流组织无序。在多线换乘枢纽处容易积聚大量客流，形成能力制约瓶颈，不仅降低了网络效率，影响网络服务水平，也容易造成安全隐患。根据路网运能需求的时空特性，基于换乘点分析车流与客流关系，研究城市轨道交通跨线客流的换乘组织优化问题是实现网络化列车运行计划编制的关键。

（5）使用计算机技术编制城市轨道交通网络化运行计划是提升运行计划编制效率的重点。通过人机交互决策，可以快速、智能地对运行计划编制全过程进行控制和调整，能更好地满足分层网络化运营管理机制下路网运行计划的编制需求。

（四）网络列车运行计划协调优化的基本思路

由于网络形态及线路连接方式复杂、客流时空分布不均衡、换乘站数量大以及各线运营组织方案多样等原因，要做到网络各线路列车运行计划的协调优化存在很大的难度。根据网络化运营的特点和运输组织的要求，网络运营计划的协调优化应从两个层面进行：基于网络运能均衡配置的各线运营计划协调和基于换乘衔接的各线运营计划协调，即网络运营计划协调既要做到网络整体运能和运量适应条件下以客流为导向的各条线路之间的运营计划均衡配置，又要做到考虑乘客换乘效率、安全和可达性的多条线路在不同换乘节点与其他相关线路的列车运行计划的衔接和协调。前者协调的本质在于把握网络条件下的客流分布对线路运量的影响，实现单线运力计划的优化；而后者则考虑网络中各条线路之间通过换乘节点衔接的相互关系，实现各线运力计划在换乘站的衔接，促成换乘客流迅速搭乘期望列车离站，降低客流在换乘枢纽的停留时间，在减小枢纽设施压力的同时提高乘客服务水平，是网络运营协调中的重点和难点。

基于换乘衔接的网络列车运行计划协调有两种基本思路：其一，对网络内各线路上、下行方向的列车，枚举所有可能的运行计划，将各线路方向的不同运行计划组合形成不同的网络列车运行方案，之后根据目标函数选出最优方案，即为优化的网络列车运行计划；其二，以优化目标为导向，确定网络内各线路上、下行方向的列车在各换乘站的衔接关系，形成衔接方案，继而根据衔接方案和基础时间数据进行协调时段内列车到发时刻的推算，最终得到优化的网络列车运行计划。

对于第一种思路，各线路方向在协调时段内可能的运行计划有多种，由它们的组合形成的网络列车开行方案数量更多，很难通过穷举法来寻优，因此，该思路的实现首先需要分析列车运行计划的影响因素，区分已知与待定的因素，将待定因素作为决策变量，建立数学模型并求解，找到最优解或满意解。

对于第二种思路，如何确定衔接方案是该思路实现的关键问题。在网络化运营条件下，网络规模大、换乘站数量多、换乘关系复杂，列车在各换乘站的衔接关系相互制约、相互影响，所以制订面向全网络最合理的衔接方案难度很大。可以考虑根据优化目标确定衔接关系的重要度作为衡量指标，在避免矛盾的前提下，优先选择重要度较高的衔接关系，形成衔接方案。这样的衔接方案确定过程直接体现了目标函数的优化，从而保证由衔接方案推算得到的网络列车运行计划是一个满意解。

总的来说，第一种思路是先产生多种方案，再以目标函数为评价指标，从中选优；而第二种思路是从优化目标出发，直接产生优化方案。

三、首末班车衔接计划的编制

城市轨道交通首末班车计划是列车运行计划的重要组成部分，在网络化运营条件下，由于各线路开始和结束运营的时刻不同，网络上各车站之间的可达关系呈现出动态变化的特点，一条线路的首末班车时刻不仅影响到本线乘客的出行，更大程度上通过到达换乘站的时刻将影响扩大到整个路网，若首班车时刻安排不当，将造成乘客的换乘等待时间过长，而末班车计划制订的合理与否则直接关系到乘客能否通过城市轨道交通到达目的地。因此，应在满足本线进出客流出行需求的基础上，结合他线进本线出和途经本线的换乘客流的出行特点，从网络层面整体优化首末班车计划。

首末班车运行时间的编制应满足乘客需求，同时还应符合城市轨道交通系统的运营时间范围。网络首末班车运行计划的协调，旨在确定合理的首、末班车始发时刻，使各线路方向的首、末班车在换乘站形成良好衔接。一般而言，首班车计划协调是使早间住宅区域线路的客流经换乘后能够尽快乘坐所需列车进入工作地，以网络所有线路方向的首班车乘客的总换乘等待时间最小为优化目标；末班车计划协调则需保证晚间客流换乘后，可搭乘到通往住宅区线路的列车返程，以网络所有换乘站内能够换乘到末班车的乘客数量最大为优化目标。根据上述原则，通过排定首、末班列车在换乘站的到发时序，使运营组织合理有效，提高服务质量。

第四章　运输能力

第一节　运输能力概述

运输能力是通过能力和输送能力的总称。为满足客运需求、完成运输任务，轨道交通线路必须具备一定的运输能力。运输能力的大小主要取决于固定设备、活动设备以及技术设备的运用、行车组织法和行车专业人员的数量、技能水平等因素。

一、通过能力

轨道交通线路的通过能力是指在采用一定的车辆类型和一定的行车组织方法的条件下，各项固定设备在单位时间内（通常是高峰小时）所能通过的最大列车数。研究影响通过能力的因素、通过能力的计算方法和提高通过能力的途径、措施等问题，对于轨道交通新线的规划设计和既有线的日常运能安排、扩能技术改造，都具有重要的理论和实践意义。地铁、轻轨的通过能力按下列固定设备计算：

（一）线　路

线路是由区间和车站构成的整体，其通过能力主要受正线数、列车停站时间、列车运行控制方式、车站是否设置配线、车辆技术性能、进出站线路平纵断面和行车组织方法等因素影响。

（二）列车折返设备

列车折返设备的通过能力主要受折返站的配线布置形式及折返方式、列车停站时间、车站信号设备类型、车载设备反应时间、折返作业进路长度、调车速度以及列车长度等因素影响。

（三）车辆段设备

车辆段设备的通过能力主要受车辆段的检修台位、停车线等设备的数量和容量等因素影响。

（四）牵引供电设备

牵引供电设备的通过能力主要受牵引变电所的配置和容量等因素影响。

根据以上各项固定设备计算出来的通过能力一般是各不相同的，其中通过能力最小的固定设备限制了整条线路的通过能力，该项固定设备的通过能力即为整条线路的最终通过能力，参见式（4-1）。因此，通过能力是各项固定设备综合能力的体现。根据分阶段发展的可能性，各项固定设备的通过能力配置应相互匹配、协调，以免出现通过能力紧张或闲置的现象。

$$n_{最终}=\min\{n_{线路}, n_{折返}, n_{车辆}, n_{供电}\} \tag{4-1}$$

式中 $n_{最终}$——最终通过能力（列）；

$n_{线路}$——线路通过能力（列）；

$n_{折返}$——列车设备折返通过能力（列）；

$n_{车辆}$——车辆段设备通过能力（列）；

$n_{供电}$——牵引供电设备通过能力（列）。

在实际工作中，通常还把通过能力分为设计通过能力、现有通过能力和需要通过能力三个不同的概念。设计通过能力是指新建线路或技术改造后的既有线路所能达到的通过能力；现有通过能力是指在现有固定设备和现有行车组织方法的条件下，线路能够达到的通过能力；需要通过能力是指为了适应中、远期规划年度的客运需求，线路应具备的包括后备能力在内的通过能力。

二、输送能力

轨道交通线路的输送能力是指在一定的车辆类型、固定设备和行车组织方法的条件下，按照现有活动设备的数量、容量和乘务人员的数量，轨道交通线路在单位时间内（通常是高峰小时、一昼夜或一年）所能运送的乘客人数。输送能力是衡量轨道交通技术水平与服务水平的重要指标。

在最终通过能力一定的条件下，输送能力可按下式计算：

$$p = n_{最终} m p_{车} \tag{4-2}$$

式中 p——小时内单向最大输送能力（人）；

n——列车编组车辆数（辆）；

$p_{车}$——车辆定员数（人）。

三、通过能力与输送能力的关系

通过能力从固定设备的角度确定线路所能开行的列车数，输送能力则是从活动设备与行车作业人员配备的角度确定线路所能运送的乘客人数。输送能力以通过能力为基础，输送能力是运输能力的最终体现。

在通过能力一定的条件下，线路最终输送能力还与车站设备的设计容量或能力存在密切关系。这些设备包括站台、售检票设备、自动扶梯、楼梯、通道和出入口等。

第二节　线路通过能力

一、线路通过能力的计算原理

（一）计算通过能力的一般公式

线路通过能力是指轨道交通线路在单位时间内（通常是高峰小时）能够通过的最大列

车数。一般自动闭塞线路通过能力的计算公式为：

$$n_{线路}=\frac{3\,600}{h} \tag{4-3}$$

式中　h——自动闭塞行车时的追踪列车间隔时间（s）。

显然，线路通过能力计算的关键是确定追踪列车间隔时间。

（二）追踪列车间隔时间

在自动闭塞行车时，列车停站时间与列车运行控制方式是决定追踪列车间隔时间的主要因素。

轨道交通通常采用双线自动闭塞，列车追踪运行并在每一个车站停车供乘客乘降。为了降低造价，轨道交通车站一般不设置配线，列车停在车站站线供乘客上下车。根据轨道交通车站配线设置、行车及客运作业的特点，列车追踪运行经过车站时的间隔时间远大于列车在区间追踪运行时的间隔时间。因此，在计算线路通过能力时，没有必要再去分别计算区间通过能力和车站通过能力，而应把区间和车站看成是一个线路整体来进行计算。由图 4.1 可知，当列车在区间追踪运行时，追踪列车间隔时间仅 20 s；而当列车在车站停车时，追踪列车间隔时间增加为 80 s，可见列车停站时间是影响线路通过能力的主要因素之一。

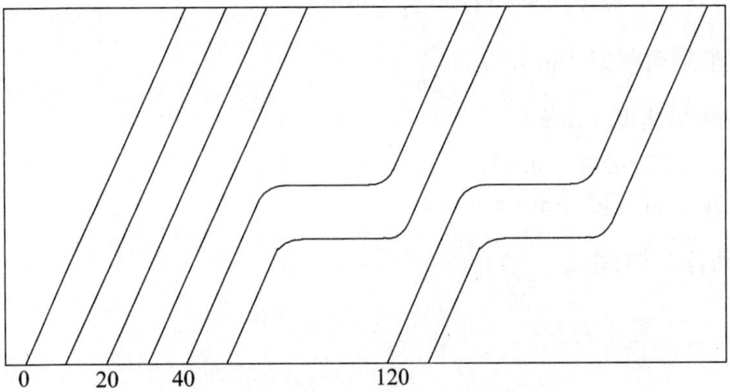

图 4.1　列车停站时间对线路通过能力的影响

列车运行控制通常涉及列车运行控制方式和行车调度指挥。在研究追踪列车间隔时间的影响因素时，列车运行控制侧重于前者。表 4.1 为轨道交通线路采用四种不同的列车运行控制方式时线路通过能力的比较。

表 4.1　列车运行控制方式与线路通过能力

列车运行控制方式	行车闭塞法	同方向列车运行	线路通过能力
基于通信的	移动（自动）闭塞	追踪运行	高
采用 ATC 系统	固定（自动）闭塞	追踪运行	较高
采用传统信号	固定（自动）闭塞	追踪运行	中
非自动闭塞	双区间闭塞等	连发运行	低

二、线路通过能力计算方法

（一）固定（自动）闭塞线路

计算线路通过能力的前提是确定追踪列车间隔时间，而确定追踪列车间隔时间应从分析追踪运行列车间的最小间隔距离开始。

在把区间和车站作为一个整体进行分析时，计算追踪列车间隔时间的最小间隔距离如图 3.17 所示，后行列车从初始位置运行至前行列车所处位置，需经历进站运行、制动停车、停站作业和起动出站四个单项作业过程，追踪列车间隔时间计算公式参见式（3-14）。

式（3-14）中的$t_{运}$、$t_{制}$、$t_{站}$、和$t_{加}$的计算公式如下：

1. 列车进站运行时间$t_{运}$

$$t_{运}=\frac{0.5(l_{站}+l_{列})+\sum l_i-l_{制}}{v_{运}} \tag{4-4}$$

式中　$l_{站}$——车站闭塞分区或车站轨道电路区段长度（m）;

$l_{列}$——列车长度（m）;

l_i——闭塞分区或轨道电路区段长度（m）;

$l_{制}$——列车制动距离（m），$l_{制}=\frac{v_{制}^2}{2b}$；

$v_{制}$——制动初速度（m/s）;

b——常用制动减速度（m/s²）;

$v_{运}$——列车运行速度（m/s）。

2. 列车制动停车时间$t_{制}$

$$t_{制}=\frac{v_{制}}{b} \tag{4-5}$$

3. 列车停站时间$t_{站}$

按照式（3-13）计算线路通过能力时一般取各站停车时间的最大值。

4. 列车起动出站时间$t_{加}$

$$t_{加}=\sqrt{\frac{l_{列}+l_{站}}{a}} \tag{4-6}$$

式中　a——起动加速度（m/s²）。

5. 追踪列车间隔时间计算公式

将上述四个单项作业时间的计算过程合并，得到车站不设置配线时固定（自动）闭塞线路追踪列车间隔时间的计算公式如下：

$$h=\frac{0.5(l_{列}+l_{站})+\sum l_i-l_{制}}{v_{运}}+\frac{v_{制}}{b}+t_{站}+\sqrt{\frac{l_{列}+l_{站}}{a}} \tag{4-7}$$

式（4-7）中的闭塞分区或轨道电路区段的数目取决于列车运行控制方式和行车组织方法对追踪运行列车间隔距离、列车驶进车站允许速度的规定。列车停站按停靠站台中部考虑。在实践中，还要考虑列车不能以较高速度驶离车站站线的情形，如列车进入站后折返线。另外，在进出站线路纵断面有坡度的情形下，可在式（4-7）中第 2 和第 4 项分母部分增加一个坡道修正参数 g_i（g 为重力加速度、i 为坡道的坡度），以考虑列车在坡道上制动和加速时对制动速度和起动加速度的影响程度。修正参数的正负号可根据制动或加速、上坡或下坡的具体组合而定，在制动时上坡为正、下坡为负，在加速时上坡为负、下坡为正。

（二）移动（自动）闭塞线路

计算移动闭塞线路通过能力的公式与自动闭塞线路相同。追踪运行列车先后经过车站时的间隔距离如图 3.18 所示，后行列车从初始位置运行至前行列车所处位置，需经历制动停车、停站作业和起动出站三个单项作业过程，追踪列车间隔时间的计算公式为：$h=t_{制}+t_{站}+t_{加}$。式中的 $t_{制}$、$t_{站}$ 和 $t_{加}$ 的计算公式如下：

1. 列车制动停车时间 $t_{制}$

$$t_{制}=t_{空}+\frac{v_{制}}{b} \tag{4-8}$$

式中 $v_{进}$——规定的列车进站速度（m/s）。

2. 列车停站时间 $t_{站}$

计算方式与自动闭塞线路相同。

3. 列车起动出站时间 $t_{加}$

$$t_{加}=\sqrt{\frac{l_{列}+l_{站}+2l_{安}}{a}} \tag{4-9}$$

式中 $l_{安}$——安全防护距离（m）。

4. 追踪列车间隔时间计算公式

将上述三个单项作业时间的计算过程合并，得到车站不配置配线时移动闭塞线路追踪列车间隔时间的计算公式如下：

$$h=t_{空}+\frac{v_{制}}{b}+t_{站}+\sqrt{\frac{l_{列}+l_{站}+2l_{安}}{a}} \tag{4-10}$$

（三）半自动闭塞线路

半自动闭塞在轨道交通信号系统中基本不采用。但在轨道交通新线建成后，如果 ATC 系统尚处于调试阶段，在线路试运营期间可采用半自动闭塞作为过渡。此时，除采用调度监督组织指挥列车运行外，为确保列车运行安全，在同一时间，“两站、两区间”内只允许一列车占用，即以双区间闭塞为基本闭塞法。

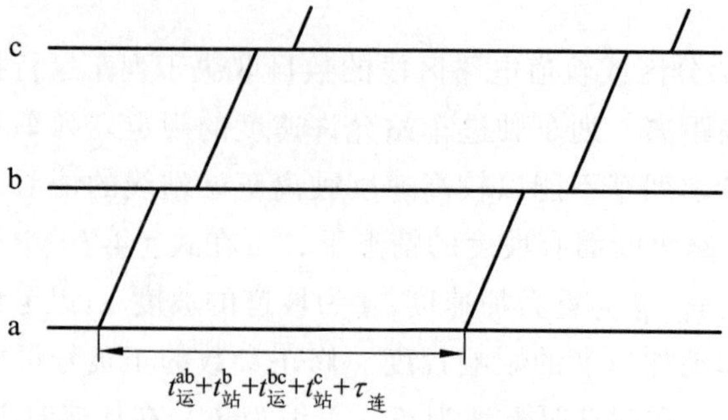

图 4.2　双区间闭塞连发运行

在双区间闭塞的情况下，同方向列车按连发方式运行，a 站开放出站信号的条件是前行列车已驶离 c 站的车站正线且双区间闭塞手续办妥，如图 4.2 所示。线路通过能力的计算公式为：

$$n_{线路}=\frac{3\,600}{t_{运}^{ab}+t_{站}^{b}+t_{运}^{bc}+t_{站}^{c}+\tau_{连}} \tag{4-11}$$

式中　$t_{运}^{ab}, t_{运}^{bc}$——列车在 a—b，b—c 区间的运行时分（s）；

$t_{站}^{b}, t_{站}^{c}$——在 b、c 站台的停站时间（s）；

$\tau_{连}$——连发间隔时间（s）。

第三节　列车折返能力

一、列车折返能力计算原理

（一）计算折返能力的一般公式

列车折返能力是指轨道交通折返站在单位时间内（通常是高峰小时）能够折返的最大列车数。

列车折返能力的计算公式为：

$$n_{折返}=\frac{3\,600}{h_{发}} \tag{4-12}$$

式中　$h_{发}$——折返出发间隔时间（s）。

显然，列车折返能力计算的关键是确定折返出发间隔时间。

（二）折返出发间隔时间

折返出发间隔时间定义为：在折返作业正常进行并考虑作业与进路冲突的情况下，折返列车在折返站的最小出发间隔时间。折返出发间隔时间是计算列车折返能力的基本参数，其长短反映了列车折返的迅速程度。影响折返出发间隔时间的因素包括车站折返线布置、折返方式以及作业或进路冲突等。

应该强调一下，研究列车折返能力问题，只有在列车折返间隔时间大于列车追踪间隔时间时才有意义。如果追踪间隔时间大于理论计算的折返间隔时间，则实际需要的折反间隔时间等于追踪间隔时间，此时列车折返能力不是最终通过能力的限制因素。

此外，列车折返间隔时间与列车在折返站停留时间是两个不同的概念。前者反映的是两列车在折返站先后出发的时间间隔，而后者反映的是一列车在折返站由到达至出发的时间间隔，如图 4.3 所示。

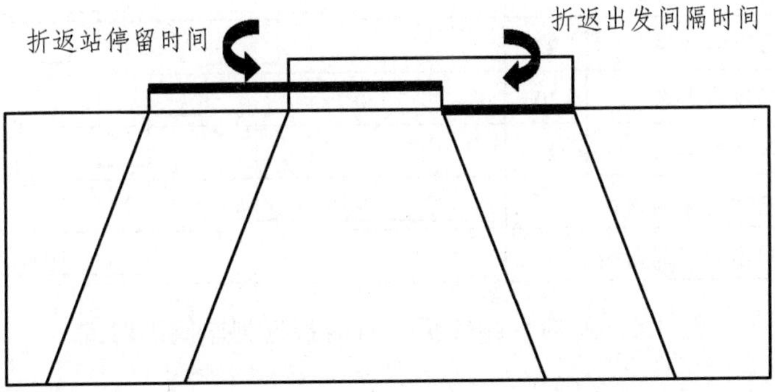

图 4.3　折返出发间隔时间与折返站停留时间的区别

列车折返间隔时间有多种计算方式，如按折返列车由车站出发、折返列车到达车站、折返列车在进站位置、折返列车进折返线和折返列车出折返线等方式计算折返间隔时间。

从折返作业循环进行的角度来看，如果不存在因作业（进路）冲突或因列车到达间隔等引起作业等待的情形，各种算法得到的计算结果是相同的。但如果在作业过程中存在等待情形，则按折返列车由车站出发计算得到的折返间隔时间是最大的。因此，按折返列车由车站出发计算折返间隔时间能够确保列车折返能力不被高估。

图 4.4 为站后尽端线折返时的折返列车间隔时间图解，假设列车①进折返线运行 20 s 后即可办理列车②的接车进路，按给定的各单项作业时间绘制的折返作业过程及折返间隔时间表明：折返列车到达间隔时间为 90 s，折返列车出发间隔时间为 105 s。后者更大的原因是，列车②在折返线上作业完毕后必须等待列车①驶出车站后才能办理出折返线进路的作业，期间存在 15 s 的等待时间（见图中虚线）。

折返出发间隔时间的确定方法有图解法和解析法两种。图解法将组成列车折返作业过程的各单项作业时间按作业顺序绘制在折返技术作业程序上，然后在图上找出相邻两列折返列车的折返出发间隔时间。图解法适用于特定折返站的折返出发间隔时间确定，也可用来验证采用解析法计算得到的结果。

解析法通过对列车折返作业过程以及列车在折返站的作业（进路）冲突等影响因素的分析，确定满足最小折返出发间隔时间的条件，并在此基础上建立计算折返出发间隔时间的数学关系式。其优点是计算方法的应用具有普遍性，对组成折返出发间隔时间的单项时间比较直观，便于分析影响列车折返能力的各项因素。

序号	折返作业项目	时间	折返作业过程及折返间隔时间
1	办理接车进路	15	
2	列车进站停妥	25	
3	列车停站下客	30	
4	办理进折返线进路	15	
5	列车进折返线运行	35	
6	列车换向作业	10	
7	办理出折返线进路	15	
8	列车出折返线运行	35	
9	列车停站上客	30	
10	列车驶出车站	25	
折返列车到达间隔时间			90s
折返列车出发间隔时间			105s

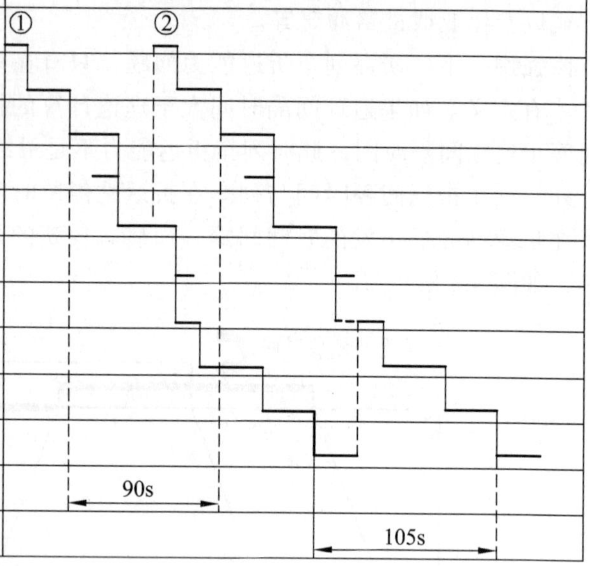

图 4.4　站后尽端线折返时的折返列车间隔时间

二、列车折返能力计算方法

根据车站折返线的布置，列车折返主要有站前折返、站后折返、站前与站后混合折返三种方式。根据折返站在线路中的位置，列车折返有终点站折返和中间站折返两种情形。根据采用的列车交路不同，列车折返又有单向折返和双向折返两种方式。对采用不同折返方式的列车折返出发间隔时间应分别计算。

（一）终点站站后折返

利用终点站的站后折返线进行折返作业的折返方式称为站后折返。终点站站后折返线布置主要有尽端线和环形线两种。

站后折返的作业过程如图 4.5 所示：折返列车②到达车站下行站线、停靠站台（a），在规定的停站时间内乘客下车完毕。原则上优先使用与站线连接较近的折返线，折返列车②由车站下行站线进入尽端折返线（b），折返进路可以预办；折返列车②在折返线停留规定时间后能够进入车站上行站线、停靠站台（c）的前提条件是折返列车①已驶出车站闭塞分区，同时道岔开通正线方向以及调车信号开放。显然，在采用站后尽端线折返时，当折返列车②在折返线规定的停留时间结束后即能进入车站上行站线，此时折返列车①与②之间有最小的折返出发间隔时间，参见图 4.6，其计算公式为：

$$h_{发}^{后}=t_{离去}+t_{作业}^{出}+t_{反应}+t_{出线}+t_{站} \tag{4-13}$$

式中　$t_{离去}$——前车驶出车站闭塞分区的时间（s）；

$t_{作业}^{出}$——办理出折返线调车进路的时间（s），包括道岔区段进路解锁延迟、排列进路和开放调车信号等时间；

$t_{反应}$——车载设备反应时间（s）;

$t_{出线}$——列车从折返线至车站出发正线运行时间（s）。

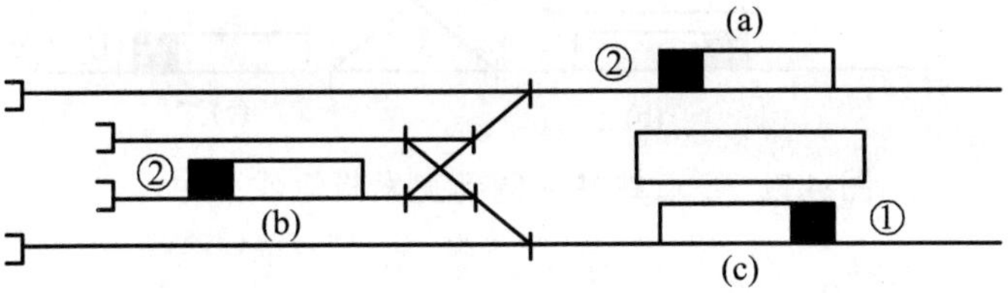

图 4.5　终点站站后折返过程

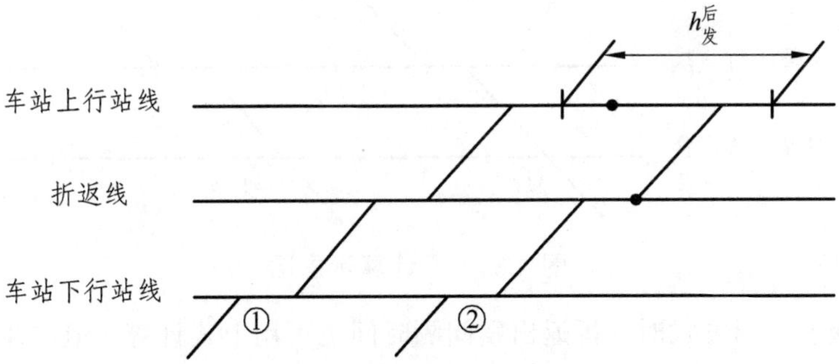

图 4.6　$h^{后}_{发}$ 计算示意图

（二）终点站站前折返

利用终点站的站前渡线进行折返作业的折返方式称为站前折返。终点站的站前渡线布置一般是交叉渡线。

列车经由站前渡线折返有直到侧发、侧到直发、直到侧发与侧到直发交替进行三种方式。就直到侧发与侧到直发两种折返方式比较，从列车进站应减速、出站需加速以及乘客乘坐的舒适性考虑，侧到直发是较为合理的列车进出站运行组织办法。在列车折返能力比较紧张的情况下，可以考虑采用直到侧发与侧到直发交替进行的折返方式。

1. 侧到直发折返

采用侧到直发折返方式时的作业过程如图 4.7 所示。下行到达列车在进站渡线道岔外方（a）处确认信号后侧向进站。列车停靠车站上行站线（b），在图定停站时间内乘客上下车完毕，由车站出发驶向车站闭塞分区（c）。前方列车出清道岔区域后，才能办理下一到达列车的接车进路。分析表明，在采用站前渡线进行折返时，当进站列车②位于进站渡线道岔外方（a）处时即能进入车站上行站线，此时折返列车①与②之间有最小的折返出发间隔时间，参见图 4.8，其计算公式为：

$$h^{前}_{发}=t_{离去}+t^{接}_{作业}+t_{反应}+t_{进站}+t_{站} \tag{4-14}$$

式中　$t^{接}_{作业}$——办理接车进路的时间（s），包括道岔区间进路解锁延迟时间、排列进路等时间；

$t_{进站}$——列车从进站渡线道岔外方确认信号距离处至车站正线运行时间（s）。

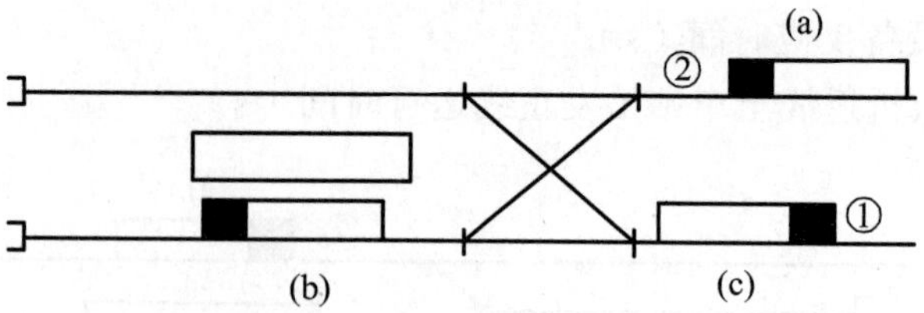

图 4.7　终点站站前侧到直发折返作业过程

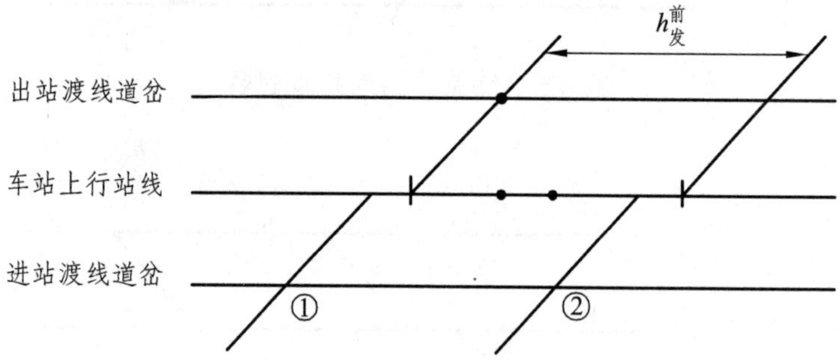

图 4.8　$h_{发}^{前}$ 计算示意图

采用直到侧发折返方式时，折返出发间隔时间也可用上式计算。但应注意，对于 $t_{离去}$ 和 $t_{进站}$ 的取值，直到侧发折返与侧到直发折返略有不同，一般是直到时间小于侧到时间、侧出时间大于直出时间。

2. 直到侧发、侧到直发交替折返

交替折返的作业过程如下：列车①直到→列车②侧到→列车①侧发→列车③直到→列车②直发→列车④侧到→列车③侧发……，即折返作业按直到侧发与侧到直发交替进行。在上述折返作业循环中，列车③直到与列车②直发可部分平行作业。当然，折返作业循环的初始状态也可以是列车①侧到，但从折返作业循环的角度来看，它与初始状态是列车①直到并无实质性区别。

鉴于折返作业是交替循环进行，只要分别计算出侧发列车①与直发列车②、直发列车②与侧发列车③的折返出发间隔时间，就能确定采用交替折返时的折返出发间隔时间。

交替折返时的作业过程如图 4.9 所示。在图 4.9（a）中，列车①直到停靠站台（a），办理列车②接车进路。列车②侧到停靠站台（b），办理列车①发车进路。列车①出发驶离车站闭塞分区（c），办理列车②发车进路，列车②出发驶离车站闭塞分区（c）。在图 4.9（b）中，列车③直到停靠站台（a），列车②出发驶离车站闭塞分区（b），办理列车④接车进路。列车④侧到停靠站台（c），办理列车③发车进路。列车③出发驶离车站闭塞分区（b）。

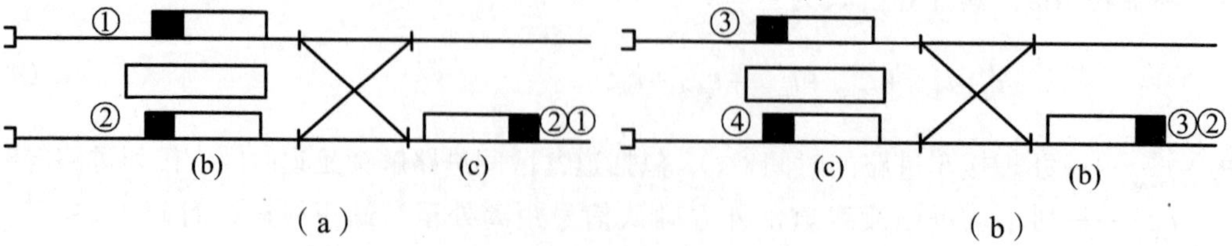

图 4.9　终点站站前交替折返作业过程

折返作业过程显示，列车③的到达进路与列车②的出发进路属于平行进路，在列车①驶离车站闭塞分区后即可办理列车②的发车进路，但列车①、②的折返出发间隔时间不能小于追踪间隔时间；而在列车②驶离车站闭塞分区后，应先办理列车④的接车作业，然后办理列车③的发车进路，参见图 4-10，因此列车①与列车②、列车②与列车③的折返出发间隔时间可分别由下列公式计算：

$$h_{发}^{(1)(2)}=h>t_{离去}+t_{作业}^{发}+t_{反应} \quad (4\text{-}15)$$

$$h_{发}^{(2)(3)}=t_{离去}+t_{作业}^{接}+t_{反应}+t_{进站}+t_{作业}^{发}+t_{反应} \quad (4\text{-}16)$$

式中：$h_{发}^{(1)(2)}$——侧发列车①与直发列车②的折返出发时间间隔（s）;

$h_{发}^{(2)(3)}$——直发列车②与侧发列车③的折返出发间隔时间（s）;

$t_{作业}^{发}$——办理发车进路时间（s），包括道岔区段进路解锁延迟时间、排列进路等时间。

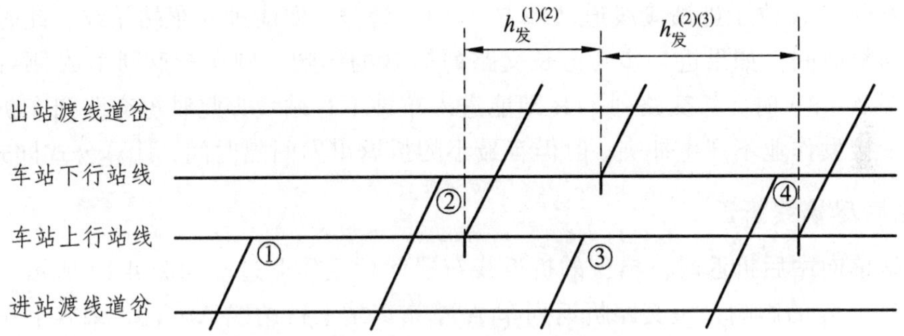

图 4.10　$h_{发}^{(1)(2)}$ 与 $h_{发}^{(2)(3)}$ 计算示意图

由于两发车间隔时间不等值，列车折返能力可按平均折返出发间隔时间计算。假设办理接、发列车进路的时间相同，则交替折返时的平均折返出发间隔时间 $h_{发}^{交替}$ 的计算公式为：

$$h_{发}^{交替}=0.5(h+t_{离去}+t_{进站})+t_{作业}+t_{反映} \quad (4\text{-}17)$$

比较式（4-17）与式（4-14）可知，与站前侧到直发折返相比较，采用交替折返时，因乘客上下车作业能与其他作业平行进行，所以能显著压缩折返出发间隔时间，较大幅度提高列车折返能力。

在实际工作中，针对交替折返时存在的 $h_{折发}^{(1)(2)}$ 与 $h_{折发}^{(2)(3)}$ 不等值的问题，折返出发间隔时间可按 $h_{折发}^{(2)(3)}$ 取值，以使列车能按均值间隔从车站出发与运行。此时，由于 $t_{作业}^{发}+t_{反应}<t_{停站}$，列车折返能力显著提高。

（三）中间站折返单向折返

在列车交路为混合交路时，短交路列车在中间站单向折返，长交路列车在中间站停车作业后通过。短交路列车在中间站折返时，根据折返线布置的不同，有站前折返和站后折返两种方式。从兼顾折返作业和接发列车作业的安全角度出发，中间站站前单向折返时宜采用直向到达、侧向出发的进出站运行组织办法。

1. 站前直到侧发折返

采用混合交路时，短交路折返列车 A 在中间站通过站前渡线单向折返，长交路列车 B 在中间站作业后正常通过，折返列车 A 由进站渡线道岔外方 A（1）处直向进站，停靠车站上行站线 A（2），在固定停站时间内乘客上下车完毕，列车由车站侧向出发驶离车站闭塞分区至 A（3），然后办理下一列折返列车的接车进路，如图 4.11 所示。

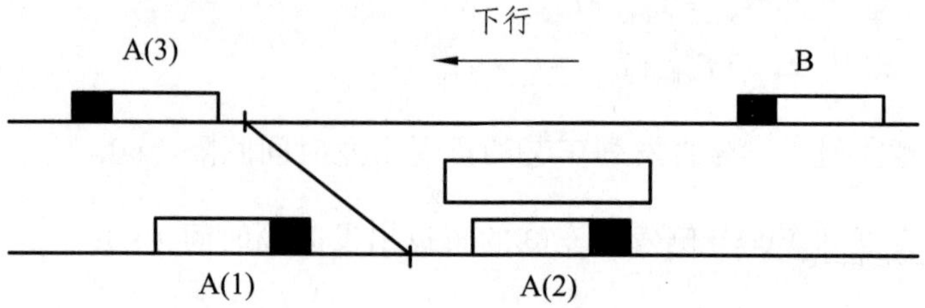

图 4.11　中间站单向站前折返作业过程

当折返列车 A 位于进站渡线道岔外方 A（1）处时，即能进入车站站线，此时有最小的折返出发间隔时间。如果进一步考虑长交路列车 B 的影响，则在折返列车 A 刚好驶出车站闭塞分区至 A（3）时，长交路列车 B 即能进入车站下行站线，此时短交路列车折返作业和长交路列车接发作业不产生冲突，但仍有最小的折返出发间隔时间，计算公式同式（4-14）。

2. 站后尽端线折返

中间站单向站后折返时，典型的折返线布置和折返作业过程如图 4.12 所示。如果不考虑长交路列车 B 的影响，短交路折返列车 A 停靠车站上行站线 A（1），乘客下车完毕后进入折返线 A（2），在折返线完成相关作业后进入车站下行站线 A（3），乘客上车完毕后驶离车站，然后办理下一列短交路折返列车的接车进路。当折返列车 A 在折返线作业完毕后即能进入车站下行站线，此时有最小的折返出发间隔时间，计算公式同式（4-13）。

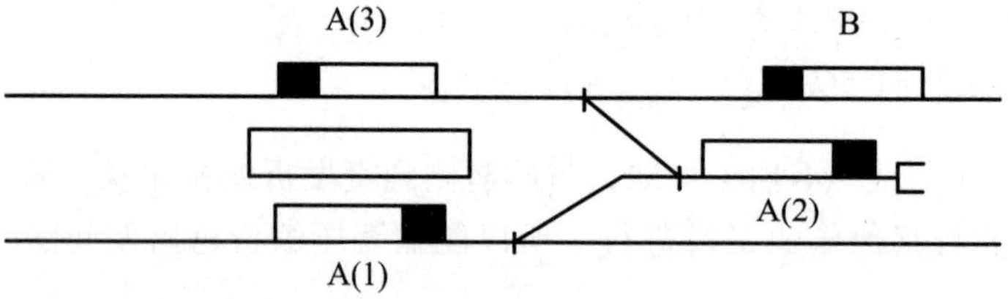

图 4.12　中间站单向站后折返作业过程

（四）中间站双向折返

当列车交路为衔接交路时，双方向列车在中间站折返。根据折返线布置的不同，双方向列车在中间站的折返方式主要有站前渡线折返和站后尽端线折返两种。

1. 站前渡线折返

双方向列车通过站前渡线折返，有直向到达、侧向出发或侧向到达、直向出发两种折返方式选择，为最大限度避免双方向列车的进路冲突，列车在中间站双向折返时宜采用直向到达、侧向出发的运行进路，如图 4.13 所示。

设两个短交路区段开行的列车数分别为 M 和 N 且 $M>N$。如果 M/N 为整数，且能使双方向列车同时到达车站及进行折返作业，此时有最小的折返出发间隔时间，计算公式同式（4-14）。

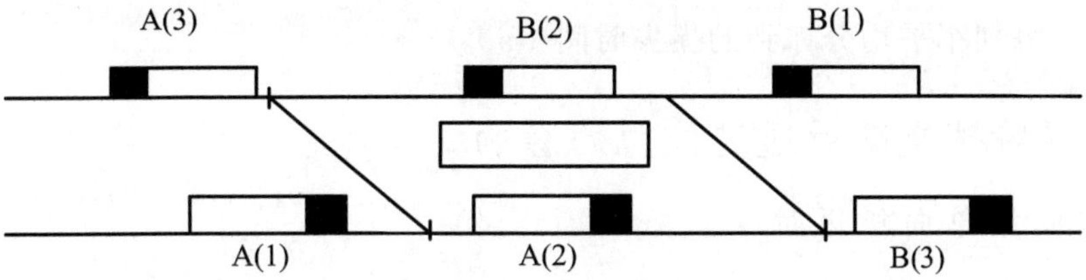

图 4.13　中间站双向站前折返作业过程

2. 站后尽端线折返

当双方向列车经由站后尽端线折返时，如果两个短交路区段开行的列车数之比 M/N 为整数，且能使双方向列车同时到达车站，并进行乘降作业与折返作业，见图 4.14，此时有最小的折返出发间隔时间，计算公式同式（4-13）。

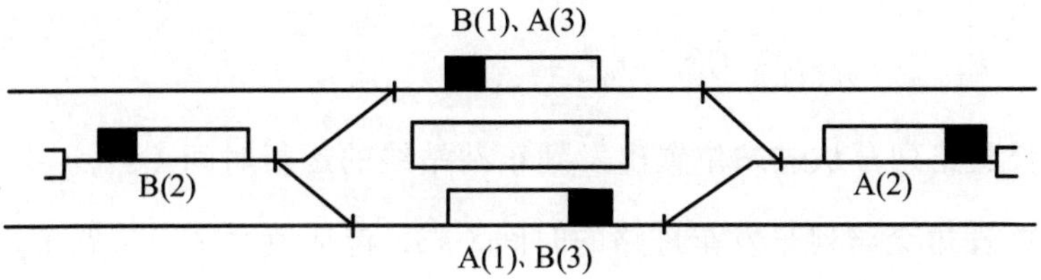

图 4.14　中间站双向站后折返作业过程

第四节　使用通过能力

一、使用通过能力确定思路

由于限制最终通过能力的固定设备通常是线路和列车折返设备，轨道交通最终通过能力的计算公式如下：

$$n_{最终}=\frac{3\,600}{\max\left\{h, h_{发}\right\}} \tag{4-18}$$

根据式（4-3）、式（4-12）和式（4-18）计算得到的通过能力是理想作业状态下的理论计算能力。在日常运营中，列车运行时分偏离、作业进路冲突、设备故障、行车事故和外界影响等因素引起的通过能力损失不可避免，因此实际可使用的通过能力达不到理论计算的通过能力。

为合理安排列车运能、保证列车运行秩序，有必要在理论计算能力的基础上进一步确定使用通过能力。确定使用通过能力的关键是对引起通过能力损失的因素进行正确的定性、定量分析。式（4-19）通过引入损失时间来计算使用通过能力，损失时间可根据列车晚点、突发事件等运营统计资料或者通过对作业进路冲突的分析，采用解析方法推导确定。

$$n_{使用}=\frac{3\,600}{\max\left\{h, h_{发}\right\}+t_{损失}} \tag{4-19}$$

式中 $n_{使用}$——扣除通过能力损失后的实际可使用通过能力（列）；

$t_{损失}$——每列车平均分摊到的损失时间（s）。

二、采用特殊交路对通过能力的影响

（一）中间站单向折返时

列车在中间站单向站前折返时，如果折返进路和接发列车进路存在进路冲突，需要考虑因此而引起的折返列车出发间隔时间的延长，即列车折返能力损失问题。在图 4.10 中，当折返列车 A 即将完全驶出车站闭塞分区 A（3），而长交路列车 B 又恰好运行到进站位置时，对列车折返能力的影响最大。根据接发列车作业优先原则，如果让折返列车 A 在 A（2）处等待长交路列车 B 进站后再出发，由图 4.15 可知（图中双线为长交路列车运行线），最大折返出发间隔时间可按下式计算：

$$h_{发,\max}^{单,前}=h_{发}^{前}+t_{离去}+t_{进站}^{长}+t_{作业}^{短发}+t_{反应} \tag{4-20}$$

式中 $t_{进站}^{长}$——长交路列车从进站位置出发到车站站线的运行时间（s）；

$t_{作业}^{短发}$——办理短交路列车发车进路的时间（s），包括道岔区段进路解锁延迟时间、排列进路等时间。

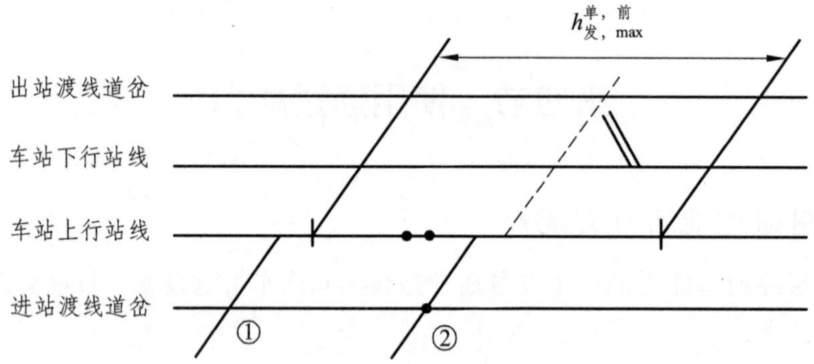

图 4.15 $h_{发,\max}^{单,前}$ 计算示意图

列车在中间站单向站后折返时，若折返进路和接发列车进路存在进路冲突，同样需要考虑因此而引起的折返列车出发间隔时间的延长，即列车折返能力损失问题。在图 4.11 中，折返列车 A 由 A（2）驶出尽端折返线即将到达 A（3），而长交路列车 B 又恰好运行到进站位置时，对列车折返能力的影响最大。根据接发列车作业优先原则，折返列车 A 应该在 A（2）处待避，待长交路列车 B 到站停车，乘客上下车完毕和驶出车站闭塞分区，以及为折返列车 A 办妥发车进路后，折返列车 A 才能驶离折返线进路运行至车站站线。此时，最大折返出发间隔时间的计算示意图如图 4.16（图中双线为长交路列车运行线）所示，计算公式为：

$$h_{发,max}^{单,后}=h_{发}^{后}+t_{进站}^{长}+t_{停站}^{长}+t_{离去}^{长}+t_{作业}^{出}+t_{反应}+t_{出线} \tag{4-21}$$

式中 $t_{停站}^{长}$——长交路列车停站时间（s）;

$t_{离去}^{长}$——长交路列车驶出车站闭塞分区的时间（s）。

综合以上两例可知，因折返进路和接发列车进路冲突引起的折返出发间隔时间延长，站后折返远大于站前折返。因此，短交路列车在中间站单向折返时，采用站前折返方式比较有利。尤其是在行车密度较高的情况下，折返进路和接发列车进路冲突的可能性较大，此时不宜采用站后折返方式。

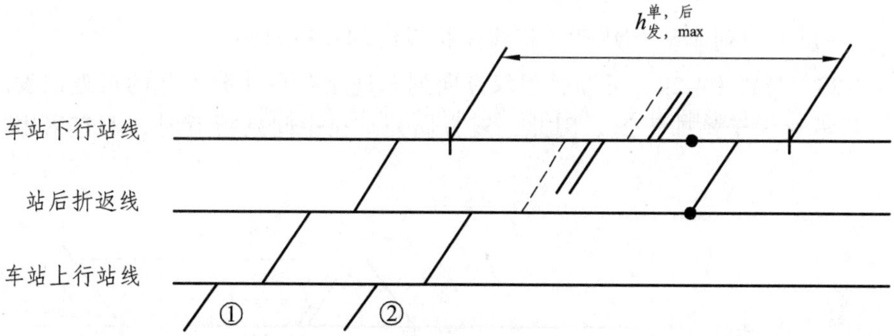

图 4.16 $h_{发,max}^{单,后}$ 计算示意图

此外，列车在中间站单向站前折返，还有可能对长、短交路的追踪列车间隔时间产生不利影响。长、短交路列车在中间折返站的追踪运行组合有前长后短和前短后长两种。在前行列车为长交路列车、后行列车为短交路列车时，列车在中间站单向折返不引起列车间隔时间增大，即不引起线路通过能力的损失。在前行列车为短交路列车、后行列车为长交路列车时，如果因为接发列车作业优先让短交路折返列车等候长交路列车进站停妥后再出发，就会增大短交路折返列车与前行列车的间隔时间，进而引起线路通过能力的损失。此时最大的列车间隔时间可按下式计算：

$$h_{max}=h+t_{进站}^{长}+t_{作业}^{短发}+t_{反应}+t_{离去} \tag{4-22}$$

（二）中间站双向折返时

列车在中间站双向站前折返时，如果 M/N 为非整数，由于双方向列车不能全部同时到达车站并进行乘降作业与折返作业，需要考虑因双方向列车进路冲突而引起的折返出发间隔时间延长，即列车折返能力损失问题。此时的分析思路与采用混合交路方案、短交路列车站前折返时类似，不再赘述。最大折返出发间隔时间的计算示意图类似于图 4.15，不同的是图中双线为反方向列车运行线，计算公式为：

$$h_{发,max}^{双,前}=h_{发}^{前}+t_{离去}+t_{进站}^{反}+t_{作业}^{发}+t_{反应} \tag{4-23}$$

式中 $t_{进站}^{反}$——反方向列车从进站位置处至车站正线的运行时间（s）。

列车在中间站双向站后折返时，如果 M/N 为非整数，由于双方向列车不能全部同时到达车站，并进行乘降作业与折返作业，同时需要考虑因双方向列车进路冲突而引起的折返出发间隔时间延长，即列车折返能力损失问题。在图 4.13 中，折返列车由 A（2）或 B（2）位置驶出尽端折返线即将到达 A（3）或 B（3）位置，而进站列车 B（1）或 A（1）又恰好运行到进站位置时，对折返出发间隔时间的不利影响最大。根据接发列车作业优先原则，折返列车 A（2）或 B（2）应在尽端折返线等待进站列车腾空车站站线后再由尽端折返线运行至 A（3）或 B（3）位置。由图 4.17 可知，最大折返出发间隔时间计算公式为：

$$h_{发,max}^{双,后}=h_{发}^{后}+t_{进站}^{反}+t_{停站}^{反}+t_{入线}^{反}+t_{作业}^{出}+t_{反应}+t_{出线} \tag{4-24}$$

式中　$t_{停站}^{反}$——反方向列车停站时间（s）；

$t_{入线}^{反}$——反方向列车从车站到达正线至折返线的运行时间（s）。

由式（4-23）与式（4-24）可知，因双方向列车进路存在冲突引起的折返出发间隔时间延长，站后折返远大于站前折返。因此，双方向列车在中间站折返时，不宜采用站后折返方式。

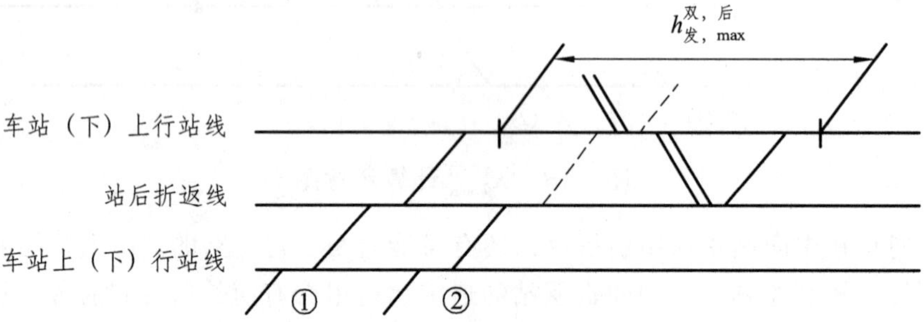

图 4.17　$h_{发,max}^{双,后}$ 计算示意图

第五节　运输能力加强

在一定时期内，轨道交通的运输能力通常是相对固定的，但随着城市经济的不断发展和市民出行需求的不断增加，以及轨道交通的逐渐网络化，客流往往呈现逐年增长的态势，轨道交通运输能力紧张或不足的问题会逐渐凸显出来。运输能力不足的主要原因是进一步提高行车密度或增加列车定员受到限制，而列车过分超载又会引起服务水平的降低。站台的上下车乘客拥挤，会迫使列车延长停站时间，影响列车运行秩序，使现有运输能力不能得到有效利用。此外，由于车辆运用紧张，车辆的定修、架修无法按规定修程进行，导致列车上线运行故障率上升，从而会直接影响到列车运行安全和客运服务质量。因此，为了适应客流的增长，轨道交通应及时和有计划地采取加强运输能力的措施，不断提高运输能力。

运输能力的加强通常是在运输能力接近饱和时进行。确定运输能力是否饱和可以参考以下两个指标：高峰小时单向最大客流断面满载率≥1.0；客车满载率≥0.7。

在某些情况下，尽管运输能力还有一定的后备，但通过采用新的技术设备或加强现有的技术设备，可以达到提高服务水平、降低运输成本、提高劳动生产率、改善劳动条件和加强行车安全等目的，因而也是合理的。

一、运能-运量适应分析

在解决运输能力不足问题时，是否需要采取和何时采取提高运输能力的措施，应通过运能-运量适应分析来确定，即根据轨道交通高峰小时现有运输能力能否适应规划年度的高峰小时需要运输能力来确定。高峰小时需要运输能力根据预测的规划年度的高峰小时最大断面客流量计算确定，计算公式为：

$$P_{需}=P_{预测}(1+\gamma_{备}) \tag{4-25}$$

式中 $P_{需}$——高峰小时需要输送能力（人）；

$P_{预测}$——规划年度的线路高峰小时单向最大断面客流量（人）；

$\gamma_{备}$——考虑客流波动的运输能力后备系数，一般可取 0.1。

假设需要运输能力在运营初始年为 25 000 人，平均每年增加 2 500 人，现有运输能力和采取扩能措施后所实现的运输能力见表 4.2，根据资料绘制的运量适应图如图 4.18 所示。

表 4.2 绘制运量适应图数据

序号	运能状态变化	h（s）	m（辆）	$p_{车}$（人）	p（人次）
(1)	现有运能	180	6	250	30 000
(2)	扩能措施甲	180	8	250	40 000
(3)	扩能措施乙	120	8	300	72 000

表中 h——追踪列车间隔时间（s）；

m——列车编组辆数（辆）；

$p_{车}$——车辆定员数（人）；

p——小时内单向最大输送能力（人）。

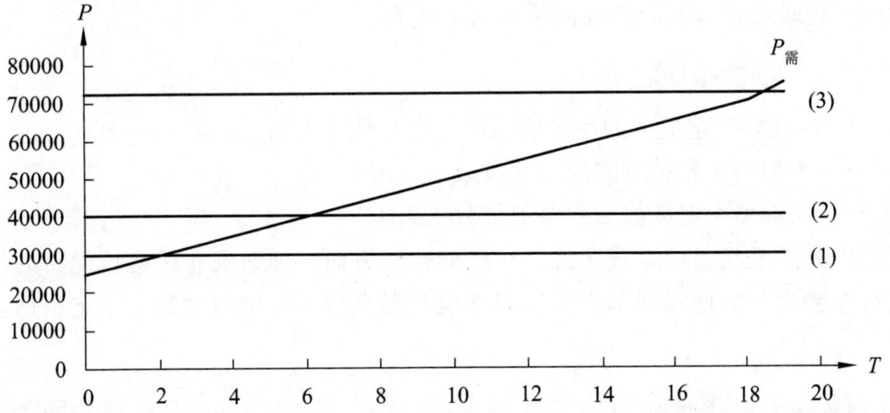

图 4.18 运量适应图

从运量适应图上可以清楚地看出运能-运量适应分析的结果。如现有运输能力能否满足需要运输能力的逐年增长、采取某种扩能措施形成能力的最后期限和可以适应的运营年限以及采取不同扩能措施后的运能-运量适应性等。

二、运输能力加强途径

运输能力加强主要有建设新线、提高行车密度和增加列车定员三个途径。

（一）建设新线

建设新线，主要是根据轨道交通线网规划新建轨道交通线路，其中也包括既有线路的延伸。通过建设新线，使轨道交通线网逐步扩大，实现网络化运营，从而使运输能力有较大的提高，满足城市公共客运的需求，提高轨道交通线路的服务水平。在国外的一些城市中，建设新线还包括在既有单线基础上建成双线或多线，达到提高运输能力的目的。

（二）提高行车密度

由于建设新线会遇到资金、土地及环保等一系列的困难或限制，并且建设新线也不是在任何客流条件下都是合理经济的。因此，提高既有线行车密度是提高既有线运输能力的基本途径。

提高行车密度时通过能力的提高值可由下式表示：

$$\Delta n_{线路}=3\,600\left(\frac{1}{h''}-\frac{1}{h'}\right) \tag{4-26}$$

式中　$\Delta n_{线路}$——提高行车密度后的小时通过能力提高值（列）；

h''——提高行车密度后的追踪列车间隔时间（s）；

h'——提高行车密度前的追踪列车间隔时间（s）。

（三）增加列车定员

通过增加列车编组车辆数、采用大型车辆或优化车辆内部布置来增加列车定员，是提高既有线运输能力的又一途径。但地铁列车编组往往受到站台长度的限制，而轻轨线路在路权混用时，列车编组车辆数较多会在平交道口对其他交通产生一定影响。

增加列车定员时输送能力的提高值可由下式表示：

$$\Delta p=n_{线路}(p''_{列}-p'_{列}) \tag{4-27}$$

式中　Δp——增加列车定员后的小时输送能力提高值（人）；

$p''_{列}$——增加列车定员后的列车定员数（人）；

$p'_{列}$——增加列车定员前的列车定员数（人）。

根据国内外轨道交通的运营实践，在扩能途径方面，加强既有线运输能力的步骤通常是先提高行车密度，后增加列车定员，当然也有提高行车密度与增加列车定员两者并用的情形。

三、运输能力加强措施

运输能力加强措施大体上可以分为运输组织措施和设备改造措施两大类。

运输组织措施是指无须大量投资，通过有效使用技术设备和优化运输组织过程，使运输能力达到需要水平的加强措施，如优化列车运行图、合理规定停站时间、科学组织折返作业、改善列车乘务制度以及采用各种短时期内能提高通过能力的措施等。

设备改造措施是指需要较大投资，通过设施、设备的新建，使运输能力达到需要水平的加强措施，如建设新线、改造既有线、采用先进的列车运行控制系统和购置新型车辆等。

在影响运输能力的众多变量中，最重要的是正线数、列车运行控制方式、列车停站时间、追踪列车间隔时间、折返站的配线布置、折返出发间隔时间、列车编组辆数和车辆定员数等。就最终通过能力而言，轨道交通一般是由线路通过能力和列车折返能力两者中的能力较小者所决定，因此，采用何种运输能力加强措施必须具有针对性。

根据国内外轨道交通的运营实践，在扩能措施方面，加强既有线的运输能力通常是运输组织措施和设备改造措施两者并用。但在线路行车密度已经较高的情况下，提高运输能力往往需要通过采用设备改造措施来实现。

应该指出，轨道交通车辆可以随着客流的增加而逐步购置，各种技术设备也有更新改造的可能，而车站在建成后想扩建是极为困难的。因此，在轨道交通的规划设计中，必须充分考虑到轨道交通的这一特点，折返站、换乘站的站型选择及设计应能确保充分发挥线路的远期运能潜力。

（一）线路通过能力加强措施

线路通过能力与追踪列车间隔时间成反比关系，决定追踪列车间隔时间的因素主要是列车停站时间、列车运行控制方式等，而列车停站时间、列车运行控制方式本身又涉及多方面的问题。例如，列车停站时间既与车站的上下车客流量大小、车辆的车门数及车门宽度等有关，也与车站的站台类型与配线设置、中间折返站位置的选择等有关，还与站台的乘车组织、乘客的文明乘车等有关。

基于以上分析，加强线路通过能力的措施主要有：

1. 修建双线或四线

在既有单线或双线基础上建成双线或四线，能大幅度提高线路通过能力。但修建四线的情况在国外也不多见。

2. 改造线路平纵断面

采用该措施能提高行车速度，进而提高线路通过能力。但会受到诸如工程经济性、施工困难和影响日常行车等因素的制约。因此该措施通常在旧式有轨电车线路改造为轻轨线路时采用，而在既有轻轨或地铁线路的情况下，则更倾向于采取用新型车辆来适应线路条件的做法。

3. 增设侧线及站台

在中间站与换乘站的客流较大或因列车在中间站折返对线路通过能力产生不利影响时，可考虑增设侧线及站台。图 4.19（a）是侧式站台中间站增设侧线后，侧式站台变成双岛式站台；图 4.19（b）是岛式站台中间折返站增设侧线及站台，岛式站台变成混合式站台。中间站增设侧线后，列车在站台两侧轮流停靠平行作业，追踪列车间隔时间中不再包括列车停站时间，能够较大幅度提高线路通过能力。

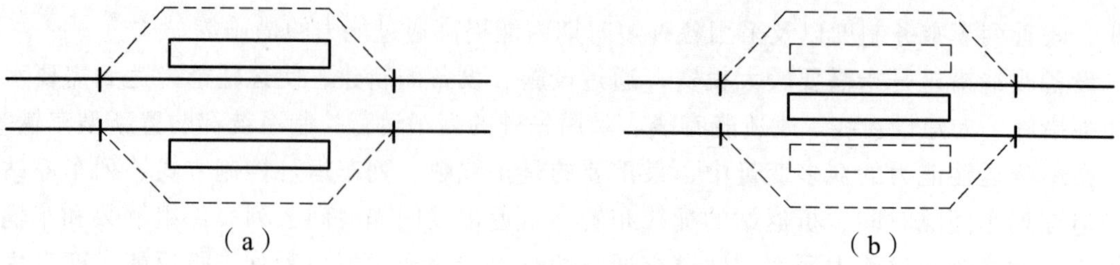

图 4.19　中间站增设侧线及站台

另一种情形是，岛式站台中间站只增建侧式站台，列车停站时两侧均有站台，乘客可从两侧车门上下车或分开上下车，有利于缩短列车停站时间，提高线路通过能力。

在既有线加强运输能力时，该措施一般适用于地面线路。

4. 使用新型车辆

新型车辆的含义包括车辆运行性能改善和安装车载控制设备等。车辆运行性能主要包括车辆构造速度、车辆起动加速度和制动减速度等运行参数；车载控制设备主要是指车载 ATC 设备和道岔自动转换设备等。改善车辆运行性能和安装车载控制设备能提高列车运行速度，缩短追踪列车间隔时间。此外，采用车门数较多的车辆也能有效缩短列车停站时间。

5. 采用先进的列车运行控制系统

对三显示带防护区段自动闭塞信号、调度集中控制的轨道交通线路，采用列车自动控制（ATC）系统后能较大幅度提高线路通过能力。ATC 系统通常由 ATP、ATS 和 ATO 三个子系统组成，实践中也有只采用 ATP 子系统或采用 ATP、ATS 子系统的情形。

在列车追踪运行过程中，移动闭塞能使后行列车与前行列车始终保持一个自动控制程序规定的最小安全间隔距离，而不是原先固定闭塞时规定必须间隔若干个闭塞分区或轨道电路区段所形成的安全距离。因此，用移动闭塞取代固定闭塞，能较大幅度地缩短追踪列车间隔时间。

6. 分割车站区域轨道电路

如图 4.20 所示，通过分割车站区域轨道电路，增加了一个前行列车离去速度监督等级，当前行列车出清轨道电路段 cd，达到被监督速度，后行列车恰好运行至进站线路的 a 处，见图 4.20（A）；当前行列车出清整个车站轨道电路区域时，后行列车已运行至进站线路的 a′处，见图 4.20（B）。采用该措施可缩短组成追踪列车间隔时间的列车进站运行时间。

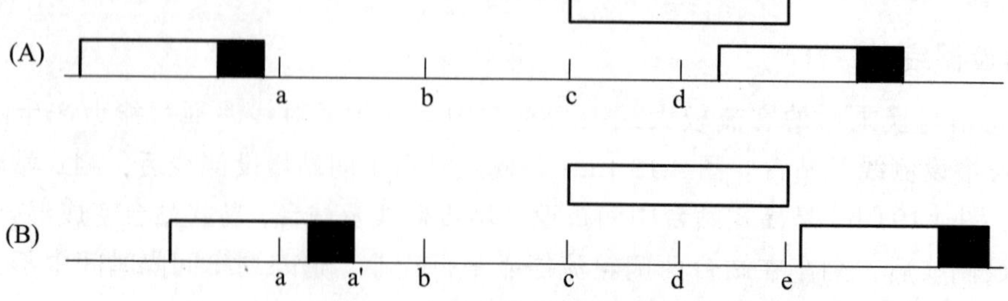

图 4.20　分割车站区域轨道电路时列车追踪运行图

7. 加强站台乘车组织

为了减少乘客出站走行距离和避开因乘客较多而引起的检票等待，乘客的候车位置往往选择在离出站口较近的车辆停靠处，而列车内乘客分布的不均匀会造成列车在车站的停站时间延长。因此，加强站台乘车组织，使列车内的乘客尽可能分布均匀，有利于减少列车停站时间。

（二）列车折返能力加强措施

在行车密度比较高的情况下，列车折返能力往往是限制线路最终通过能力、决定列车最终追踪间隔时间的重要因素。列车折返能力与折返出发间隔时间成反比关系。决定折返出发间隔时间的因素主要是折返站的配线布置形式及折返方式、列车停站时间、车站信号设备类型、车载设备反应时间、折返作业进路长度、折返速度、列车长度，以及折返进路与接发列车进路的冲突等。

基于以上分析，加强列车折返能力的措施主要有：

1. 优化折返线布置

优化折返线布置对缩短折返出发间隔时间作用显著。如图 4.21 所示，终点站有站前、站后两条平行的折返进路，在运营高峰期间可采用混合折返方式。在图 4.22 中，终点站为双岛环形折返线布置，可增加折返进路、无列车换端作业，缩短了乘客上车时间。在图 4.23 中，中间站为双岛三线式布置，短交路列车站前折返接入中间线路，列车停站后两侧车门均可打开，长交路列车则停靠站台两侧线路。

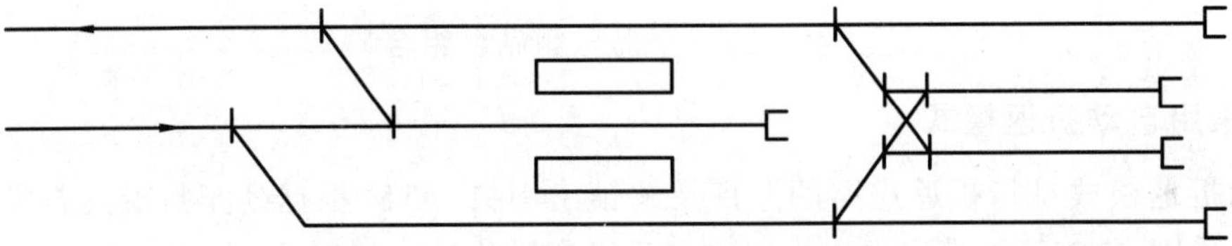

图 4.21　终点站平行折返进路布置

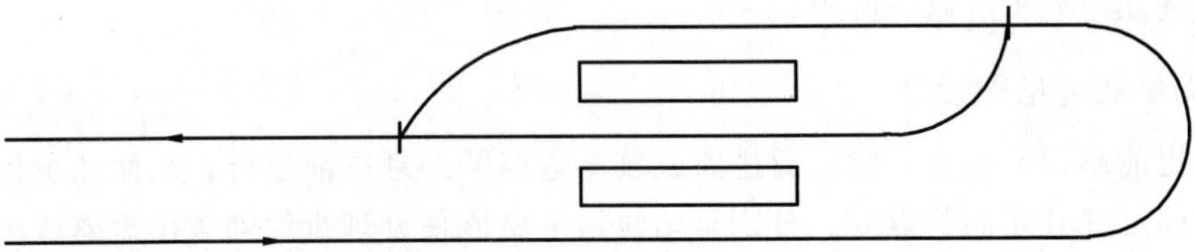

图 4.22　终点站双岛环形折返线布置

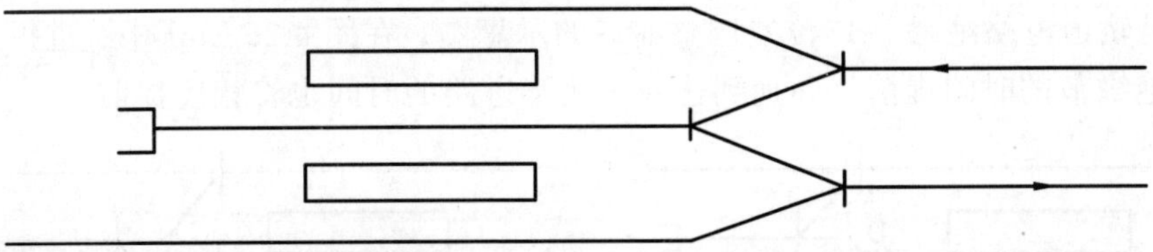

图 4.23　中间站双岛三线式布置

2. 改变折返方式

当折返线布置一定时，改变折返方式可缩短折返出发间隔时间，如折返线布置为站前交叉渡线时，将侧到直发折返改为交替折返。

在图 4.24 中，站后设交叉渡线，正线的站后延伸部分为折返线。采用直进Ⅰ道侧出折返时，前行列车在Ⅰ道折返未出清折返线时，不能办理后行列车的折返进路，而采用侧进Ⅱ道直出折返时，列车进入尽端折返线Ⅱ道即可办理后行列车进折返Ⅰ道的接车进路。显然，与采用直进侧出折返方式比较，采用侧进直出折返方式有利于压缩折返出发间隔时间。

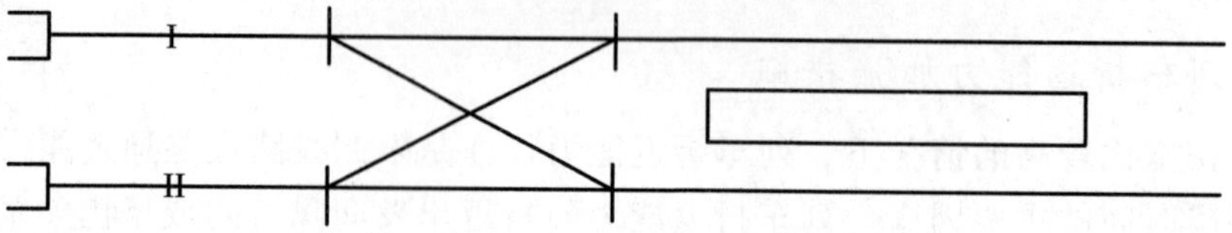

图 4.24　站后折返方式比较

3. 压缩列车停站时间

在图 4.25 中，通过增建侧式站台形成一岛一侧站台组合，可以缩短乘客上下车时间，加速列车折返。该措施一般适用于地面线路情况，由于土建工程量较大，是否采用此方式应在与其他提高列车折返能力措施进行技术经济比较后确定。

另外，站前折返时，列车换端作业与乘客上下车作业平行进行也能有效压缩列车停站时间。

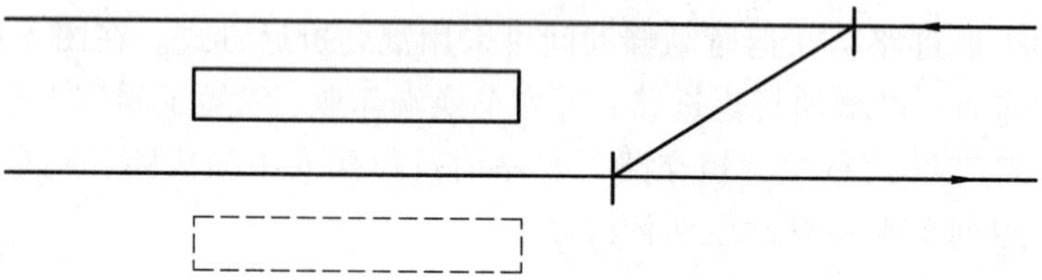
图 4.25　一岛一侧站台组合

4. 采用自动折返模式

自动折返模式是指折返进路的办理及解锁由中央 ATS 根据列车折返运行情况自动控制，列车采用 ATO 驾驶模式进出折返线。采用该措施后，能压缩办理进路时间与折返运行时间，达到加速列车折返的目的。

5. 优化轨道电路设计

进路提前解锁，会使后续折返进路或接车进路的办理提前进行，从而减少折返过程中的等待时间。如在站后折返时，分割车站轨道电路能使办理折返列车出折返线进路的时间提前。调整车站轨道电路绝缘节的位置能使办理到达列车接车进路的时间提前。图 4.26（a）、（b）分别是轨道电路绝缘节 D 位置调整前后的示意图，在图 4.26（b）中，进折返线的列车尾部出清绝缘节的时间提前，办理到达列车接车进路的时间也将相应提前。

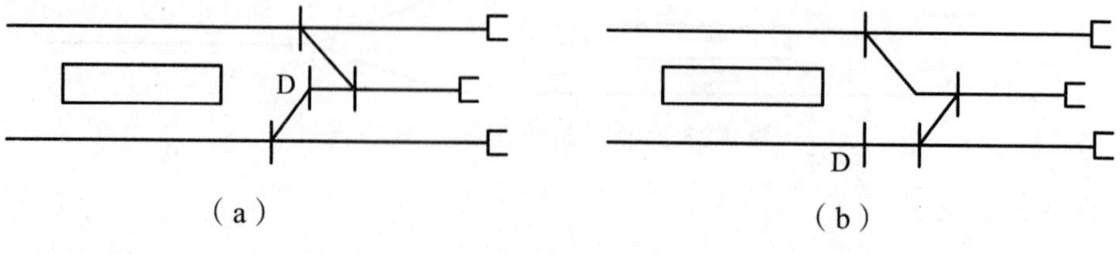

图 4.26　调整轨道电路绝缘节位置

6. 道岔的选用与优化设计

自动折返站采用 12 号道岔有助于提高列车侧向过岔速度，压缩折返运行时间。

在站后尽端线折返时，将单渡线道岔按两副单动道岔设计，只要进折返线列车的尾部越过第一副道岔，该道岔即可由开通侧向转换为开通直向，办理到达列车的接车进路。

7. 折返线预置一列车

站后折返时，如因列车到达折返站的间隔较大，当前行列车已出清车站站线，而后行列车还未进入折返线或还在折返线停留过程中，此时在折返线预置一列车可加快列车折返，提高列车折返能力。

（三）输送能力加强措施

在轨道交通最终通过能力一定的条件下，列车定员是决定输送能力大小的主要因素。

列车定员与列车编组车辆数、车辆定员成正比关系。决定列车编组车辆数的因素主要是客流大小及分布特征、列车开行间隔、站台长度、车辆使用经济性和乘客服务水平等；决定车辆定员的因素主要是客流大小、车辆选型和车内布置等。需要输送能力一定时，车辆选型还与车辆编组数量和列车开行间隔等因素有关。

1. 增加列车编组

增加列车编组能大幅度增加列车定员，但列车编组受到站台长度、运营经济性等因素的制约。

在大多数轨道交通线路上，当列车编组达到 8 辆时，列车长度将接近站台长度。在全日分时客流不均衡程度较大的情况下，采用大编组列车，运营非高峰时间内的车辆满载率一般较低。此外，当列车长度接近站台长度时，需要降低列车进站速度以确保列车在指定位置停车，这样会增加停车附加时间，对线路通过能力产生不利影响。

2. 采用大型车辆

国内轨道交通使用的车辆主要有 A 型车、B 型车和 C 型车三种车型，车辆定员分别为 310、230 和 210 人左右。目前，A 型车是国内新建地铁线路的首选车型。

车辆定员由车辆的座位人数与站位人数组成。站位面积为车厢面积减去座位面积，站位人数国内现按每平方米 6 人计算。显然，车辆尺寸大小是决定车辆定员的主要因素。表 4.3 为部分城市地铁车辆尺寸与车辆定员的数据。

表 4.3 部分城市地铁车辆尺寸与定员

	洛杉矶	新加坡	香港	上海	莫斯科
车宽（m）	3.08	3.2	3.11	3.00	2.71
车长（m）	22.78	23.65	22.85	24.14	19.21
座位（人）	68	62	48	62	47
站位（人）	164	258	279	248	187
定员（人）	232	320	327	310	234
制造国	意大利	日本	英国	德国	苏联

美国洛杉矶地铁采用大型车辆，但车辆定员人数较少，其原因是为了提高乘客的乘车舒适度，吸引私人汽车客流。而苏联的莫斯科等城市在修建地铁时，尽管各个城市的客流量差别较大，但均采用小型车辆，输送能力则通过采取调整行车密度和列车编组辆数、改变车内的座位数和站位密度等措施来达到。其他几个城市地铁的资料基本上反映了车辆尺寸和车辆定员的关系。20 世纪 80 年代后，新加坡、我国香港和上海修建的地铁均采用大容量地铁车辆，车体宽度为 3.0 ~ 3.2 m。

3. 优化车辆内部布置

在车辆尺寸一定的情况下，将双座椅改为单座椅，或将纵向布置的固定座椅改为折叠座椅，可以增加车辆的载客人数。固定座椅改为折叠座椅后，在运营高峰时间可翻起座椅，增加车内站立人数，提高全体乘客的平均舒适度。

第五章　列车运行组织

第一节　行车组织原则和要求

城市轨道交通行车组织工作是城市轨道交通运输组织的核心环节，主要指为完成运送乘客任务所进行的列车运行组织工作，担负着指挥列车运行、保证行车安全、提高运输效率等任务。

一、行车组织原则

为了安全、快速、高效、舒适地运送乘客，组织行车工作时应按照客流的时空分布特征制定合理的行车计划。全线应该按照全日单位小时最大客流量配置运营车辆，根据各个时段日客流量分布情况，确定不同时段的列车开行对数。为避免列车运能浪费，在客流非高峰时段可以减少列车开行对数或减少列车编组数量，在客流分布不均衡的线路可以采取不同的列车运行交路方案。

二、行车组织要求

（1）安全性。城市轨道交通行车密度大、运输能力强，而行驶空间较为狭窄，一旦发生事故，影响范围广、救援难度大、损失较为严重。因此，行车组织的首要任务和要求是保障运营安全。

（2）准时性。准时是城市轨道交通系统的重要优势，为避免大量乘客在车站等待滞留，应科学制定行车组织方案，严格按照列车运行图组织行车。

（3）可靠性。为保证行车组织工作按运输计划正常进行，对可能影响正常行车的设备设施要求具有高可靠性，从而减少和避免行车时故障的发生。

（4）通过能力。城市轨道交通进站列车一般只在正线停靠，为避免先行列车对后续列车的影响，要求行车各项设备必须满足对通过能力的要求。

（5）自动化水平。城市轨道交通站间距短，行车密度大，行车组织工作复杂，需要不断提高科技水平，通过自动化程度高的先进技术设备来提升行车组织能力。

第二节　正常情况下的列车运行组织

正常情况是指在运营时间内、采用基本的行车闭塞方法和行车指挥方式。轨道交通采用的基本闭塞法主要有自动闭塞和区间闭塞两种，采用的行车指挥方式主要有行车指挥自动化、调度集中和调度监督三种。在采用行车指挥自动化的情况下，列车运行控制功能通常通过 ATC 系统实现。

鉴于采用自动闭塞与 ATC 系统已是国内既有与新建轨道交通线路的首选列车运行控制技术，因此，行车指挥自动化时的列车运行组织是本节内容的重点。

一、行车指挥自动化时的列车运行组织

（一）固定闭塞线路下控制中心 ATS 的在线控制功能与操作

下面以国内某地铁线路为实例，重点叙述固定闭塞线路控制中心 ATS 的在线控制功能与操作。

1. 系统运行模式

（1）在线控制模式。

在线运行是指系统实时监控列车运行。系统在线控制时，两台计算机同时处于在线控制状态，一主一备，一旦主机故障，备机立即接替控制。

（2）模拟运行模式。

模拟运行是指系统模拟在线控制运行，是系统的辅助运行模式，用于系统调试、演示和培训。模拟运行能模拟在线控制模式中的所有功能，但与现场没有任何信息和控制命令的交换。

（3）运行复示模式。

运行复示是指系统真实地再现此前 72 h 的系统运行情况。系统可选择重放其中任意一个小时的运行记录，也可按事件或按秒重放运行记录。重放速度有原速、慢速、快速和最快速几种选择。在线控制和模拟运行两种模式的运行记录均可重放。

2. 在线控制功能

（1）时刻表管理。

该项控制功能仅供行车调度员使用。列车时刻表管理主要是指计划时刻表、使用时刻表的建立和编辑。计划时刻表源于基本时刻表，而且是建立使用时刻表的基础。使用时刻表是指列车运行使用的时刻表。使用时刻表的编辑包括增加或删除列车，将一部分列车平移一段时间等。

（2）列车描述。

列车描述的主要功能是设置或修改列车的车次号、司机号和车辆号。

① 车次号：车次号由 5 位数组成，前 3 位是运行号，后 2 位是目的地号。运行号是列车的标识，是系统与列车时刻表相联系的基础，也是系统掌握列车运行状态的基础。目的地号指明列车的终到站，系统把目的地号传送给列车，列车在运行中又将目的地号传送给车站联锁设备。根据列车的目的地号，车站联锁设备为列车排列进路。

② 司机号和车辆号：司机号和车辆号各由 5 位数组成。司机号由司机在车上人工输入，设置司机号是为了使系统能跟踪司机的行车过程，从而产生司机运行报告。设置车辆号是为了使系统能跟踪车辆的运行过程，从而产生车辆运行报告。

（3）列车运行控制。

① 设置控制模式：是指对中央控制或车站控制模式的设置。

中央控制时，系统能执行其所有控制功能；车站控制时，对控制中心而言，系统处于运行监督状态，所有对车站进路的控制功能均不能执行。控制模式的转换必须经过控制中心和车站双方确认后方能进行。必要时，车站可实施紧急站控，但紧急站控结束后只能转回车站控制，不能直接转回中央控制。

② 设置自动控制：设置自动控制是指启动、取消或恢复系统对列车的自动控制。

系统对列车的自动控制分为两个方面：一方面是自动调度列车出车厂，进入正线运行；另一方面是对正线运行的列车进行自动控制。图定列车取消自动控制后，该列车将暂时地从列车时刻表中删除，变为非图定列车；恢复自动控制后，该列车又进入列车时刻表，变为图定列车，系统恢复对它的自动控制。

③ 设置进路控制：设置进路控制是指设置或取消列车进路。

为安全起见，系统不直接控制道岔转换，也不直接控制信号机开闭。ATS 系统在控制中心设有人工进路控制功能，行车调度员可通过点击进路的始端和终端，建立或取消进路，信号机随进路的建立而开放，随进路的占用而关闭。控制中心可以将全线所有车站的信号机设置成“通过信号”或“自动信号”工作模式。此时，列车进路排列及相关信号机的开放，由车站联锁设备自动完成。

通过信号是指以该信号机为始端的进路为通过进路，列车通过该进路后，进路将再次自动排列。自动信号是指以该信号机为始端的进路为自动进路，车站联锁设备根据列车的目的地号，自动为列车排列进路。

④ 设置折返模式：不同的折返模式与不同的折返进路相对应。在折返站有数条折返进路时，需要确定优先采用的列车折返模式。

在设置了优先采用的列车折返模式后，根据列车运行的目的地号，车站联锁设备将自动为折返列车排列进路。特殊情况下，可由控制中心或车站人工排列折返进路。

对于折返顺序，系统的自动控制功能有列车模式和顺序模式两种。列车模式是指在折返站按列车的车次号调度列车，顺序模式是指在折返站按列车的先后顺序调度列车。

（4）列车运行调整。

① 设置调整模式。根据系统自动控制功能实现的程度，有下列四种列车运行调整模式：

a. 全人工模式：在系统没有自动控制功能的情况下，人工进行列车运行调整。

b. 人工调度模式：在系统具有自动排列进路功能，以及对列车时刻表和车次号进行管理功能的情况下，人工进行列车运行调整。

c. 非自动调整模式：在系统具有人工调度模式全部功能，以及自动调度列车从终点站（包括车厂出口处）出发功能的情况下，人工进行列车运行调整。

d. 自动调整模式：在系统具有自动控制功能的情况下，自动进行列车运行调整。

② 设置调整措施。设置调整措施是指对列车运行调整措施的选择，具体功能包括：

a. 显示正在起作用的列车停站时间和运行等级。

b. 设置列车停站时间：有人工和自动两个选项。如选择人工选项，则可以人工设定一个新的停站时间；如选择自动选项，则停站时间由系统根据列车时刻表和列车早、晚情况自动设定。

c. 设置列车运行等级：有人工和自动两个选项。如选择人工选项，则可以人工设定一个新的运行等级；如选择自动选项，则运行等级由系统根据列车时刻表和列车早、晚点情况自动设定。

d. 设置列车跳停：设置或取消列车在某个站不停车通过，跳停功能必须在列车由前一车站发车前设置才有效。

e. 扣车和终止停站：扣车是指使发车表示器不显示，列车不能发车；终止停站则是指行车调度员进行催发车，发车表示器显示发车信号。组合使用这两个功能可以控制列车停站时间。

3. 系统日常操作

（1）进入系统。

系统维护员启动系统，工作站显示语言选择窗口后，行车调度员操作步骤如下：

① 选择中文或英文用户界面；

② 输入用户名和密码，进入系统；

③ 选择运行模式。在三种运行模式中选择一种；

④ 选择用户等级。应选择行车调度员等级。

（2）建立使用时刻表。

每日运营前，必须建立使用时刻表。可以先建立计划时刻表，再建立使用时刻表；也可以直接建立使用时刻表。计划时刻表是从 5 个基本时刻表中选择一个，可以通过增加或删除列车、列车平移功能对计划时刻表进行修改。使用时刻表是从 5 个基本时刻表和计划时刻表中选择一个，也可以通过增加或删除列车、列车平移功能对使用时刻表进行修改。

（3）设置系统工作模式。

① 设置控制模式：在中央控制或车站控制中选择。车站控制时，折返模式、信号控制和列车停站时间均由车站设置。

② 设置进路控制：在自动信号或通过信号中选择。

③ 设置折返模式：通常选择优先采用的折返模式。

④ 设置折返顺序：在列车模式和顺序模式中选择，通常选择顺序模式。

⑤ 设置调整模式：在全人工模式、人工调度模式、非自动调整模式和自动调整模式中选择，人工调整时通常选择人工调度模式，自动调整时则选择自动调整模式。

（4）设置列车停站时间和运行等级。

根据使用时刻表，为每个站台设置列车停站时间和运行等级。在采用自动调整模式时，应选择自动项；在采用其他调整模式时，应设置具体的列车停站时间并在四个列车运行等级中选择一个。

（5）调度列车由车厂进入正线。

出库列车应按时刻表的要求及时到达并停在车厂出口处。显示时刻表中下一出库列车的车次号与时间。若不对，采用列车描述和指定下一车次号功能并以车地通信方式发送图定车次号给列车。自动控制时，系统将自动排列进路，指挥列车进入正线，也可使用人工控制方法使列车进入正线。

（6）调度列车从始发站出发。

显示时刻表中始发站下一出发列车的车次号与发车时间。若不对，采用列车描述和指定下一车次号功能，对停在折返线上的列车设置或者修改车次号。如列车已有车次号，并且系统处于非全人工模式，系统自动修改列车的目的地号。自动控制时，系统将自动排列进路，指挥列车发出，也可使用人工控制方法使列车发出。

（7）监控列车运行。

使用显示下一车次号功能，查看各始发站下一列车的车次号与发车时间，也可打开下一车次号监视窗，连续地监视各始发站的列车发出情况。通过告警信息窗，可随时了解列车早、晚点情况和设备故障情况。

使用进路控制功能排列进路。设置为通过信号和自动信号时，进路自动排列；车站控制时，进路由车站排列。通过设置列车进站时间和运行等级功能，调整列车停站时间和区间运行时间，使列车按图正点运行。在系统采用自动调整模式，并且列车停站时间和运行等级设置选择自动项时，系统将自动调整列车停站时间和运行等级。

（8）列车运行调整。

显示在列车早、晚点时间超出了允许范围时，采用下列措施进行列车运行调整：

① 列车晚点：可采用缩短列车停站时间、提高列车运行速度、跳停等列车运行调整措施。

② 列车早点：可采用延长列车停站时间、降低列车运行速度、扣车等列车运行调整措施。

③ 早、晚点列车较多：可采用增加或删除列车、列车平移等功能对使用时刻表进行修改，恢复列车运行秩序。

（9）常见异常情况处理。

① 当车次号跟踪不上列车或车次号跟踪产生错位时，可使用移动车次号功能使跟踪正常。

② 当某一图定列车故障、无法继续运行时，可使用取消自动控制功能将该列车变成非图定列车，然后人工控制该列车退出运行。

③ 当控制中心显示的 ATP 模式与列车的实际情况不一致时，可使用设置 ATP 模式功能加以纠正。

（10）运行结果处理。

① 打印所需的运营报告。

② 绘制所需的列车运行图。

③ 删除使用的时刻表。

（二）移动闭塞线路下控制中心 ATS 的在线控制功能与操作

近年来，国内新建轨道交通线路已将基于无线通信的列车运行控制系统（CBTC）作为首选技术，下面以国内某地铁线路为例，重点叙述移动闭塞线路控制中心 ATS 的在线控制功能与操作。

1. CBTC 的简介

系统的主要功能包括：有信号防护的双向运行、列车位置确定、列车速度确定、列车超速防护与间隔保证、倒溜防护、列车完整性监督、车门联锁控制、列车运行调整、紧急停车按钮状态控制、ATO 自动驾驶和自动折返等。

CBTC 系统由 ATS 子系统、区域控制器（ZC）、车载控制器（VOBC）和数据通信子系统（DCS）等组成。

ATS 子系统是一个非安全子系统，中央 ATS 设备位于控制中心，本地（车站）ATS 设备位于区域控制器所在的集中站。控制中心 ATS 的主要功能包括：列车时刻表编辑和执行；列车进路自动排列；线路、道岔、站台、屏蔽门等设备状态，以及列车运行轨迹的显示与监视；列车运行调整；调度员的人机界面，与轨旁与车载设备接口；信息发布；记录时间、采集数据和生成运营统计报告；重放系统运行记录等。

区域控制器（ZC）是安全子系统，设置在有联锁设备的车站，主要组件包括移动授权单元（MAU）和计算机联锁设备（PMI），按三取二冗余配置。区域控制器的功能包括：根据接收到的列车位置等信息，计算控制区域内每个列车的移动授权限制（LMA），并将 LMA 发送给列车上的车载控制器，控制列车运行与安全间隔，如图 5.1 所示；根据 ATS 的进路请求，控制道岔和信号机，排列进路；将列车移动限制范围内的道岔和信号机状态发送给列车；监督站台屏蔽门、站台紧急停车按钮等状态；提供计轴区段检测，为非通信列车预留进路等。

图 5.1　移动授权限制示意图

车载控制器（VOBC）是安全子系统，按三取二冗余配置。车载控制器可实现 ATP 和 ATO 的所有功能，如确定列车位置、根据 LMA 执行移动授权控制、车门控制与安全联锁、自动驾驶和自动折返等。其他车载设备还包括司机显示器（TOD）、无线设备和速度传感器等。司机显示器为列车司机提供人机接口，在 TOD 上显示列车当前速度、最大允许速度、以及列车运行模式等信息。

数据通信子系统（DCS）由光纤通信网、网络交换机、轨旁无线接入点和车载无线设备组成。与传统的 ATC 系统比较，无线通信是 CBTC 的特色。数据通信子系统实现 ATS 与 ZC、ATS 与 VOBC、ZC 与 VOBC、ZC 与 ZC 之间的信息传输。

2. 系统运行模式

（1）在线运行模式。

在线运行是指系统实时监控列车运行，移动闭塞线路在线控制模式有 CBTC 模式和后备模式两种。

（2）模拟运行模式。

模拟运行是指系统模拟在线控制运行，用于系统调试、演示和培训。

（3）运行复示模式。

运行复示是指系统真实地重放此前的系统运行记录，用于运营情况检查。

3. 在线控制功能

（1）时刻表管理。

该项控制功能仅供行车调度员使用。列车时刻表由时刻表编辑器离线生成，生成的时刻表存放在 ATS 服务器内。当运营服务需要使用这些时刻表时，将存放的时刻表传送到时刻表调整子系统（SRS）中，最多可以传送 24 个时刻表，位于 SRS 中的时刻表可以被删除。

行车调度员可以查看所有可用的时刻表，并选择待用的时刻表。ATS 的自动时刻表分配功能，可以是分配一天的时刻表，也可以是自动地为下一个星期分配一周的时刻表。在某一个时间里，仅有一个时刻表可以被激活；当一个时刻表还处于激活状态时，试图再分配时刻表会被系统拒绝。

在运营中，行车调度员可根据需要清除当前激活的时刻表，修改时刻表中所有班次的投入运营位置，或者在维持原有运行线的情况下给列车重新分配班次。行车调度员可以查看激活时刻表的相关信息，如班次号、车站（又称为站台）、所有车站的计划到达和发车时间、实际到达和发车时间等。此外，在激活状态下，详细的时刻表信息还可以用图形格式来显示。

在时刻表管理中，运行线定义为列车在线路各站间的重复运行模式；班次定义为列车将要完成的运营服务，包括相关的运行线和计划的车站发车时间。

（2）列车描述。

列车描述包括列车车次号的使用规定与 ATS 工作站列车标签描述。

列车车次号由 4 位数字与 2 位字母组成。前 4 位数字为列车识别符，其中第一、二位为线路识别符，表示所属运营线路，第三、四位按出库顺序依次编号，图定客运列车编号为 01 ~ 99；后 2 位字母为目的地代码，表示列车运行的目的地车站。在必要时，列车车次号可以重新设置。

ATS 工作站列车标签描述，对于无运行线、班次指派的列车或单一目的地进路且处于停车状态的列车，列车标签描述为 4 位数字，与 VOBC 标识号相同，VOBC 标识号是车载控制器报告的 VOBC 身份号码；对于已指派运行线的列车，列车标签描述为 4 位数字与 2 位字母，即 VOBC 标识号与目的地代码；对于已指派班次的列车，列车标签描述为 4 位数字与 2 位字母，即班次标识号与日的地代码。

（3）列车运行控制。

① 设置信号模式：系统可以在 CBTC 模式和后备模式两种信号模式下运行。CBTC 模式或后备模式的设置需先进行初始化，然后再进行确认。

在 CBTC 模式下，列车运行采用了移动闭塞原理。MAU 从 ATS 接收进路请求，计算移动授权限制，并将 LMA 发送给列车。如果列车进路上有一组道岔，MAU 向 PMI 发送联锁进路请求，在 PMI 报告该进路已被授权后，MAU 延伸 LMA 通过道岔区域，车载控制器建立列车在 LMA 内的停车点，列车在 ATO 或 ATPM（人工 ATP）模式下运行。

在后备模式下，MAU 不工作，ATS 向 PMI 发送进路请求，PMI 基于固定闭塞原理设置进路及开放信号。列车按照 PMI 建立的进路，在 WSP（地面信号防护）模式下运行。在因无线通信系统故障而采用后备信号模式时，控制中心 ATS 仍具有自动控制功能。

② 设置控制模式：控制模式有中央控制和车站控制两种模式。

根据车站值班员的请求，行车调度员可将车站控制区域的控制权限转移给车站值班员。当控制中心两个 ATS 服务器都故障，或因网络故障使本地 ATS 工作站、区域控制器与控制中心 ATS 服务器失去通信时，系统会自动转换为车站控制。车站控制时，系统处于运行监督状态。在紧急情况下，行车调度员可以不需要经过转权请求，直接收回控制权。

③ 设置自动控制：设置自动控制是指启动、取消或恢复系统对列车的自动控制。

系统对列车的自动控制包括自动分配运行线与班次、将列车投入运营、自动将列车退出运营以及自动调整列车运行等。行车调度员可以通过设置来使列车退出当前的班次，此时列车将不排进列车时刻表；行车调度员也可以通过设置来清除列车当前的运行线或班次分配，使列车进入闲置状态。

④ 设置进路控制：设置进路控制是指设置或取消列车进路。

运行线分配后，系统能根据运行线要求自动排列进路，但行车调度员也可以排列进路。

在 CBTC 模式下。对受控列车，由 MAU 为列车生成移动授权限制（LMA）进路；对非受控列车，由 MAU 为列车生成人工列车授权（AMT）进路。行车调度员可以人工排列一条从列车当前位置到站台或信号机的进路。行车调度员也可以人工取消列车进路，但这会触发 ATO 或 ATPM 模式列车紧急制动，而 WSP 或 RM 模式（限制人工驾驶模式）列车则在下一架红灯信号机处停车。

在后备模式下，行车调度员可以为列车人工排列进路，当列车通过进路后，进路自动解锁。行车调度员还能使用进路禁止设置功能，在进路区段已有列车占用时，也可对该进路进行禁止设置，但不会对该列车生效，而是在该列车出清进路区段后，对后续列车生效。

⑤ 设置折返模式：不同的折返模式与不同的折返进路对应。在折返站有数条折返进路时，需要确定优先采用的列车折返模式。

正常情况下，根据设置的优先采用折返模式，由系统自动排列折返进路；特殊情况下，可由控制中心或车站人工排列折返进路。

（4）列车运行调整。

主要是自动调整和人工调整两种模式。列车运行调整措施包括：

① 调整运行偏差：使用系统的分析数据日志功能，可以显示特定时间内列车在每个车站的发车时间及偏差。偏差是指列车实际和计划发车时间的差值，以及显示特定时间内某一车站的实际和计划运行间隔。

行车调度员可以通过调整列车停站时间、重新分配运行线或班次等措施来调整列车运行偏差。在调整列车停站时间时，最小停站时间不得低于 20 s；对终点站或客流较大站，停站时间应控制在 30 s 以上。

② 设置运行等级：调度员通过设置列车运行等级来调整列车运行速度。系统有五种列车运行等级：

a. 加速：运行速度最高、运行时分最短、能耗最大。

b. 正常：运行速度、运行时分和能耗介于“加速”和“中速 1”之间。

c. 中速 1：运行速度、运行时分和能耗介于“正常”和“中速 2”之间。

d. 中速 2：运行速度、运行时分和能耗介于“中速 1”和“节能”之间。

e. 节能：运行速度最低、运行时分最长、能耗最小。

③ 调整运行间隔：通过调整列车停站时间和列车运行等级，可使部分或全部列车实现运行间隔调整。

④ 设置列车跳停：设置或取消列车在某个站不停车通过。

行车调度员可以选择列车和站台，使指定的列车在指定的车站跳停一次；也可以选择运行线和站台，使所有分配该运行线的列车均跳停指定的车站，直到跳停命令被取消。列车跳停设置，应在跳停车站的前一站列车发车前进行。

⑤ 设置扣车：扣车是指将列车扣在车站站台，通过行车调度员操作进行。

行车调度员在进行系统扣车时，如列车在区间运行，则自动扣车在下一个到达站台；如列车在车站上尚未发车，则扣车在当前的站台。

行车调度员还可以设置或取消列车扣车在一个或多个车站站台。到达选定车站的所有列车一律都进入扣车状态，直到扣车命令被取消或使用发车命令让列车发车。

⑥ 选择会车模式：会车模式是指定义列车通过线路交汇点的顺序。

在线路交汇点，行车调度员可以选择会车模式，由 ATS 系统根据班次分配来执行交汇管理。系统有五种会车模式：

a. 自动：优先权按超过重大延迟时间由多到少分配给列车。

b. 先到先通过：列车按计划到达的先后顺序通过交汇点。

c. 晚点列车优先：列车按晚点时间由多到少的顺序通过交汇点。

d. 路径：按“选择路径优先”原则，优先权分配给沿着选择路径运行的列车。

e. 无：ATS 系统不进行交汇管理。

4. 系统日常操作

（1）行车调度员输入用户名和密码，登录工作站，进入系统。

（2）激活一台 SRS 服务器。

（3）设置控制模式。

（4）分配时刻表。

（5）分配时刻表后，系统自动生成一个进入/退出列表，显示内容包括：班次号、列车 ID、班次的部署点（列车自动投入运营位置）、部署点发车时间、终点站、退出车站、退出站到达时间、接收点和到达接收点时间。如果需要，行车调度员可以修改投入运行参数。

（6）调度列车由车厂进入正线：司机以 RM 模式驾驶列车从车库运行至转换区，在时刻表激活时，系统自动给停在转换区的列车分配运行线和班次，司机根据 TOD 显示，转换列车驾驶模式至受控模式（ATO/ATPM），然后列车从转换区运行到部署点。当时刻表上的列车发车时间已到，并且列车已位于部署点，ATS 系统会自动发送列车投入正线运营。行车调度员应从远程工作站上监控车厂，确保列车按图定时间到达部署点，如果列车到达部署点的时间晚于时刻表上的列车发车时间，那么列车将会被分配到与到达时间最近的班次。

（7）监控列车运行。

（8）在必要时，行车调度员采取列车运行调整措施。

（9）在故障时，行车调度员进行故障管理。故障管理包括：故障报警与识别、系统自动反应、采取措施减少运营中断时间和恢复正常运营等。

（三）列车正线运行

1. 列车运行的条件

每日运营前，行车调度员应检查运营前准备工作，列车运行的必要条件如下：

（1）检修施工注销，线路空闲、无异物侵入限界。

（2）电客车数（包括投运及备用）符合当日运行计划要求，车辆及车载设备技术状态良好。

（3）信号系统、通信系统、牵引供电设备等技术状态良好。

（4）控制中心与集中站的工作站已登录，系统处于中央控制状态。

（5）建立和确认使用时刻表，并确认系统工作模式。

（6）道岔位置与信号显示正确，车站屏蔽门、供电、环控等设备功能正常。

（7）所有与运营有关的值班人员到岗，车站值班员、运转值班员等有关人员与行车调度员校对钟表时间，列车司机在出乘前与运转值班室校对钟表时间。

2. 列车进入区间

（1）固定闭塞线路。

列车占用区间的行车凭证为列车收到的速度码。因 ATP 故障而切除 ATP 或以 close-in（慢速前行）方式运行时，列车占用区间的行车凭证为调度命令。列车发车凭证为出站信号开放（发车表示器显示稳定白色灯光），如出站信号故障无显示，列车发车凭证为调度命令。列车司机发车前，应确认站务员发出的允许发车手信号。

（2）移动闭塞线路。

对于受控列车，列车占用区间的行车凭证为 TOD 显示的最大速度与目标距离，列车发车凭证为发车表示器的允许发车信号、TOD 显示的出发“YES”，如发车表示器故障，列车发车凭证为 TOD 显示倒计时为零、出发“YES”。对于非受控列车，列车占用区间的行车凭证为信号机显示的允许信号及速度码，列车发车凭证为发车表示器的允许发车信号，列车司机发车前，应确认站务员发出的允许发车手信号。

3. 列车区间运行

（1）固定闭塞线路。

采用 ATC 系统、基于固定闭塞的自动闭塞法行车，当 ATC 正常时，列车驾驶模式为 ATP 防护下的自动驾驶（ATC）或人工驾驶（ATPM），列车运行速度控制根据 ATP 限速与 ATS 速度执行，列车安全间隔由 ATP 自动实现。

（2）移动闭塞线路。

对于受控列车，采用 CBTC 系统、基于移动闭塞的自动闭塞法行车，列车驾驶模式为 ATO 或 ATPM，列车安全间隔由系统计算的移动授权限制（LMA）自动防护。对于非受控列车，采用降级运行信号系统，即基于固定闭塞的自动闭塞法行车，列车驾驶模式为 WSP，列车安全间隔由计轴区段、双红灯控制进行防护。

4. 列车到达车站

（1）固定闭塞线路。

列车以规定速度进站，参见表 5.1，如 ATP 限速低于规定速度，则按 ATP 限速执行。列车进站，司机要加强瞭望，遇有危及行车与人身安全的险情时，应立即采取紧急停车措施，确保行车与人身安全。车站不办理接车作业，不显示接车信号。在 ATS 正常时，车站不向行车调度员报列车到、发点。列车停站时间延长 30 s 以上时，车站要向行车调度员报告原因。若使用时刻表未规定或无调度命令，司机不得驾驶列车通过车站。

（2）移动闭塞线路。

列车进站速度由 VOBC 速度曲线控制。受控列车进站，以 ATO 驾驶模式运行的列车自动停站，以 ATPM 驾驶模式运行的列车由司机手动停站；非受控列车进站，司机驾驶列车手动停站。当非受控列车又是非通信列车时，屏蔽门或安全门与车门无法联动打开或关闭。移动闭塞线路中其余有关列车到达车站的行车组织管理办法基本上与固定闭塞线路相同。

表 5.1　某地铁线路列车进站速度规定

项　目	进站速度（km/h）		
	ATO 自动驾驶	ATP 防护人工驾驶	ATP 切除人工驾驶
列车进站中间站停车	57.5	50	50
列车进终点站停车	按设定速度	35	35
列车通过中间站	40	40	40

5. 列车折返作业

在车站有数条折返进路时，应规定优先采用的列车折返模式。列车折返进路由中央 ATS 自动排列或行车调度员人工排列。列车在进行折返作业前，应清客与关车门。列车进出折返线凭调车信号显示及收到速度码，以 ATO 或 ATPM/WSP 驾驶模式进入折返线，司机在折返线或折返停车位置进行驾驶端的转换操作。

（四）列车出入车厂

轨道交通列车出入车厂的走行线为双线。原则上，列车应经由出厂线和入厂线出入车厂，但在图定或行车调度员准许的情况下不受上述规定限制。

1. 固定闭塞线路

（1）列车由车厂进入正线车站。

列车凭出厂信号机显示的允许信号出厂，在出厂线无码区按慢速前行方式运行，在接近车站的防护信号机前一度停车标处停车。待设置好车次号及收到速度码后，凭防护信号机显示的允许信号，以 ATO 或人工 ATP 方式驾驶列车至车站停车牌处停车。

（2）列车由正线车站进入车厂。

列车凭防护信号机、发车表示器显示的允许信号及收到的速度码动车，经入厂线入厂。入厂列车在有码区按人工 ATP 方式运行，无码区按慢速前行方式运行；在进厂信号机前方停车，然后凭进厂信号机显示的允许信号进入车厂。

（3）列车出入车厂的若干规定。

有关车站与车厂信号楼的值班员应办理行车日志的填报，内容包括车次、开车点、到达点、反向运行时必须注明径路（出厂线或入厂线）及命令号。车站控制时，有关车站与车厂信号楼的值班员应向行车调度员报出入厂列车的车次、到开点。车厂运转值班员应将出厂列车的车号及时报行车调度员。

2. 移动闭塞线路

（1）列车由车厂进入正线车站。

信号楼办理车厂至转换轨区的出厂进路，列车以 RM 模式运行至防护信号机前方一度停车；司机切换手持机频率至正线，凭允许信号继续以 RM 模式运行至转换轨区；列车在转换轨区出口的防护信号机前方一度停车，司机根据 TOD 显示，列车驾驶模式转换至受控模式（ATO/ATPM）。ATS 系统自动为列车分配运行线及班次、排列进入正线的进路，TOD 显示“最大速度、目标距离”，司机驾驶列车由转换轨区进入正线车站。

如果列车驾驶模式无法转换至受控模式（因列车与 MAU 无法建立通信），司机在转换轨区出口的防护信号机前停车报行车调度员；行车调度员确认转换轨区出口防护信号机至车站的进路已经排列完毕，指令司机凭转换轨区出口防护信号机开放的信号显示，驾驶列车越过该信号机运行至车站站台后停车转换至 WSP 模式。

（2）列车由正线车站进入车厂。

在转换轨区空闲的前提下，系统自动办理由正线车站至转换轨区的入厂进路；如系统未自动排列，可由行车调度员人工排列。列车以 ATO/ATPM/WSP 模式运行至防护信号机前一度停车，驾驶模式转为 RM 模式，对讲机切换为车厂专用频率；司机凭进厂信号机显示的允许信号，以 RM 模式进入车厂。

（五）列车运行调整

由于设备故障、乘降拥挤、途中运缓或作业延误等原因，难免会出现列车运行晚点的情形。此时，行车调度员应根据列车运行的实际情况，按恢复正点和行车安全兼顾的原则，根据规定的列车等级进行运行调整，尽可能在最短时间内使晚点列车恢复正点运行。

列车的等级依次为：专运列车、客运列车、调试列车、空驶列车和其他列车。在抢险救灾情况下，优先放行救援列车。对同一等级的客运列车，可根据列车的接续车次和载客人数等情况进行运行调整。

下面重点叙述固定闭塞线路的列车运行调整。在采用 ATS 时，列车运行调整有自动调整和人工调整两种。根据 ATS 自动控制功能实现的程度，人工调整可设置几种模式。例如，在系统没有自动控制功能情况下进行人工调整称为全人工模式；在系统具有自动排列进路功能，以及具有对列车时刻表和车次号进行管理功能的情况下，进行人工调整称为人工调度模式等。

1. 自动列车运行调整

当 ATS 设置为自动调整模式时，系统根据使用时刻表对早、晚点时间在一定范围内的图定列车自动进行列车运行调整。

（1）运行调整的基本原理。

列车运行的自动调整通过改变列车停站时间和列车运行等级来实现。系统将 i 站的列车实际到达时间与图定到达时间进行比较，如果列车早点或晚点，首先调整早、晚点列车在该站的停站时间，列车停站时间的计算确定方法为：

$$t_{站,\ i}^{计算}=t_{发,\ i}^{图定}-t_{到,\ i}^{图定}-t_{i}^{早(晚)} \tag{5-1}$$

式中 $t_{站,\ i}^{计算}$——列车在 i 站的计算停站时间（s）；

$t_{发,\ i}^{图定}$——列车在 i 站的图定出发时间（s）；

$t_{到,\ i}^{图定}$——列车在 i 站的图定到达时间（s）；

$t_{i}^{早(晚)}$——列车在 i 站的早、晚点时间（s），该值早点时取负、晚点时取正。

系统规定了列车停站时间的最小值 $t_{站}^{最小}$ 和最大值 $t_{站}^{最大}$ 。如果 $t_{站}^{最小}\leqslant t_{站,\ i}^{计算}\leqslant t_{站}^{最大}$ ，实际列车停站时间取计算值；$t_{站,\ i}^{计算}\leqslant t_{站}^{最小}$ ，实际列车停站时间取最小值；$t_{站,\ i}^{计算}\geqslant t_{站}^{最大}$ ，实际列车停站时间取最大值。

在 $t_{站,\ i}^{计算}\leqslant t_{站}^{最大}$ 或 $t_{站,\ i}^{计算}\geqslant t_{站}^{最大}$ 的情况下，为恢复列车正点运行，需要进一步调整列车在 $i\sim i+1$ 区间的运行时间，计算确定办法如下：

$$t_{区}^{计算}=t_{到,\ i+1}^{图定}-t_{到,\ i}^{实际}-t_{站,\ i}^{实际} \tag{5-2}$$

式中 $t_{区}^{计算}$——列车在 $i\sim i+1$ 区间的计算运行时间（s）；

$t_{到,\ i+1}^{图定}$——列车在 $i+1$ 站的图定到达时间（s）；

$t_{到,\ i}^{实际}$——列车在 i 站的实际到达时间（s）；

$t_{站,\ i}^{实际}$——列车在 i 站的实际停站时间（s）。

系统规定了区间运行时间的最小值 $t_{区}^{最小}$ 和最大值 $t_{区}^{最大}$ 。如果 $t_{区}^{最小}\leqslant t_{区}^{计算}\leqslant t_{区}^{最大}$ ，实际区间运行时间取计算值；$t_{区}^{计算}\leqslant t_{区}^{最小}$ ，实际区间运行时间取最小值；$t_{区}^{计算}\geqslant t_{区}^{最大}$ ，实际区间运行时间取最大值。

如果调整区间运行时间后仍未能恢复列车正点运行，则要进一步调整前方车站的列车停站时间和前方区间的列车运行时间，直至列车早、晚点时间缩短到一定时间以内。

区间运行时间的调整实质上就是列车运行速度的调整，而列车运行等级的自动降低或升高可实现列车运行速度的自动控制。

（2）列车运行调整实例分析。

某地铁线路的 ATS 子系统针对列车运行偏离列车运行图的各种可能，设置了太早、很早、早点和太晚、很晚、晚点，以及最大、最小停站时间参数，参见表 5.2。

表 5.2　列车运行调整参数取值

参数	取值（s）	参数	取值（s）
太早	90	太晚	90
很早	60	很晚	60
早点	10	晚点	10
最大停站时间	60	最小停站时间	20

列车运行等级设置如下：

① 运行等级 1：ATS 限速等于 ATP 限速，列车在 ATS 限速±2 km/h 范围内调速。

② 运行等级 2：ATS 限速等于 ATP 限速，但列车经过惰行标志线圈后，如列车速度高于 30 km/h 时，应惰行进站停车；列车速度低于 30 km/h 时，可提速至 30 km/h 运行。

③ 运行等级 3：除 ATP 限速为 20 km/h 和 30 km/h 外，ATS 限速等于 ATP 限速的 75%。

④ 运行等级 4：ATS 限速等于 ATP 限速的 65%。

正常情况下，系统将列车运行等级设置为运行等级 2。

ATS 子系统计算列车实际到站时间与列车图定到站时间的差值，并将差值与表 5.2 中的参数值进行比较，根据比较结果确定列车运行调整方法。

① 在早于太早和晚于太晚时，系统不能进行自动列车运行调整。

② 在早点与晚点之间时，系统不进行列车运行调整。

③ 在早点与很早之间时，列车运行等级不变，调整列车停站时间，停站时间改为图定停站时间加上早点时间，但调整后的列车停站时间大于列车最大停站时间。

④ 在晚点与很晚之间时，列车运行等级不变，调整列车停站时间，停站时间改为图定停站时间减去晚点时间，但调整后的列车停站时间不小于列车最小停站时间。

⑤ 在很早与太早之间时，列车降低一个运行等级，并调整列车停站时间。

⑥ 在很晚与太晚之间时，列车升高一个运行等级，并调整列车停站时间。

2. 人工列车运行调整

在列车早点早于太早、晚点晚于太晚时，由行车调度员进行人工列车运行调整。行车调度员可在自动调整模式下进行人工列车运行调整，此时，人工调整优先于自动调整，但人工调整时设定的列车停站时间和列车运行等级仅对经过指定车站的指定列车一次有效。当该次列车经过指定车站后，系统将自动恢复对经过该站的后续列车进行自动列车运行调整。

在列车运行秩序较紊乱时，应退出自动调整模式，进行人工列车运行调整。待列车运行基本恢复正常后，再使用自动调整模式。

在自动调整模式下，人工列车运行调整的措施有：

（1）设置列车停站时间。

（2）设置列车运行等级：行车调度员可将初始设定的运行等级 2 改设为其他运行等级。列车运行等级的设置可由行车调度员在工作站上进行，也可由行车调度员命令司机在当次列车上进行。行车调度员的设置只对指定列车一次有效。

（3）设置列车跳停：列车跳停是指图定停站列车在车站上不停车通过。列车跳停设置可由行车调度员在工作站上进行，也可由行车调度员指令司机在当次列车上进行，前者称为中央设置，后者称为列车设置。列车跳停设置仅对 ATO 自动驾驶的列车有效。

中央设置在列车由前一车站发车前设置才有效。中央设置可对若干个车站同时设置跳停，但对允许设置跳停的车站有所限制。中央设置不能设置一个列车在两个车站连续跳停。

列车设置根据调度命令进行，在列车到达跳停站以前设置有效。列车设置对允许设置跳停的车站没有限制，列车设置具有连续设置跳停功能，但每次设置跳停只对下一站有效。

为保证一定的服务水平和行车安全，规定：

① 一般情况下不办理列车跳停通过。

② 广播故障的列车不办理列车跳停通过。

③ 图定首、末班列车不办理列车跳停通过。

④ 特殊情形外，客流较大车站不准列车跳停通过。

⑤ 一个车站不允许连续两个列车跳停通过。

⑥ 一列车不允许连续跳停通过两个车站。

⑦ 列车通过车站的速度按《行车组织规则》的规定掌握。

（4）实施扣车：实施扣车是指使发车表示器不显示、列车不能发车。实施扣车后，如要终止列车停站，行车调度员应进行催发车。

行车调度员实施扣车应在列车到达指定站台停稳，并在发车表示器闪光前完成。如遇列车运行秩序紊乱，需要对多个列车分别在各站进行扣车时，行车调度员应及时命令司机在指定车站扣车，扣车时间一般应控制在 10 min 内。

在人工调整模式下，除采用上述列车跳停、扣车等运行调整措施外，其他人工列车运行调整的措施还有：

① 调整列车在始发站的出发时刻。

② 组织列车加速运行。采用此措施应充分考虑车辆技术状态、司机驾驶水平和线路允许速度，确保行车安全。

③ 组织乘客快速乘降，压缩列车停站时间。

④ 延长列车停站时间。

⑤ 变更列车运行交路，组织列车在具备条件的中间站折返。

⑥ 组织列车反方向运行。在环形线路上，如果列车密度较大方向的运行秩序紊乱，为恢复正点运行，可利用有道岔车站的渡线将列车转到列车密度较小的线路上反方向运行。此外，如果某方向线路由于设备故障或发生事故使正线行车中断时，为恢复列车运行，可利用有道岔车站的渡线将列车转到可正常行车的线路上反方向运行。组织列车反方向运行时，行车调度员应注意确保行车安全。

⑦ 停运部分列车。为尽快恢复正常运行秩序，行车调度员可根据实际情况抽调部分列车下线。

二、调度集中时的列车运行组织

在实行调度集中控制时，正常情况下由行车调度员人工排列列车进路、指挥列车运行，以及进行人工列车运行调整。

行车调度员通过进路控制终端键盘输入各种控制命令，控制管辖线路上的信号机、道岔和列车进路；通过显示盘掌握车站信号机显示状态和道岔开通位置、区间和站内线路的占用情况以及线路上列车运行和分布情况。进行人工列车运行调整采用的调整措施参见行车指挥自动化时的相关内容。

在调度集中、自动闭塞行车时，列车占用区间的行车凭证为出站信号机显示的允许信号。如出站信号机故障，行车凭证为行车调度员下达的调度命令。追踪列车的安全间隔由自动闭塞设备实现。

三、调度监督时的列车运行组织

在实行调度监督控制时，调度监督设备只起监督作用，不具有行车调度员直接控制功能。基本闭塞法通常采用双区间闭塞，即列车间隔按两个区间内只准有一列车占用进行控制。行车调度员通过显示盘监督出站信号开闭、区间占用情况和列车运行状态，组织指挥列车运行，并按规定收记列车到、发点和绘制实际列车运行图。

在调度监督双区间闭塞行车时，列车占用区间的行车凭证为出站信号机显示的允许信号，凭站务人员的手信号发车。若出站信号机故障，行车凭证为行车调度员下达的调度命令。连发列车的安全间隔由双区间闭塞设备实现。

在列车晚点或列车运行秩序紊乱时，行车调度员应及时进行列车运行调整，尽快恢复按图行车，可采用的列车运行调整措施与调度集中控制时相同，但应强调，在调度监督控制时，对采取列车跳停、反方向运行等运行调整措施有更严格的控制。

在调度指挥过程中，如发现车站值班员或列车司机有违章作业情况，行车调度员应及时下令纠正，确保行车安全。

第三节　非正常情况下的列车运行组织

非正常情况是指列车运行控制设备等出现故障时，需采用代用闭塞法或车站控制的情形。轨道交通采用的代用闭塞法主要是电话闭塞法。

一、固定闭塞线路 ATC 系统故障时行车

（一）控制中心 ATS 设备故障

控制中心 ATS 自动功能故障时，由行车调度员人工排列进路和进行列车运行调整，以及通知折返列车司机输入新的车次号。控制中心 ATS 显示功能故障时，控制权下放给集中站，由车站值班员在联锁工作站上排列进路。

（二）车站联锁设备故障

集中站联锁设备故障时，行车调度员下达按电话闭塞法行车的调度命令，控制权下放给集中站。控制中心和车站共同确认按电话闭塞法行车的第一趟列车运行前方区间和车站空闲，车站显示手信号接发列车，列车在故障区间以限速人工驾驶方式运行。

（三）ATP 设备故障

1. 车载设备故障

车载 ATP 设备故障时，司机应向行车调度员报告，凭调度命令切除车载 ATP，以限速人工驾驶方式（限速 20 km/h）运行至前方站，在站清客后以双区间间隔及人工驾驶方式运行至就近存车线或车厂存放。

2. 轨旁设备故障

小范围轨旁设备故障时，由行车调度员确认故障区间空闲后，向司机发布调度命令，列车不切除车载 ATP，但在故障区间以限速人工驾驶方式运行，并且在故障区间只准一列车占用。

大范围轨旁设备故障时，由行车调度员发布调度命令，停止使用基本闭塞法，按电话闭塞法组织行车。列车占用区间的行车凭证为路票，车站显示手信号接发列车。

（四）ATO 设备故障

ATO 设备故障时，列车改为 ATP 防护下的人工驾驶，列车在区间按 ATP 速度码运行，通过车站时限速 45 km/h，进入尽头式车站时限速 30 km/h。

二、移动闭塞线路 CBTC 系统故障时行车

下面以国内某地铁线路为例，重点叙述移动闭塞线路 CBTC 系统故障时的行车组织。

（一）ATS 设备故障

控制中心 ATS 设备故障

（1）ATS 工作站故障：系统配置了多个工作站，单个工作站的故障不会影响系统工作，行车调度员所有的监控操作均可由其他工作站完成。

（2）ATS 服务器/SD 故障：ATS 服务器的配置为一主一备，在主用服务器故障时，系统在 10 s 内自动切换到备用服务器进行运营服务；SD（Security Device）是 ATS 系统中起防火墙作用的安全单元。

在两个 ATS 服务器均无法使用时（故障或通信故障），系统在 10 s 内激活车站 ATS 服务器，自动降级为车站控制模式。此时，车站 ATS 服务器与车载控制器不通信，但车站 ATS 服务器、车载控制器继续与 MAU 通信，车站 ATS 服务器从 MAU 接收列车位置报告，列车仍以 ATO 驾驶模式运行。

车站控制时，车站值班员只监控本区域的列车运行。列车越过控制区域边界，受控列车不受影响，可正常运行。非受控的通信列车，发车区域值班员在本区域最后一个车站列车进路触发之前复位列车，人工排列列车到边界信号机的进路，司机确认地面信号机显示后动车至边界信号机前方停车，发车区域值班员排列列车到下一个车站的进路，司机确认地面信号后驾驶列车越过边界。如果运行线自动分配功能激活，列车运行至接车区域的第一个车站，车站 ATS 将自动给列车分配缺省的运行线。非受控的非通信列车在越过边界进入接车区域及给它们分配缺省运行线前，接车区域值班员应对列车进行占用关联。

ATS 服务器/SD 恢复正常后，由车站控制转换为中央控制，行车调度员激活时刻表，重新给全线列车分配班次。

2. 本地 SD 故障

在故障区域内运行的受控列车紧急制动，故障区域外受控列车的移动授权只能延伸到故障区域边界，而故障区域内的列车无法建立受控模式。

行车调度员应将故障区域外的列车扣停在进入故障区域边界前的最后一个车站，并通知故障区域集中站激活 ATS 服务器，实行车站控制。待故障区域内所有列车停车后，车站值班员将故障区域转为后备模式，行车调度员与司机、车站值班员共同确认故障区域内列车位置，车站值班员对故障区域内所有列车进行占用关联，并办理故障区域内的列车进路，列车在故障区域内凭 TOD 显示的最大速度及地面信号机显示的允许信号以 WSP 模式运行。

列车从非故障区域进入故障区域：受控列车运行至区域边界后停车，司机凭调度命令确认地面信号后以 RM 模式动车，WSP 模式可用后，停车转换至 WSP 模式运行；非受控列车确认地面信号后，凭 TOD 显示的最大速度运行。车站值班员对进入故障区域的列车进行占用关联；列车到达故障区域车站后被自动分配缺省的运行线，车站值班员可根据运营需要对缺省运行线进行修改。

列车从故障区域进入非故障区域：列车运行至边界停车后，接车区域为列车排列越过边界的进路，列车凭地面信号机显示的允许信号越过边界；对非通信列车，在进入非故障区域后应停车，车站值班员对该列车进行占用关联，为列车分配运行线与班次。

本地 SD 恢复正常后，原故障区域转为 CBTC 模式。为转换模式时，原故障区域的列车应停车；转为 CBTC 模式后，原故障区域的列车重新建立受控模式。

（二）轨旁设备故障

1. PMI 故障

PMI 故障分为 PMI-MEI（电子联锁模块）故障和 PMI-SCOM（通信模块）故障两类。

PMI 故障时，故障区域现场信号机显示红灯，道岔处于非锁闭状态，受控列车紧急制动，非受控列车在红灯信号前停车。

PMI-MEI 故障时，由行车调度员、司机和车站值班员共同确认故障区域内列车位置；故障区域实行车站控制，按电话闭塞法行车，手信号接发列车；按电话闭塞法行车前，取消故障区域内的所有列车进路；终点站、接轨站的道岔手动转换；在列车继续运行前，必须确保中间站道岔钩锁在正确位置。

PMI 恢复正常后，默认备用模式，需人工转为 CBTC 模式。转换模式时，列车应停车；转为 CBTC 模式后，行车调度员安排列车以 RM 模式清扫 NCO（非通信障碍物），待受控模式可用且得到行车调度员同意后，停车转换至受控模式，行车调度员还应打开原故障区域的所有站台轨道。

2. MAU 故障

MAU 故障时，故障区域列车进路消失，现场信号机显示红灯，受控列车紧急制动，非受控列车在红灯信号前停车，故障区域外受控列车的移动授权只能延伸到故障区域边界，而故障区域内的列车无法建立受控模式。

MAU 故障时，有条件时先进行 MAU 重启；若无条件重启或重启不成功，则将故障区域转为后备模式，在转为后备模式前，行车调度员应确保相邻区域的列车不会进入故障区域，并且故障区域内的列车已经停车。

在故障区域内的列车，司机凭调度命令确认地面信号后以 RM 模式动车，WSP 模式可用后，停车转换至 WSP 模式运行。列车从非故障区域进入故障区域，受控列车运行至区域边界后停车，司机凭调度命令确认地面信号后以 RM 模式动车越过边界，建立 WSP 模式；非受控列车确认地面信号后，凭 TOD 显示的最大速度运行越过边界。列车从故障区域进入非故障区域，待受控模式可用后，根据调度命令转换成受控模式。

MAU 恢复正常后，行车调度员应令故障区域内列车在就近车站停车并打开全部关闭的轨道，将原故障区域从后备模式转为 CBTC 模式，安排列车对 NCO 进行清扫，重新建立受控模式，为故障区域内的列车分配运行线和班次。

3. 计轴区段故障（计轴受扰）

计轴故障时将产生错误的计轴占用状态，线路相应区段会显示橙色或紫色光带。例如：当计轴结果为出的轮轴数大于进的轮轴数时，线路相应区段显示橙色光带。

在 CBTC 模式下，未清扫的 NCO 是一个报告占用状态、计轴受扰及可能存在列车占用的计轴区段。未清扫的 NCO 对列车是一个障碍物，LMA 和 AMT 不能延伸通过未清扫的 NCO。清扫的 NCO 是一个报告占用状态但 MAU 确认为空闲的计轴区段，LMA 和 AMT 可以延伸通过清扫的 NCO。

在非道岔区段有未清扫的 NCO 时，进入预复位状态，通信列车在相邻区段外方停车，非通信列车在相邻区段红灯信号机前停车。行车调度员人工排列越过未清扫 NCO 的列车进路，司机凭调度命令转换至 RM 模式越过前方信号机，从而对计轴受扰区段进行清扫，清扫完成后，凭调度命令停车重新建立受控模式（通信列车）或 WSP 模式（非通信列车）。

在道岔区段有未清扫的 NCO 时，进入预复位状态，通信列车在相邻区段外方停车，非通信列车在相邻区段红灯信号机前停车。如道岔不需要转动，行车调度员人工排列越过未清扫 NCO 的列车进路，司机凭引导信号越过故障区段进行清扫；如道岔需要转动，车站进行手摇道岔作业，司机凭调度命令转换至 RM 模式，确认手信号及道岔位置后越过故障区段进行清扫。

列车通过故障计轴区段，如果进入的轮轴数与离开的轮轴数相等，则计轴受扰状态清除。

（三）车载设备故障

1. 车载控制器故障

车载控制器故障包括失去定位信息和完全故障两类。

在失去定位信息时，VOBC 与 MAU 终止通信，但与 ATS 保持通信，ATO、ATPM 和 WSP 模式运行的列车将紧急制动，系统将列车转换为非通信列车，根据计轴区段的占用状态来组织列车运行。当列车已有一条进路，并且 LMA 的保留时间已终止时，MAU 自动将 LMA 转为 AMT。行车调度员应与司机确认列车进路，并授权列车以 RM 模式运行。当 TOD 显示 ATO/ATPM 模式可用时，司机停车切换到受控模式，MAU 根据前一个 ATS 进路请求自动将 AMT 转为 LMA，如果失去定位信息故障不能消除，列车应退出运营。

完全故障时，列车将紧急制动，列车停车后重启 VOBC。如果 VOBC 重启成功，列车以 RM 模式运行，重新建立定位和轮径校准，然后转换到受控模式；如果 VOBC 重启失败，列车应以切除 ATP 方式运行至指定地点退出运营。

2. TOD 黑屏

TOD 黑屏时，司机应向行车调度员报告，除 ATO 运行列车外，其余列车均应切除 ATP，按调度命令和地面信号显示，限速 60 km/h 运行；切除 ATP 列车与前行列车至少保持一站一区间的安全间隔，TOD 黑屏的列车原则上运行至终点站应退出运营。

（四）无线通信系统故障

当无线通信系统（CBTC 系统）故障情况时，为了使线路能继续安全运营，移动闭塞线路大多采用降级运行信号系统，即后备模式。降级运行信号系统的组成包括：计轴固定闭塞、车站微机联锁、地面信号机与传感器（有源信标）等。

降级运行信号系统的列车运行控制原理：基于计轴器（见图 5.2）的列车占用检测，信号机显示激活传感器，传感器向列车传送相关信息，列车以 WSP 模式运行，基于计轴区段及“双红灯”防护的列车间隔控制，PMI 完成列车进路联锁控制，车载控制器完成速度控制、超速防护、“闯红灯”防护和列车倒溜防护。控制中心 ATS 按时刻表自动排列进路，但也支持人工排列进路；车站控制时，由人工排列进路。

图 5.2　计轴器

行车调度员在将系统转为后备模式前，应确保相关区域内的所有列车停车，系统转为后备模式需时 3 min。

在后备模式下，MAU 不工作，ATS 向 PMI 发送进路请求（见图 5.3），PMI 基于固定闭塞原理设置进路及开放信号，列车按照 PMI 建立的进路，在 WSP 模式下运行。

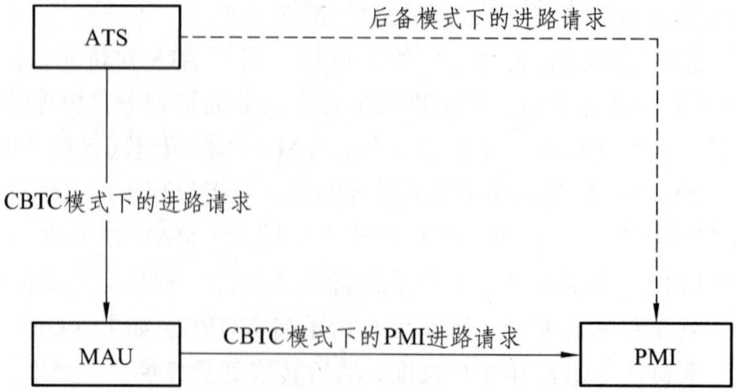

图 5.3　后备模式下的进路请求

控制中心 ATS 自动排列或行车调度员人工排列的自动解锁进路，在列车通过该进路后自动解锁，而行车调度员人工排列的非自动解锁进路，在列车通过该进路后需要人工解锁。如果列车进路内有一个受扰的计轴区段，行车调度员需要排列一条人工解锁进路使列车通过受扰区段，防护信号机显示引导信号。

三、电话闭塞法行车

当停用基本闭塞设备、车站联锁设备故障及列车反方向运行（反方向运行区段有 ATP 速度码除外）时，均应停止使用基本闭塞法，改用电话闭塞法行车。

电话闭塞法是在没有机械、电气设备控制的条件下，仅凭站间行车电话联系来保证列车空间间隔的一种临时代用的行车闭塞法。改用电话闭塞法或恢复基本闭塞法行车，均应有行车调度员发布的调度命令。电话闭塞法行车时，列车占用区间的行车凭证为路票（见图 5.4），凭手信号发车。

路　票　　　　NO：

调度命令第______号

电话记录第______号

准许______次列车自______至______站

× × 站　　　　车站值班员

行车专用章　　　　____年____月

图 5.4　路票

在改用电话闭塞法行车时，行车调度员应及时调整使用时刻表，车站值班员根据调整后的使用时刻表，严格按照规定的作业程序与要求办理闭塞、准备进路、显示信号和接发列车。

路票在确认闭塞区间空闲并取得接车车站承认闭塞后方可填发，为了确保行车安全，原则上路票应由车站值班员亲自填写。

路票填写应内容齐全、字迹清楚、涂改无效。对无效路票应注销，重新填写。车站值班员应将填写的路票与电话记录号码进行核对，确认无误并签名后方可交给司机。

电话记录号码每站一组，按日循环使用。相邻站不使用相同的号码，每个号码在一次循环内只使用一次，号码一经发出，无论生效与否均不得重复使用。

四、特殊情况下列车运行

（一）列车反方向运行

正常情况下，列车按正方向运行，但在特殊情况下，可组织列车反方向运行。列车反方向运行时应按规定程序进行审批，以调度命令下达执行，行车调度员应对反方向运行列车重点监控，确保行车安全。

在固定闭塞线路，如反方向运行区段有 ATP 速度码，列车以 ATP 防护下的人工驾驶方式运行，行车凭证为列车收到的 ATP 速度码，发车凭证为调度命令；如反方向运行区段无 ATP 速度码时，列车以双区间间隔、人工驾驶方式运行，行车凭证为调度命令，列车的区间运行限速为 60 km/h 及进入车站限速为 30 km/h。在反方向运行区段无闭塞设备控制时，控制权应放下，改用电话闭塞法行车，列车应按规定限速运行，此时列车占用区间的行车凭证为路票。

在移动闭塞线路，对于受控列车，行车调度员可视运营调整需要酌情使用列车反方向运行功能，但应该加强监控；对于非受控列车，原则上不允许列车反方向运行，特殊情况下需要非受控列车反方向运行，列车切除 ATP，并按规定限速运行，改用电话闭塞法行车，列车发车间隔应符合“两站两区间”空闲的要求。

（二）列车退行

列车因故需要退行时，司机应立即向行车调度员报告，行车调度员在确认进入相邻区间的后方列车已停车且车站已广播通告乘客注意安全的情况下，下达准许列车退行的调度命令。列车以规定速度退行，退行时在进站位置处应一度停车，由接车人员显示手信号引导列车进站，站务人员负责列车退行的安全防护，退行的列车进站后，司机应立即向行车调度员报告。

在实行电话闭塞法行车时，列车出发后退回发车站，由发车站给出电话记录号码作为与邻站取消闭塞的依据。

（三）救援列车开行

在接到司机的救援请求后，如果确定由在线列车担当救援列车，行车调度员应尽可能根据正向救援的原则指派救援列车，并及时向担当救援任务的列车司机下达调度命令。

在线列车担当救援任务时，原则上应先清客，清客后担当救援列车。如列车在区间，救援列车与故障列车连挂后，运行至就近车站清客。有关车站应根据救援命令，适时进行扣车及准备列车进路，并做好客运组织工作。

向封锁区间开行救援列车，不办理行车闭塞手续，以调度命令作为进入封锁区间的凭证，并以显示的手信号发车。救援列车接近故障列车时应一度停车，然后与故障列车安全连挂。在连挂前，救援列车与故障列车均切除 ATP，在进行连挂作业时，调车指挥人为救援列车司机，连挂速度不得超过规定值。

救援列车牵引运行与推进运行均采用人工驾驶方式。牵引运行时，前方进路由救援列车司机负责瞭望和确认，区间按规定速度运行；推进运行时，前方进路由故障列车司机负责瞭望和确认，区间按规定速度运行。

五、检修施工时列车运行

除必须中断列车运行的设备抢修和必须利用列车间隔来排除设备故障外，轨道交通的检修施工作业原则上安排在非运营时间进行。在确认进行夜间检修施工时，行车调度员既要根据检修施工计划的安排来保证检修施工作业的顺利完成，还要确保次日的正常运营。

为减少施工列车占用正线，在需要开行施工列车时，各部门应周密计划，尽量合并装运及压缩开行列次，行车调度员在满足检修施工作业的前提下，应尽量缩小线路封锁或线路封闭的范围。

开行施工列车时，按批准的运行进路和运行方式开行。施工列车推进运行时应在列车前部设专人引导，到达检修施工地段后，应在防护人员显示的停车手信号前停车，然后再按调车作业办理进入指定地点。

为简化作业手续，提高作业效率，当封锁区间内只有一个施工列车，但该列车需多次往返运行时，可采用封闭区间运行的办法。采用该办法，除应有调度命令准许外，还必须做到封闭区间内无其他检修施工作业、封闭区间内所有道岔均开通于施工列车运行方向、施工列车不准越出封闭区间以及施工列车按调度命令指定时间离开封闭区间。

在施工列车作业区域，原则上不安排其他检修施工作业。同一线路上，有两列及以上施工列车进行作业时，施工列车安全间隔为至少两站一区间，施工列车作业区域与无须动车作业区域的安全防护间隔至少为一站一区间，施工列车作业区域与需接触网停电作业区域的安全防护间隔至少为一个供电区段。

在检修施工中发生设备损坏、人员伤亡或不能按时完成检修施工作业时，行车调度员应立即报告主任调度员，并采取有效措施确保次日的正常运营。检修施工结束后，行车调度员根据车站值班员的报告，在确认运营设备试验完好、检修施工人员和机具撤离后，下达调度命令同意注销检修施工。

第四节　基于全自动运行系统的列车运行组织

采用全自动运行系统后，由于控制中心调度员直接面向列车运行控制，因此，在运营组织架构、指挥模式以及列车运行等方面均与传统的运营组织有较大的区别。

一、运营组织架构

（1）采用全自动运行系统后，跨专业的设备联系将更加紧密，各设备系统均在自动监控（或信号）系统的指挥下高效运行，各类信息全部集中上传至控制中心，需要设置一个强大的控制中心对全线设备进行监控，以满足生产的需要。

（2）因各设备系统的接口划分较为困难，为避免出现多个设备管理部门沟通不畅导致故障处理延误的情况，运营单位需对设备管理部门进行重新整合。

（3）为及时应对行车设备的突发情况，设备管理部门需在车站设置多专业检修巡逻队伍，并接受 OCC 的直接指挥。

以上海地铁 10 号线为例，从 2014 年 8 月采用全自动运行系统至今，组织架构几经调整，现采用的生产管理架构如图 5.5 所示。（注：图中虚框部分为车站巡检人员，直接接受 OCC 的指挥）。

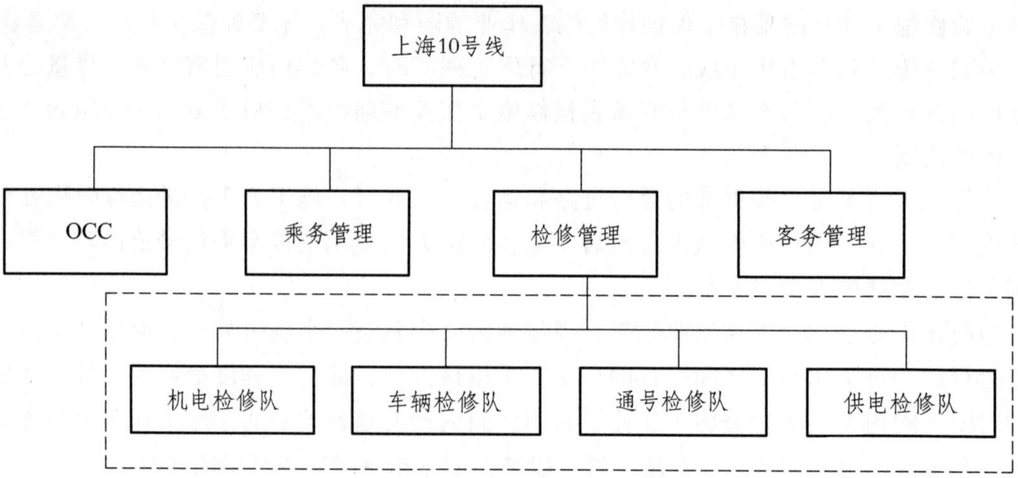

图 5.5　上海地铁 10 号线生产管理架构

二、指挥模式

与传统运行系统相比，全自动运行系统的指挥模式主要有以下特点：

（1）因信号、车辆等设备高度集成，所有主要行车设备均在 OCC 实现远程监控，因此，OCC 调度员的工作量及技能要求大幅提升。

（2）OCC 调度员从与各生产调度协调处理故障转变为直接指挥机电、工建、供电及车辆人员组成的多职能检修队伍。

（3）鉴于全自动运行系统控制中心的重要性，为避免在主用控制中心瘫痪的情况下中断运营，一般需增设与主用控制中心功能相同的备用控制中心。

（4）OCC 调度员从面向列车司机转变为直接面向乘客，调度员可以通过视频及语音通信设备处理列车乘客事务。

（5）OCC 调度员从指挥司机转变为直接处理列车故障以及控制列车运行。

（6）调度员管理的设备将大幅增加，且须有专人直接处理乘客事务，因此调度员分工更加细化，需在 OCC 增设乘客调度和车辆调度。

三、OCC 岗位设置及职责

全自动运行系统除了设置基本的主任调度员、行车调度员、环控调度员、电力调度员外，特别增设了乘客调度员和车辆调度员。全自动化运行系统 OCC 与传统运行系统 OCC 在岗位设置上的区别见表 5.3。

表 5.3　全自动化运行系统与传统运行系统 OCC 岗位设置比较

岗位	传统运行系统 OCC	全自动运行系统 OCC	实现全自动运行后增加的岗位职责
主任调度员	设置	设置	无
行车调度员	设置	设置	列车内部的通话
			指挥多职能队伍
电力调度员	设置	设置	无

续表

岗位	传统运行系统 OCC	全自动运行系统 OCC	实现全自动运行后增加的岗位职责
环控调度员	设置	设置	无
乘客调度员	无	增设	列车内部的监控及通话
			客运调度和车站监控
			车站设备的监控和管理
			指挥多职能队伍
车辆调度员	无	增设	车辆系统的监控和管理
			车辆故障远程处理
			车辆系统的协调及信息汇总
			指挥多职能队伍

四、列车运行

（一）运营前准备

运营开始前规定时间，由行车调度员负责装载当日运行图，主任调度员负责检查确认。

行车调度员检查并确认所有施工均已核销点后，通知全线车站进行运营前检查，如有施工延误较多，可分区域进行运营前检查。

车厂值班员根据车辆检修人提供的当日列车运行、检修用车情况，结合当日计划运行图、车厂内列车实际股道占用情况，编制列车出入库计划并在运营前规定时间上传 ATS 系统。

车站人员对车站内所有设备进行运营前测试并开启，测试设备包括 BAS、FAS、AFC（自动售检票系统）、电梯、屏蔽门、照明等。

（二）早间上电

在列车出库前一定时间，系统对调度员进行上电提示。行车调度员与车厂值班员确认所有现场人员已经销点，并通过 CCTV 辅助查看停车列检库内情况，确认可以送电后，进行上电提示确认。系统将行车调度员的确认信息发送至电力调度员工作站，电力调度员确认上电范围后，远程进行高压送电。

正线及车厂的非自动化区域按照现有操作规程，由行车调度员确定夜间施工已全部销点，具备上电条件后，通知至电力调度员送电。

（三）唤　醒

列车在投入运营前，由系统远程自动唤醒，或由车辆调度员人工远程唤醒，或由人工本地操作唤醒。

列车唤醒后自动完成上电自检、列车静态测试和动态测试。若列车自检失败、静态测试失败或动态测试失败，则认为列车唤醒失败，系统主动向中心发送唤醒失败告警信息。此时，中心可远程操作或本地人工操作，向列车下达休眠指令，列车休眠后，中心可再次尝试人工远程唤醒。

（四）出　库

列车成功唤醒后，系统根据出库计划为列车设置目的地码并触发出库进路，动车条件满足后，列车自行动车。若计划列车唤醒失败，系统自动替换备车，按原计划出库。

（五）轧道车运行

控制中心根据列车运行计划远程唤醒首列车作为轧道车，唤醒成功后，司机通过登乘平台登乘列车，开钥匙转人工驾驶模式，在正式运营开始前，以人工驾驶模式驾驶列车出库进入正线运行，不停站不开门，运行一圈。

轧道车运行时，司机注意检查线路情况，如发现异常，及时停车并报行车调度员处理。轧道车人工驾驶运行一圈后，司机将列车手动升级为 FAM 模式，开始正线运营。

（六）进入正线服务

系统检测到列车从库内运行至转换轨，或存放在正线存车线上的列车唤醒成功后，自动根据计划运行图为该列车分配车次号，并自动向列车发送“正线服务”工况指令。

列车成功接收“正线服务”工况指令后，自动打开照明及空调，按照运营计划在正线投入服务。

（七）进站停车

全自动运行列车以 FAM 模式进站停车，如停在规定范围内，列车自动开关门并触发列车及站台广播，联动站台及车载 PIS 显示屏显示到站信息。

若列车以 FAM 模式进站欠标未超过规定距离，列车自动以向前跳跃的方式进行对标调整，并向中心报警；

若列车以 FAM 模式进站超过停车标 1 m，但未超过规定距离，列车自动以向后跳跃的方式进行对标调整，并向中心报警；

若列车以 FAM 模式进站超过停车标规定距离，列车紧急制动无法缓解，并向中心报警，系统不允许列车自行退行，需行车调度员安排司机上车处理；

若列车多次跳跃后未能对标停车，将紧急制动且无法缓解，需行车调度员安排司机上车退出全自动运行模式。

规定距离一般设置为 5 m。

（八）站台发车

全自动运行列车在站台停稳后开始倒计时，停站时间结束，系统检测发车条件满足后，列车自动从站台发车。全自动运行系统下，站台发车需检查以下 4 个条件：

（1）车门、屏蔽门关闭且锁闭。

（2）紧急停车按钮未按下。

（3）出站信号开放。

（4）区间 SPKS 开关设置为非防护位。

若在列车停站期间，中心进行扣车操作，列车车门和屏蔽门将保持或重新打开。扣车命令取消后，列车自动关闭车门和屏蔽门并发车。

（九）清　客

对于计划列车，在终点站、折返站或临时清客站台，在接到“清客”工况指令后，自动触发列车及站台清客广播，到站后打开车门不关闭。

车站值班员确认清客完毕后，按压站台头端设置的关门按钮关闭车门和屏蔽门，列车自动发车；或由控制中心乘客调度员通过查看视频监控系统，远程确认清客完毕后，车辆调度员发送远程关门指令，列车自动发车。

（十）折返换端

正常情况下，全自动运行列车运行至折返区域后，系统根据计划运行图自动为列车重新分配车次号并触发折返进路，列车自行换端。如有需要，行车调度员可手动为列车变更折返进路，不影响列车自行换端。

（十一）停止正线服务

在FAM模式下，系统检测到回厂列车从正线运行至转换轨，或停止正线运营列车进入存车线后，自动删除车次号或清除列车目的地码，并向列车下达“停止正线服务”工况指令。列车在成功接收指令后，自动关闭照明及空调。

（十二）回　库

系统根据回库计划自动或人工为停止正线服务的全自动运行列车设置目的地码，并触发回库进路，列车自行动车，入库时自动鸣笛。

（十三）洗　车

车厂值班员将洗车计划输入系统后，系统可根据洗车计划，自动触发至洗车库的进路，并提前一定时间，打开洗车库库门。车载信号系统控制列车以规定的恒速完成自动洗车。洗车完毕后，系统根据洗车计划自动触发回到指定列检库的进路，列车自行动车回库。

（十四）休　眠

全自动运行列车具备休眠条件后，可由系统远程，或由车辆调度员人工远程，或由司机本地按压车辆断电按钮，控制列车在休眠区完成休眠。若列车休眠不成功，对中心报警。

（十五）清　扫

可远程人工设置清扫时间。待列车回库停稳后，系统向车辆发送“清扫”工况指令，列车成功接收指令后，自动打开车厢内照明。清扫结束前一定时间，系统自动触发广播，提示清扫人员下车。

第五节　车站行车作业组织

一、行车作业基本要求

车站行车作业包括列车的接发作业、折返作业等。车站行车作业应按照列车运行图要求，不间断地接发列车与折返列车，为确保行车安全与乘客安全，对车站行车作业的基本要求如下：

（一）执行命令听从指挥

严格执行单一指挥制度，车站行车作业由车站值班员统一指挥。列车在车站时，列车司机应在车站值班员指挥下进行工作。车站值班员应认真执行行车调度员的命令和上级领导的指示。

（二）遵章守纪按图行车

认真执行行车规章制度，遵守各项劳动纪律。办理作业正确及时，严防错办和漏办，严禁违章作业。当班必须精神集中、服装整洁、佩戴标志，行车时须保证车站安全、不间断地按列车运行图接发列车。

（三）作业联系及时准确

联系各项行车事宜时，必须程序正确、用语规范、内容完整、简明清楚，严防误听、误解和臆测行事。

（四）接发列车目迎目送

接发列车严肃认真，姿势端正。认真做好看、听、闻，确保列车安全运行。

（五）行车表报填写齐全

行车表报包括各种行车凭证、行车日志和各种登记簿。行车凭证有路票、调度命令等，登记簿有《调度命令登记簿》《检修施工登记簿》 和《交接班登记簿》等，应按规定内容、格式认真填写各种行车报表，保持报表完整、整洁。

二、行车作业制度

为加强车站行车作业组织，必须建立和健全各项行车作业制度，做到行车作业制度化、程序化、标准化。车站行车作业的制度主要有车站值班员岗位责任制、交接班制度、检修施工登记制度、道岔擦拭制度、巡视检查制度和行车事故处理制度等。

（一）车站值班员岗位责任制

车站行车作业实行单一指挥制，车站值班员是车站行车作业的组织者和指挥者。根据行车作业的需要，车站还可设置助理车站值班员，但在采用 ATC 系统时一般不设。

车站值班员的岗位职责如下：执行行车调度员的命令和指示，统一指挥车站的行车作业；监视行车控制台的进路开通方向、道岔位置及信号显示；监视列车运行状态和乘客乘降情况；在实行车站控制时，按列车运行图及行车调度员下达的列车运行计划办理闭塞、排列进路、开闭信号、接发列车；填写行车凭证和其他各种行车报表；办理设备检修施工登记；组织交接班工作。

助理车站值班员的岗位职责是：接发列车、监视列车运行、交递调度命令及行车凭证、显示手信号发车、组织调车作业相关工作、进行站线巡视和协助乘客乘降组织。在不设助理车站值班员岗位时，上述职责由站台站务员等员工承担。

（二）交接班制度

车站值班员交班时，应将列车运行和设备状态、上级指示、命令及完成情况等填记在《交接班登记簿》上，并口头向接班车站值班员交代清楚。

车站值班员接班时，要了解列车运行情况，并在对行车设备、备品、报表进行检查后签认接班。

（三）检修施工登记制度

对于各项检修施工作业，车站值班员应根据检修施工计划向检修施工负责人交代有关注意事项后方可登记；凡影响行车作业的临时设备抢修，必须与行车调度员联系作业时间并获同意后方可登记。检修施工作业结束后，行车设备经试验、确认技术状态良好后方可签认注销。

（四）道岔擦拭制度

道岔必须由专人负责定期擦拭。擦拭道岔前必须与行车调度员联系，办理控制权下放手续；道岔擦拭时，车站控制室需要有人监护，不准随意扳动道岔，擦拭道岔人员一律穿绝缘鞋及携带防护用具，擦拭前施放木楔，无关人员不得擅自进入道岔区，如需转换道岔，室内监护人员与现场擦拭人员应进行联系，说明道岔编号及定、反位情况，现场擦拭人员要离开道岔；道岔擦拭完毕，要认真清理现场，清点工具，撤除木楔，并检查有无妨碍列车运行及道岔转换的物品遗留，试验道岔及确认状态良好后，与行车调度员办理控制权上交手续，有关按钮需信号人员进行加封并做记录，填写《道岔擦拭登记簿》。

（五）巡视检查制度

送电前，车站值班员应进行站线巡视，检查线路上有无影响列车运行的异物；对站内检修施工后的现场进行巡视检查，复核检修施工登记注销情况；检查行车控制台是否有异常报警。

（六）行车事故处理制度

发生行车事故时，应立即采取有效措施进行处理，同时向行车调度员及有关部门报告；认真记录事故发生的时间、地点、列车车次、车号、关系人员姓名及人员伤亡和设备损坏情况；赶赴现场，查找人证与物证，并做成记录；清理现场，尽快开通线路。对责任行车事故，应认真找出原因，提出处理意见，制定防范措施。

三、接发列车作业

车站接发列车作业的主要内容是办理闭塞、准备进路和接送列车等。其中办理闭塞与准备进路这两项作业，正常情况下由控制中心办理，非正常情况下由车站办理。

（一）控制中心办理接发列车作业

在采用自动闭塞时，区间闭塞是自动办理的，但进路排列有以下两种情形：

（1）在行车指挥自动化时，控制中心 ATS 根据使用列车运行图及列车运行实际情况，通过车站联锁设备自动排列进路、实时控制列车接发作业。在控制中心 ATS 自动功能故障时，列车进路由行车调度员人工排列。

（2）在调度集中时，由行车调度员通过进路控制终端控制管辖线路上的信号机、道岔，人工排列列车进路，办理列车接发作业。

在上述两种情形下，车站值班员通过行车控制台监视列车进路排列、信号显示、列车到发、通过情况，以及列车运行状态是否正常等。

（二）车站办理接发列车作业

采用区间闭塞设备时，行车闭塞法为双区间闭塞法；停用自动闭塞设备时，行车闭塞法为电话闭塞法。在上述两种情形下，区间闭塞由车站值班员办理，图 5.6 所示为车站控制室。

图 5.6　车站控制室

在区间闭塞由车站值班员办理的情况下，列车进路也由车站值班员排列。此外，如果仅是控制中心 ATS 的自动排列进路功能故障，列车仍可按自动闭塞法行车，此时将控制权下放给集中站，由车站值班员在联锁工作站上排列进路，办理列车接发作业。

1. 列车进路

（1）列车进路概念。

根据行车作业内容不同，进路分为列车进路和调车进路。列车进路是指列车在车站到达、出发或通过所需占用的一段线路，其中列车进路又分为接车进路、发车进路和通过进路。

（2）联锁概念。

列车进路的排列通常涉及道岔位置的转换，列车的进路由设置在进路入口处的信号机进行防护。为了保证行车安全，在进路、道岔和信号机之间建立的相互制约关系称为“联锁”，联锁关系可以归纳为以下几点：

① 只有进路上有关道岔开通位置正确，防护这一进路的信号机才能开放。

② 当防护某一进路的信号机开放以后，该进路上的所有道岔均不能转换。

③ 当防护某一进路的信号机开放以后，所有敌对进路的信号机均不能开放。

④ 在正线出站信号机开放前，进站信号机不能显示正线通过信号。

实现联锁关系的技术设备称为联锁设备，它是保障轨道交通行车安全的基础信号设备。联锁设备有电气集中联锁设备和微机联锁设备两种类型，目前，国内新建的轨道交通线路广泛采用微机联锁设备。

（3）列车进路办理。

① 电气集中联锁：在采用电气集中联锁设备时，列车进路办理在行车控制台上进行。

在行车控制台上按下拟建立进路的始、终端按钮，只要该进路区段无车辆占用以及无敌对进路存在，与进路有关的所有道岔即会自动转换到规定位置并锁闭，进路排列完成。此时，在行车控制台的显示盘上，选出的进路从始端到终端呈现一条进路光带，防护该进路的信号机也同时开放，信号复示器显示绿灯。

当列车驶入进路，防护信号机关闭，信号复示器显示红灯，进路光带随着列车运行逐段变为红色光带，表示该进路被占用。进路解锁可以是分段解锁，也可以是一次解锁。

② 微机联锁：在采用微机联锁设备时，列车进路办理在信号工作站上进行。

在工作站显示器窗口的视图上用鼠标点击拟建立进路的始、终端要素（信号机），然后点击“排列进路”按钮，再点击“执行”按钮，计算机根据输入的操作命令，经过联锁判断，自动建立进路、开放信号。

当列车驶入进路时，防护信号机关闭，随着列车的运行，进路可逐段解锁。

2. 双区间闭塞法行车

在采用双区间闭塞法组织行车时，控制权下放给车站。此时，车站值班员办理接发列车作业，行车调度员监督现场设备和列车运行状态。接发列车作业的内容、程序与办法如下：

（1）准备进路。

接发列车进路可根据行车调度员下达的列车运行计划预先办理。

（2）办理闭塞。

发车站值班员用站间行车电话向接车站请求闭塞，接车站值班员接到请求闭塞电话后，确认前次列车已经到达前方站、接车区间及进路空闲、有关道岔位置正确以及确认影响接车进路的调车作业已经停止后，按压同意接车按钮，此时，接车站接车表示灯由黄灯变为灭灯。关于表示灯的显示颜色与意义参见表 5.4。

表 5.4　表示灯的显示颜色与意义

表示灯类型		发车表示灯	接车表示灯	到达表示灯
表示灯显示	红灯	出站信号开放	邻站出站信号开放	到达本站
	绿灯	可以开放出站信号		
	黄灯	列车到达接车站	列车到达前方站	
	红黄灯		列车到达本站	
	灭灯		同意接车	

（3）开放信号。

发车站值班员确认发车进路正确无误后，按压发车信号按钮。此时，发车站发车表示灯由绿灯变为红灯，出站信号机显示绿灯，接车站接车表示灯变为红灯以及闭塞电铃鸣响。

（4）列车出发。

列车发出后，发车站值班员复位发车信号按钮，向接车站值班员和行车调度员报点，填写《行车日志》；接车站的车站值班员接到报点后填写《行车日志》。此时，出站信号机变为红灯。

（5）列车到达。

列车到达后，接车站的车站值班员向发车站的车站值班员和行车调度员报点，填写《行车日志》；发车站的车站值班员接到报点后填写《行车日志》。此时，发车站发车表示灯为黄灯，接车站列车到达表示灯为红灯以及闭塞电铃鸣响，接车表示灯为红黄灯。

（6）取消闭塞。

在发车站请求闭塞、接车站同意接车和发车站尚未开放出站信号时，如因故需要取消闭塞，由发车站的车站值班员用站间行车电话向接车站的车站值班员请求取消闭塞，接车站值班员接请求取消闭塞电话后，破封登记，按压故障按钮。此时，发车站发车表示灯为黄灯；接车站接车表示灯为红黄灯。

（7）接送接发列车。

列车在车站到发或通过时，助理车站值班员应按规章要求站在规定地点接发列车，密切注意列车运行状态与乘客乘降情况，发现有危及行车安全和乘客安全的情况应立即采取有效措施妥善处理。

3. 电话闭塞法行车

改用电话闭塞法行车时必须有行车调度员的命令。由于电话闭塞法行车时无设备控制，为了防止因疏忽向占用区间发车，造成同向列车追尾，要求车站值班员在接发列车作业过程中，严格按照规定的作业程序和要求进行，以确保接发列车作业安全。电话闭塞法行车时，车站值班员办理接发列车作业的内容、程序与办法如下：

（1）办理闭塞。

发车站向接车站请求闭塞。接车站确认接车区间空闲，接车进路准备妥当后，向发车站发出承认某次列车闭塞的电话记录号码，并填写《行车日志》。

进路准备妥当是指接发列车进路空闲、有关道岔位置正确和影响接发列车进路的作业已经停止。闭塞办妥后，因故不能接车或发车时，应立即发出停车手信号进行防护，并由提出的一方发出电话记录号码作为闭塞取消的依据，取消闭塞应及时向行车调度员报告。

（2）发出列车。

发车站接到接车站承认闭塞的电话记录号码后，填写路票交给列车司机，向司机显示发车手信号。列车发出后，发车站向接车站及行车调度员报点，并填写《行车日志》。

（3）接入列车。

接车站在列车停车位置向司机显示停车手信号，列车到达停妥后，向列车司机收取路票。

（4）闭塞解除。

接车站在列车整列发出或进入折返线，以及接车进路准备妥当后，向发车站发出到达列车闭塞解除的电话记录号码，向行车调度员报点，并填写《行车日志》。

在国内城市轨道交通系统颁布的行车规章中，对采用电话闭塞法组织行车时的接发列车作业内容、程序与办法的规定存在一定的差异。

四、列车折返作业

（一）列车折返方式

根据车站折返线的布置，列车折返主要有站后折返、站前折返和混合折返三种。

1. 站后折返

站后布置的折返线如图 5.7 所示。其中，（a）是列车在终点站站后折返时的尽端折返线，（b）是列车在中间站站后折返时的单渡线式折返线，（c）是列车在终点站站后折返时的环形折返线。

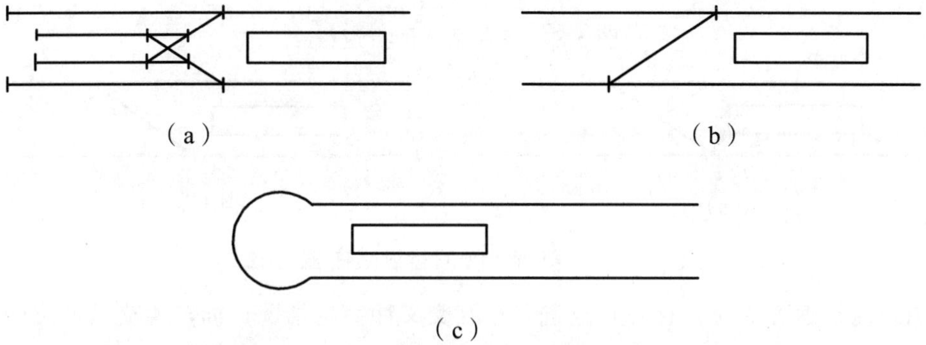

图 5.7　站后折返时的折返线布置方式

采用站后折返方式，出发列车与到达列车不存在敌对进路；列车进出站速度较高，有利于提高旅行速度；列车进出站不经过道岔区段，乘客无不舒适感。此外，尽端折返线既可供列车折返，也可供列车临时停留检修。因此，站后折返方式被广泛采用。站后折返方式的缺点是列车的折返走行距离较长。

环形折返线能保证最大的通过能力，节约设备费用与运营成本。但它也存在一些缺点，如列车在小半径曲线上运行造成单侧钢轨磨耗，折返线不能停放检修列车，以及若用明挖法施工修建增大了开挖范围等。图 5.8 是某终点站的高架站后环形折返线，该站修建了车站配线，解决了环形折返线不能停放列车的问题，提高了列车折返作业组织的机动性。

2. 站前折返

站前布置的折返线如图 5.9 所示。其中，（a）是列车在终点站站前折返时的交叉渡线式折返线，（b）是列车在中间站站前折返时的单渡线式折返线。

采用站前折返方式，列车无空驶折返走行；乘客上下车一起进行能缩短停站时间；车站正线兼折返线以及站线长度缩短，有利于车站造价的节省。站前折返方式的缺点是出发列车与到达列车存在敌对进路；因列车进站或出站侧向通过道岔，列车速度受到限制，影响乘坐的舒适感；在大客流量的情况下，站台秩序会受到影响。

图 5.8 终点站环形折返线

（a） （b）

图 5.9 站前折返时的折返线布置方式

采用站前折返方式时，存在折返进路相互交叉冲突的情况，而产生交叉冲突的条件是空间上存在进路交叉、时间上占用进路的时间相同，并且两个条件同时具备才构成真正的进路交叉。在采用站前折返方式的情况下，要完全消除接发列车作业的交叉冲突难度较大，而为了避免进路交叉，只能将接发列车作业在时间上错开，但这样又会对终点站的列车折返能力甚至是线路的最终通过能力产生不利影响。

3. 混合折返

站后、站前混合布置的折返线如图 4.20 所示。采用混合折返方式的目的是为了提高列车折返能力与线路通过能力。混合折返兼有站后折返与站前折返的特点。

（二）折返作业组织

1. 中央控制

列车在进行折返作业前，应进行清客关车门。列车折返进路由中央 ATS 自动排列或行车调度员人工排列。在车站有数条折返进路的情况下，应在折返作业办法中规定优先采用的列车折返模式，明确列车折返优先经由的折返线或渡线。在办理列车折返作业时，如要变更列车折返模式，在折返列车尚未起动时，可在通知折返列车司机后，变更列车折返模式。

自动排列折返进路时，折返列车凭发车表示器显示的允许信号进入折返线或折返停车位置；人工排列折返进路时，折返列车凭调车信号显示进入折返线或折返停车位置。列车停妥后，司机应立即办理列车换端作业，然后凭防护信号机显示的允许信号进入车站站线。

列车自动驾驶时，列车进出折返线的速度按接收到的 ATP 速度码自动控制；列车人工驾驶时，列车进出折返线的速度根据有关规定，由司机人工控制。

2. 车站控制

车站控制时的折返作业组织，除列车折返进路由车站值班员人工排列，其余与中央控制时相同。原则上，车站值班员按作业办法中规定的优先模式排列折返进路，如要变更列车折返模式，必须要得到行车调度员的同意。

第六节　调车作业组织

一、调车基本概念

（一）调车定义

在轨道交通运输生产过程中，除列车在正线上的运行以外，凡因车列解体或编组、车辆摘挂或取送、列车折返或转线等作业需要，车列、车辆或列车在线路上进行有目的的调动，都属于调车。

轨道交通的调车作业主要在车厂和折返站内进行，调车作业的动力是内燃机车或动车。车厂调车作业的特点是作业量大和作业复杂，在调车作业中，连挂或摘解一组车辆的作业称为调车钩，它是衡量调车工作量的基本单位。

（二）调车种类

按调车目的不同，轨道交通调车主要可分为折返调车、转线调车、解体调车、编组调车、摘挂调车和取送调车等。折返调车是列车在折返站的站线、折返线和渡线等线路上进行的调车作业，其他种类的调车是列车和车辆在车厂的牵出线、调车线、检修线和洗车线等线路上进行的调车作业。

（三）调车工作要求

调车作业是轨道交通行车工作的组成部分，也是车厂和折返站行车工作的重要内容。列车能否按列车运行图正点出发、到达与运行，线路通过能力能否充分利用，很大程度上取决于调车作业的组织和效率。因此，调车工作应达到以下要求：

（1）及时完成调车任务，保证列车按图运行和其他有关作业按时完成。

（2）充分运用各种技术设备，采用先进的作业方法，提高调车作业效率。

（3）确保调车作业安全。

为了实现上述要求，调车工作必须遵守《行车组织规则》和《车厂运作手册》中有关调车作业的规定，建立和健全有关工作制度。

（四）调车钩与调车程

构成调车作业过程的基本要素是调车钩与调车程。调车程是指连挂或摘解车辆加减速一次的移动，它是分析计算调车作业时间的最小单位。由于轨道交通通常是短距离调车，调车作业主要采用下面三种调车程：

（1）加速-制动型，即车辆被加速到一定速度后立即制动停车，图 5.10（a）所示。

（2）加速-惰行型，即车辆被加速到一定速度后以惰力运行，图 5.10（b）所示。

（3）加速-惰行-制动型，即车辆被加速到一定速度后，以惰力运行一段距离后制动停车。图 5.10（c）所示。

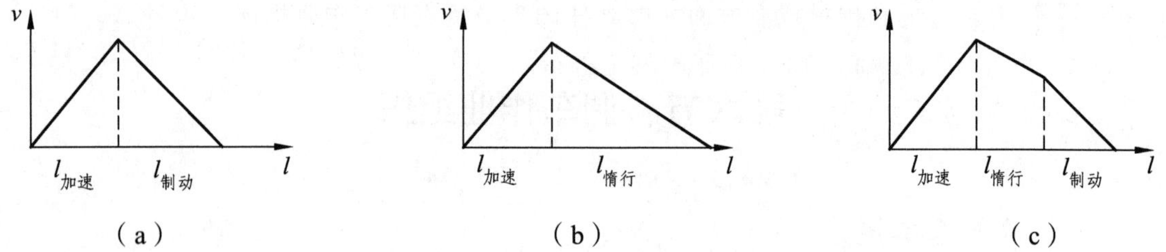

图 5.10　调车类型

（五）调车方法

调车作业方法有推送法和溜放法两种。

推送调车法是指将车辆由一股道调移到另一股道，在调动过程中不摘车的调车方法。溜放调车法是指推送车辆达到一定速度后摘钩制动，使摘解的车组凭借获得的动能溜放到指定地点的调车方法。

与溜放调车法比较，推送调车法需要的时间较长，但比较安全的，因此轨道交通调车采用推送调车法。推送调车的作业过程如图 5.11 所示。

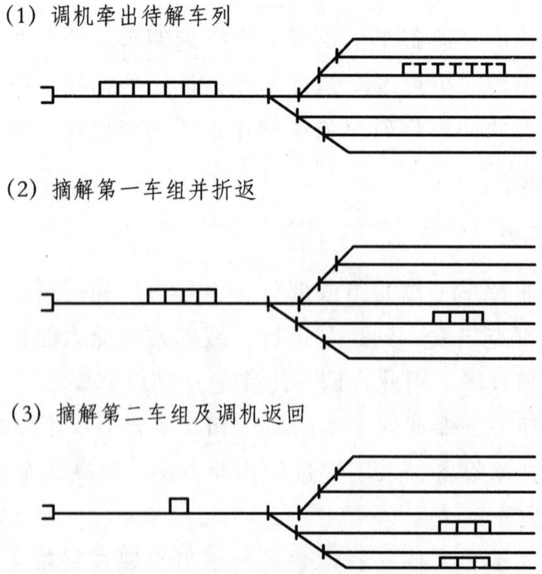

图 5.11　推送法调车作业过程

二、车厂调车作业

（一）调车作业领导与指挥

调车作业是一项多工种联合进行的复杂作业，为了能安全、协调、迅速地进行工作，按时完成调车任务，必须实行统一领导、单一指挥。

运转值班员是车厂的行车工作领导人，因此车厂调车作业由运转值班员统一领导。所有与调车有关的作业人员必须认真执行调车领导人的命令及指示，按调车作业计划进行调车作业。调车组的调车长是调车作业的指挥人，在无调车长、手信号调车时，可由运转值班员指定在业务知识和指挥技能方面能够胜任的人员负责调车作业指挥。信号楼值班员负责办理调车作业进路并监控调车作业的安全进行。

（二）调车工作制度

1. 交接班制度

交接班时，调车组在规定地点对号交接线路存车数、停留车位置、安全及有关注意事项等。

2. 作业前准备制度

在调车作业前，调车长应将调车作业计划、作业方法向调车司机及其他调车人员传达清楚。调车员应对线路、车辆进行检查，在解体调车作业前，必须确认连接车辆的机械、电路与气路装置已处于拆开状态。

3. 班后总结制度

每班工作结束后，由调车长负责召集调车组人员，总结本班生产任务完成及安全等情况，遇非正常情况及时向运转值班员报告。

4. 要道还道制度

要道还道是指调车长或调机司机向信号楼值班员要道，信号楼值班员在进路准备妥当后向调车长或调机司机还道。在非集中联锁设备或集中联锁设备因故不能使用时，调车作业必须执行要道还道制度。要道还道制度是一项确保安全的互控制度，目的是防止车辆进错股道或发生挤岔事故。

（三）调车作业计划

调车作业计划是调车作业的行动依据，调车作业计划由调车领导人（运转值班员）编制，以书面形式下达给信号楼值班员和调车指挥人。调车作业计划的内容包括担当作业的调机与调车组、作业线路、作业钩数及作业方法等，见表 5.5。

原则上，调车作业计划应由调车领导人亲自向调车指挥人传达，以确保调车作业安全及提高调车作业效率，而调车长必须在作业前将调车作业计划和有关注意事项向调车司机及其他调车人员传达清楚。

表 5.5　调车作业通知单

<table>
<tr><td>调车计划</td><td>第　　　　号</td><td>调车组</td><td>组</td></tr>
<tr><td>通知时间</td><td colspan="3">年　　月　　日　　时　　分</td></tr>
<tr><td>执行时间</td><td colspan="3">日　　时　　分至　　时　　分</td></tr>
<tr><td colspan="4">调车作业计划</td></tr>
<tr><td>股　道</td><td>摘　挂</td><td>辆　数</td><td>备　注</td></tr>
<tr><td></td><td></td><td></td><td></td></tr>
<tr><td></td><td></td><td></td><td></td></tr>
<tr><td colspan="4">注意事项</td></tr>
<tr><td colspan="4"></td></tr>
</table>

由于调车作业涉及的因素较多，作业中会发生需要变更计划的情况，但变更调车作业计划常常会因为未传达清楚，使参加调车作业的人员失去协调而产生差错，甚至造成事故。因此，遇调车作业中需变更计划时，应停止调车作业，由运转值班员将变更后的计划向信号楼值班员和调车指挥人重新布置，再由调车指挥人将变更后的计划向调车司机及有关人员传达清楚后，方可继续进行调车作业。如果计划仅作局部变更，在保证安全的前提下，准许用口头方式进行计划变更的传达。

（四）调车作业组织

在办理调车进路前，信号楼值班员应做到三确认：确认不存在与调车作业有冲突的接发列车和检修施工作业；确认调车线路空闲；确认调车组做好作业准备。如因故需要取消调车进路，应在调机及车辆未起动前，并在通知调车长和调机司机后，再关闭调车信号，取消调车进路。

在调车作业过程中，信号楼值班员应掌握列车运行图规定的列车出入厂时间，防止因调车作业影响出入厂列车的运行。如调车作业影响列车出入厂运行，必须得到行车调度员的批准。

调车组由调车长（可由副司机担任）、调机司机和调车员组成。在调车作业前，调车长除布置清楚调车作业计划和有关注意事项外，还应督促和带领调车人员做好作业前准备工作。调车组人员应穿戴好防护用品，准备好信号旗或信号灯，确认对讲机等无线通信设备性能良好。

在调车作业中，调车长应正确及时地显示信号，指挥调车作业进行，组织调车人员按计划安全地完成调车任务。为了明确调车长和调机司机的职责，根据作业中所处的位置和所具备的瞭望条件，规定在牵引车辆运行时，前方进路的确认由调机司机负责；在推进车辆运行时，前方进路的确认由调车长负责，如调车长所处位置确认前方进路有困难时，可指派参加调车作业的其他人员确认。

调车作业必须按照防护信号机或调车手信号的显示要求进行。没有信号，调机司机不准动车进行调车作业；在调车作业中，调机司机要时刻注意确认信号，不间断地进行瞭望，认真执行呼唤应答机制，按信号显示要求进行作业，如遇信号显示不清，调机司机应立即停止调车，严禁臆测作业。

调车手信号显示包括停车信号、减速信号、指挥列车或车辆向显示人来方向信号、指挥列车或车辆向显示人反方向去信号、连挂作业信号及三、二、一车距离信号等。调车手信号昼间使用信号旗显示，夜间使用信号灯显示，地下站按夜间办理，使用信号灯显示。调车手信号在对方作出回示后就可停止显示，但停车信号在列车或车辆停车后方可收回。

在进行车辆连挂时，应根据停留车位置的距离，向调机司机显示三、二、一车距离信号。调车司机应注意确认三、二、一车距离信号，并鸣笛回示，然后按信号显示要求进行挂车作业，没有三、二、一车距离信号时调车司机不准挂车。若调机司机没有鸣笛回示，调车长应立即显示停车信号。当因天气不良、照明不足或地形地物影响，调车长确认停留车位置有困难时，应派相关人员在停留车的连挂一端显示停留车位置信号，车辆连挂前要一度停车，车辆连挂后应先试拉，确认连挂妥当后方可起动。

在进行调车作业时，应准确掌握调车速度，在瞭望条件困难或气候条件不良时，应适当降低调车速度。各种作业情形下的调车速度见表 5.6。

表 5.6　调车速度

调车作业项目	速度（km/h）
车厂空线上牵引调车	20
载客车辆调车	15
车库内及检修线上调车	5
接近连挂车辆调车	3
尽头线调车	3

调车作业结束后，调车组应使列车或车辆停于线路警冲标内方，对暂不移动的列车或车辆应按规定采取防溜措施。

（五）试车作业组织

为确保车辆技术性能符合正线运行的要求，车辆在定期检修后应进行调试，包括车厂内调试和正线上调试。车厂内调试又分为试车线试车、股道试车和非进路试车三种情形。

1. 试车线试车

由车辆检修部门向运转值班室提出试车申请，运转值班员通知信号楼值班员准备进路，列车按调车信号驶入试车线进行调试。

2. 股道试车

股道试车是指车辆在库内线路上进行小范围的动态调试。车辆检修部门向运转值班室提出试车申请，运转值班员派出司机配合试车。

在进行股道试车时，如需越过线路前方的防护信号机，运转值班员在同意试车前应通知信号楼值班员办理进路。车辆头部越过信号机后，未得到信号楼值班员准许，司机不准擅自退行。

股道试车前应确认无关人员已撤离、止轮器已撤除、线路上无障碍物和股道上已送电。

股道试车时，车辆运行限速是 5 km/h。

3. 非进路试车

非进路试车是指车辆在车厂线路上进行大范围的动态调试。车辆检修部门向运转值班室提出试车申请，运转值班员派出司机配合试车。

在进行非进路试车时，建立的非进路只能由库内线路通往车厂牵出线，并且该非进路必须封闭。试车司机凭运转值班员填发的《非进路试车许可证》进入封闭进路试车。

司机在调试车辆进入封闭进路前应确认信号显示，进入封闭进路后，车辆可在指定范围内按规定速度往返运行，进路上的红灯均可越过。非进路试车完毕后，车辆应停于指定的股道内，由运转值班员收回《非进路试车许可证》并注销，然后通知信号楼值班员非进路试车结束。

信号楼值班员接到运转值班员的非进路试车通知后，在确认试车时间内无计划的接发列车作业并办妥试车进路后，方可同意进行非进路试车。如遇行车调度员临时下达接发列车作业命令，信号楼值班员应立即停止非进路试车并指示调试车辆停于牵出线待命。

非进路试车前应确认无关人员已撤离、止轮器已撤除、线路上无障碍物和股道上已送电，以确保试车安全。

三、特殊情况调车

（一）救援调车

救援列车连挂故障列车，牵引或推进故障列车在适当的车站清客，然后牵引或推进至就近存车线或车厂存放的过程称为救援调车。救援调车兼有摘挂调车和取送调车的特点。

救援调车作业根据行车调度员下达的调度命令和信号显示的要求进行。在手信号调车时，调车指挥人为故障列车的司机，调车指挥人应正确及时地显示调车手信号，救援列车司机应认真确认调车手信号，并鸣笛回示。

在进行救援调车作业时，救援列车应在距故障列车三车距离时一度停车，距一车距离时再度停车，然后按调度指挥人的调车手信号显示进行车辆连挂。车辆连挂后先进行试拉，在确认连挂妥当后，方可启动运行。

救援列车牵引故障列车运行时，调车进路的确认由救援列车司机负责；救援列车推送故障列车运行时，调车进路的确认由故障列车司机负责。

在救援调车作业中，救援列车接近被连挂的车辆或调动载有乘客的车辆时，调车速度应按照有关规定准确掌握。

（二）越出站界调车

占用区间正线进行调车称为越出站界调车。为保证列车运行和调车作业安全，越出站界调车按照以下作业办法进行。

1. 双线区间正方向越出站界调车

若区间为自动闭塞，只要确认第一闭塞分区空闲；若区间为非自动闭塞，需要确认区间空闲。确认相应区间空闲后，车站值班员即可办理调车进路并口头通知调机司机，准许越出站界调车。

2. 双线区间反方向越出站界调车

在收到停止实行基本闭塞法的调度命令后，车站值班员与邻站办理闭塞手续，并将调度命令发给调机司机作为占用区间的凭证，调机司机凭手信号进入区间调车。调车作业结束后，行车值班员应及时向行车调度员报告并通知邻站。

（三）手推调车

以人力推移车辆称为手推调车，通常是在短距离移动车辆时采用。正常情况下，原则上不使用手推调车，如确有必要采用手推调车，应得到运转值班员或安全主管部门批准，并有可靠的安全措施，如车辆能随时停住、无触电危险等，以确保作业安全和人身安全。根据相关规章，线路坡度大于 2.5‰、车辆有溜行可能、装有易爆易燃品车辆、夜间无照明等情形均禁止手推调车。

第七节　施工行车组织

与铁路行车组织不同，城市轨道交通由于行车间隔时间短，在运营时间内无法像铁路那样在运行图上开“天窗”以进行施工维修，故城市轨道交通的施工都是利用运营结束后的非运营时间进行，并且必须在运营开始前规定时间结束。

夜间施工是轨道交通系统生产活动的重要组成部分。行车调度部门既要按照批准的施工计划保证设备维修更换、线路扩建工程等夜间施工任务顺利完成，又要保证次日运输生产能正常进行，故夜间施工时的行车组织必须按有关规定严格进行。城市轨道交通采用了大量的自动化先进设备，运营期间行车密度大，存在设备损耗及折旧，故为保证列车正常运行，设备的维修、更换、广告及线路施工等施工作业量较大。为科学有效地组织施工，必须加强施工的计划性。

一、施工计划分类

以国内部分城市轨道交通系统为例，施工计划按时间可分为月计划、周计划、日补充计划及临时抢修计划。属正常修程内应提报月计划的主要有以下几种情况：客车在正线调试作业；开行工程列车（含轨道车）的检查、维修、施工、运输作业；影响行车的设备检修施工作业；需要进入正线及辅助线的检查、维修施工作业；屏蔽门的检修作业；需要接触网停电的检查、维修施工作业；车厂内的行车设备检修作业（含限界内）；不进入轨行区，但需有关部门配合的作业等。

凡不属于规定列入月计划，因设备检修需要，对在月计划里未列入的进行补充或月计划中需调整变更的计划为周计划；不属于规定列入月计划、周计划的，但对行车有一定影响的检查、维修计划或月计划、周计划内日作业项目的变更计划，称为日补充计划。

属下列情况的应提报临时抢修计划：运营时间内发生行车设备故障需抢修的维修作业；临时抢修后须在运营时间外继续进行行车设备维修作业；运营期间发现的设备故障可在运营时间外进行的维修作业；处于临界状态的故障设备在运营时间外进行的维修作业。

城市轨道交通系统施工按施工作业地点和性质不同可分为影响正线、辅助线行车的施工、在车厂内的施工和在车站内不影响行车的施工三种。

影响正线、辅助线行车的施工又可细分为开行工程列车的施工、不开行工程列车的施工和车站范围内影响行车设备设施的作业。

在车厂的施工可分为开行电客车、工程列车的施工（不含车厂内部）、不开行工程列车但在车厂线路限界及影响接触网停电的施工和不开行工程列车也不在车厂线路的施工。

在车站内不影响行车的施工作业可分为车站内大面积影响客运及需动火的作业和其他局部影响客运但经采取措施影响不大且动用简单设备设施的施工。

由于城市轨道交通施工作业牵涉面广、存在安全隐患，故必须加强施工组织管理。施工组织管理包括设立施工领导小组，安全防护等方面。

（一）设立施工领导小组

为加强对维修、施工作业的管理，城市轨道交通运营公司须成立施工计划协调管理小组，成员主要包括行车、设备、车辆、安全监察等部门人员。施工领导小组的职责不仅是负责审批施工计划、发布施工计划、组织召开施工协调会及协调解决施工、运输及安全问题，还需负责施工现场的组织协调工作。

（二）施工组织实施

施工组织实施主要包括确定施工责任者、施工批准权限、具体施工时间点的登记及注销（即施工请销点）和施工过程中的安全防护等方面。

二、施工组织管理

（一）确定施工责任者

一般城市轨道交通企业施工项目必须确定施工责任者即施工负责人，同时施工队伍必须具有相关资质认证，有一定的专业技能。

施工负责人负责在请点站办理进场作业登记和该项作业的组织、安全和管理。若同一施工项目在多个作业点进行，则该施工项目除配备施工负责人外，各点（辅站）的施工需配备施工责任人，施工责任人在辅站办理进场作业登记和负责该作业点施工的组织、安全和管理。两者须经过培训后取得安全合格证（含施工负责人项目），并实行持证上岗制度。由于轨道交通行业的特殊性，所有劳务工上岗前必须经过安全教育，并对所从事的工序进行培训，经施工负责人签字认可，方能上道作业。

（二）施工批准权限

城市轨道交通施工根据施工作业地点和作业性质，对施工前必须办理相应批准手续才能动工做出了以下规定：影响正线、辅助线行车的施工作业，须经行车调度员批准；在车厂内的施工作业须经车厂调度批准，如影响正线行车须报行车调度员批准；在车站内不影响行车的施工作业运营内部的施工项目须经车站批准，外部单位施工作业按外单位工程施工作业管理，但须经车站批准。

（三）施工请点及销点规定

施工作业必须向行车调度员（或车厂调度）请点生效后方可开始施工，施工完毕线路出清后必须向行车调度员（或车厂调度）销点。

1. 请点规定

施工负责人需持施工作业令原件（非作业请点站登记可用施工作业令复印件或传真件）到车站或车厂调度处填写《施工登记表》请点，行车调度员（或车厂调度）同意，请点生效后方可开始施工。

2. 销点规定

销点与请点的过程相反，施工负责人负责施工区域出清后销点。特别值得提出的是需异地销点时，施工负责人（责任人）应在《车站施工登记表》备注栏中注明异地销点的地点和人数，登记进入施工的车站要及时通知异地销点的车站值班员。当施工作业结束后，施工负责人向登记的销点站登记销点，销点站经与施工负责人核对销点的施工内容、施工人数、地点，并向请点站核对无误后，准予销点，请点站负责向行车调度员报告销点。

（四）施工安全防护规定

施工作业的一个重要内容是对施工区域进行安全防护，确保施工作业人员的人身安全。轨道交通施工事故有很大一部分是由于施工防护疏漏造成的，因此，对于在施工作业过程中由谁具体负责设置施工防护应有明确规定。一般情况下，当接触网停电检修或需接触网停电配合挂地线时，由供电操作人员负责在作业地段两端挂接地线；站内线路施工时，由施工负责人在车站两端轨道上设置红闪灯防护；站间线路施工时，除施工部门设置防护外，车站还负责在与该施工地段两端车站的端墙门平行位置的轨道中央设置红闪灯防护。

施工作业时由于施工作业人员和工程车都在轨道上，安全因素比较复杂。人、车（指施工作业人员、工程车）在同一区域作业时，轨道交通企业均有严格的规定以确保人员安全。当人、车在同一区域作业时，施工负责人与车长根据现场情况协调组织，按施工前进方向使列车在前、人员在后，原则上不得颠倒或列车运行前后皆有作业。非随车施工人员与列车应有 50 m 以上的安全间隔距离，原则上列车不得随意后退，如确需动车，应经施工负责人和车长协商同意后才能动车，确保人身安全，同时作业人员应在自己现场作业区的来车方向设置红闪灯防护。

多个作业区域开行工程车时，在工程车运行的前方必须保证至少有一个站台区或站间区间空闲。

大部分轨道交通企业要求凡进入线路施工的施工作业人员必须按要求穿荧光衣，并根据作业性质及要求使用其他安全防护用品。施工作业过程中如要进行动火作业，一般也有相应的规定。

三、运营时间内特殊情况的施工规定

城市轨道交通系统的施工作业一般均利用非运营时间进行并必须在运营前规定时间全部结束。

特殊情况下，当正线、辅助线运营时间内发生各类设备故障或事故需封锁区间抢修时，由行车调度员负责组织故障情况下的行车组织，并根据维修调度员的要求组织相关问题的处理。具体规定如下：

（1）行车调度员向有关车站发布封锁线路的命令，需要停电时，通知电力调度员进行停电操作。

（2）维修调度员得到行车调度员封锁线路的命令号码、范围和时间后，封锁区间交由维修调度员控制。此时，维修调度员负责组织封锁区间内的设备抢修工作，并指定一名施工负责人为现场指挥。

（3）抢修完毕，现场指挥确认线路出清后报维修调度员，维修调度员在相应报表（如《值班主任事故处理记录表》）上签字确认恢复行车时间，将该封锁区间交回行车调度员解封，组织列车运行。

（4）遇车辆在线上的救援工作涉及系统设备的，由分管的电力调度员、环控调度员或维修调度员向主任调度员提供技术支援，包括影响范围、预计处理（开通）所需时间；变更的运行模式（指系统设备），如越区、单边供电、借用相邻设备等；处理进展情况；达到开通条件（轨道、供电）时的报告。

（5）维修人员进入隧道前，须先到车控室办理有关手续，行车调度员批准并落实安全防护措施后，方可进入隧道。

当进入站台或靠近站台的第一个轨道电路区段线路进行施工时，施工负责人按规定放置红闪灯进行防护；车站使用紧急停车按钮对相关轨道区段进行施工防护，同时行车调度员把列车扣停在前方站，以保证进入轨道人员的安全。

在运营时间内到区间隧道抢修行车设备时，若须搭乘客车，应经主任调度员批准，由维修调度员组织好抢修人员按行车调度员指定的车次上车，司机在故障点前停车，抢修人员从司机室门下车进入轨道，尽快进入水泵房等安全地带。未经行车调度员同意，在水泵房的抢修人员只能在水泵房内作业，严禁侵入行车限界，影响行车及人身安全；须从区间内返回车站时，维修人员使用无线电话通过维修调度员向行车调度员申请，由行车调度员安排列车接应。

值得注意的是轨道交通企业在夜间必不可少的一项工作是巡道。巡道主要检查轨道各组成部分（钢轨、道岔、扣件及鱼尾板等）及线路状况，发现情况进行相应处理，确保线路次日保持良好的运行状态，如有工程车开行时，必须要确保施工和巡道工作的安全。

四、工程车的开行

夜间施工时，工程车的开行对城市轨道交通的行车安全有较大的影响，因此对工程车的开行有相应的规定。一般情况下，由行车调度员负责统一指挥工程车开行。

工程车按正常列车办理，尾部必须挂有标志灯。在工程列车中所有车辆的制动机应全部加入列车的制动系统，编入工程列车的车辆不准有关门车。工程列车挂有高度超过轨面一定高度（如：3 800 mm）的货物时，接触网必须停电。

工程车在正线运行时凭地面信号行车，一个联锁区内只准有一列工程车运行；在区间或非联锁站作业后折返时，凭调度命令行车。

与运营时间内客车进路由 ATC 系统的 ATS 子系统自动排列不同，工程车进路排列由行车调度员负责。行车调度员在指挥工程车运行时要在《线路施工作业登记表》上严格确认工程车运行前后有无施工作业，并在 ATS 的人机接口 MMI 上确认工程车运行的前方进路。

工程车到达指定的施工作业区域后，行车调度员应及时封锁该作业区。工程车必须严格按照划分的区域进行作业，并在规定时间（如 4:00）前离开作业区，返回车厂，车长负责线路出清检查并报告行车调度员。封锁区域工程车的运行由施工负责人负责指挥。

行车调度员应掌握工程车的运行情况，了解装卸作业进度，检查工程车进出工程区域的情况，以确保安全。

第六章　行车安全与应急处置

第一节　行车安全管理概述

一、安全管理理论

风险管理是指识别风险、分析风险、采取防范措施控制风险的一系列过程。风险管理的主体通过风险识别、评估，并在此基础之上主观采取行动，以最经济的方法（回避、减少、分散、转移等方法）妥善地处理风险事件带来的不利后果，以保障安全生产，实现预期的目标。风险不仅仅指静态风险，还包括动态风险，风险管理是以静态风险和动态风险为对象的全面管理。风险处理的方法、流程和程序是风险管理的重要方面。从风险决策的角度出发，风险管理要考虑成本和效益，以最经济的方式合理处置风险，降低风险管理的成本，实现最佳的效益。在一般的工作中，许多人将风险管理和安全管理混为一谈，实际上两者虽关系紧密，但仍存在以下几点区别：

（1）风险管理的内容更为广泛。风险管理不仅仅涉及预测、分析预防事故和管理人机系统这些安全管理的内容，还包括政治、环境等无形风险。

（2）风险安全管理确立了系统安全的观点。随着科技的进步，生产系统的规模不断扩大，系统的构成也越来越复杂。许多系统往往由多个子系统构成，从系统的角度出发，就必须研究每个子系统，同时也要研究各子系统的接口与界面，以达到全面的安全。

（3）安全管理的重点是创造良好的工作环境，促使人机安全生产，以减少事故甚至消除事故。风险管理的重点是尽可能地减少风险带来的损失，二者的重心不一样，控制措施也存在差异。

（4）风险管理研究了事故预测技术。风险管理多为事前管理，预先发现事故的危险因素，并采取措施控制风险，防范事故的发生。而安全管理为事后管理，多从已发生的事故中吸取教训，这必然会付出很大代价。风险管理是在安全管理基础之上的创新及衍生，但其毕竟是在传统的安全管理基础上发展起来的，所以，从安全管理的角度去汲取经验教训，对于风险管理是很有意义的。

（5）SMS 是通过对危险进行有效的管理来保证城市轨道交通健康运行的主动措施。简单来说，SMS 的本质包括了三个方面：安全、管理和系统。

（一）安　全

SMS 建立的核心和目标就是安全。安全究竟该怎样定义？有人说安全就是没有潜在的危害，不出事，不发生事故。这样的定义针对地铁安全来说未免显得有些浅显和武断，我们应该用产生后果的可能性和严重性反过来对安全进行描述。因此，当得出的风险值超过了设定的安全值时，我们就说这是不安全的。这样的安全定义可能完全颠覆了传统思维意识中对安全的理解，感觉可能更抽象化，但只有这样才能更客观、理智、科学地评价安全。

（二）管　理

要想实现安全这个目标，就要运用管理的手段。传统的管理可能被理解为管理人、物或事件，而这里的管理可以定义为使用质量管理技术进行安全保证。管理不是目的，它是一种手段，一种持续的过程，不是针对人或事，只是为了达到安全目的，对安全相关的运行和支持过程持续进行的质量管控。管理之前，要对潜在的危险源进行风险评价，若超出了可控的允许范围，就需要对此采取风险控制措施。举个例子：列车上少了一个螺钉，根据风险评价后得出，此风险的量化数值超过了可允许范围内的数值，然后管理者要求维修人员对其进行修复，并且以后也会一直关注。这就是一种质量管理行为，目的是使列车能够安全运行，而且管理者每天会持续地对列车的安全运行进行监管，它是一种动态的管理过程。

（三）系　统

这里讨论的安全也是有载体的，是在一定的系统内的。根据官方定义，系统就是一组相互作用、相互关联或相互依赖的要素组成的一个统一整体。针对航空公司来说，整个航空公司有关安全运营的各项相关内容构成了一个系统，它们相互作用、相互影响，最终都为了一个共同的目的——用飞机安全正点地把旅客送往目的地。根据上述的分析可以得出以下结论：SMS 的建立是在一定的系统内，是有范围的。

二、安全管理模式

城市轨道交通运营安全管理模式主要包括总体方针、基本要素、运行模式三方面内容，分别体现了安全管理系统中宏观指导、结构分析、操作方式三个层面的内容与方法。

（一）总体方针

城市轨道交通运营安全管理模式的总体方针是城市轨道交通运营企业对其在安全管理方面的意向和原则的声明，实施城市轨道交通运营 SMS 的全过程是在这个方针的指导下进行的。它通常由组织的最高管理者制定，是指导思想和行为的准则，需要指明企业在安全方面的努力方向，提供规范企业行为和制定具体目标的框架，包括了全体员工与安全管理的全部活动。所有的计划、措施、行动都应符合方针，为实现安全管理的方针服务。良好的安全管理方针能指导组织有效地实施和改进其 SMS，同时，安全管理方针也在这样的过程中得到必要的修正。城市轨道交通运营安全管理模式总体方针的制定及管理应该符合以下几个要求：

（1）方针应当遵循法律法规，没有相关规定时，可以选用城市轨道交通行业标准。

（2）方针应当包含对在城市轨道交通运营安全水平改进的绩效承诺，并说明方针适用期。

（3）方针需要体现运营全过程中的安全管理思想。

（4）安全管理方针应当与城市轨道交通运营其他方面的管理方针一致并且具有相同的重要性。

（5）安全管理方针应当形成文件，例如写在安全管理手册的开头部分。

（6）方针应当包括持续改进的承诺，因为使风险最小化的努力是没有穷尽的，应当根据 SMS 实施的情况及时改进安全管理的总体方针。

（7）全员参与是实现方针的保证，所以方针要传达到每一位员工，使每一位员工意识到自己在安全运营方面的义务。

（8）方针应当公之于众，接受上级及广大乘客的监督。

（9）作为安全管理模式的核心内容，方针应当定期评审，确保其适用性。

（二）基本要素

城市轨道交通运营安全管理模式共包括 4 个方面、14 个基本要素，如图 6.1 所示。

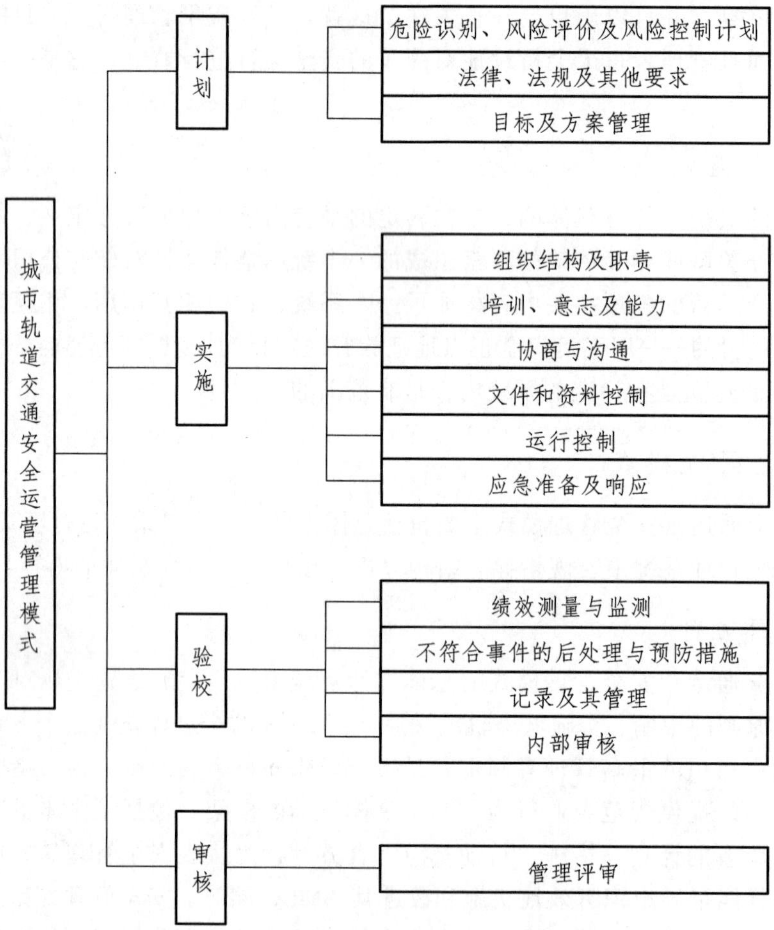

图 6.1 城市轨道交通运营安全管理模式

1. 危害识别、风险评价及风险控制计划

危害是指可能造成人员伤害、财产损失、作业环境破坏或其组合的根源或状态，即事故的原因。这种根源来自人、设备、环境和管理 4 个方面，也即人的不安全行为、设备的不安全状态、不良环境因素以及管理缺陷。当危害造成损失的时候，风险就随之出现。对危险的识别应当包括 5 个方面的内容：

（1）日常运营活动。
（2）周期性的检修活动。
（3）所有工作人员及乘客的活动。
（4）可以预见的紧急情况。
（5）所有的设施设备。

对所有识别出来的危害，应评价其风险程度，确定不可容许的风险，并对这些不可容许的风险制定控制计划，将它们降低为可以容许的风险，这些控制计划应当是预防性的而不是事后性的。对于评价的结果以及控制方法实施的效果，应当形成文件，并保持这些信息的实时更新。

2. 法律、法规及其他要求

守法是安全管理的最基本要求，所以应当及时准确地获取相关的法律法规。对获取到的法律法规应指出其哪些条款适用于哪些部门，并将这些信息记录在案，保持信息实时更新。应将法律法规传达给每一个员工，必要时可以进行法律法规及其他要求的培训，保证员工遵守。

3. 目标及管理方案

建立安全管理的目标，既要针对运营过程中各职能部门的共性安全问题，也要注意各职能部门的特殊安全问题。对于目标的要求有以下几点：
（1）目标要针对所确定的不可容许的风险，使其降低到可以允许的程度。
（2）目标应当尽可能量化。
（3）要考虑资源的充分性和选择技术方案的可操作性。
（4）目标要定位于相关的职能部门。
（5）有开始和完成的时间限制。

对应每一个安全管理的目标应当有一个相应的管理方案，方案的内容包括以下几个方面：
（1）确定担任各项任务的职能部门、人员以及他们的职责和权限。
（2）对各项任务分配适当的人力、财力、设备、技术等资源。
（3）完成任务的方法及进度。

4. 组织结构及职责

对活动进行管理、实施和检验的人员对于城市轨道交通运营安全的活动、设备设施、过程的安全风险有很大的影响，所以应当规定他们的职责、作用和权限，并形成文件予以沟通，以便于安全管理的实施。应对其职责、作用和权限进行规定的人员如下：

（1）最高管理者。最高管理者应当具有承担安全管理责任、批准安全管理仿真、任命安全管理代表以及为安全管理提供资源和主持评审的职责。

（2）安全管理者代表。他需要得到 SMS 绩效的汇报，这里需要注意，安全管理的职责与运营职责并不矛盾。

（3）各职能部门的业务经理。
（4）安全培训人员。

（5）特种设备负责人。

（6）设施设备操作人员等。

通过职责的划分最终要达到：对于所有的安全管理事务，要事事有人管，一事一主管。不能有的事务没有人管理，有的事务多头管理。

5. 培训、意识及能力

在安全管理过程中，全体人员都应该具备完成影响安全目标任务的能力，这就需要根据适当的培训对其能力进行判定。培训时需要确定每一个智能级别的人员所需要的能力，并针对不同人员制定系统化的计划对其进行培训。要定期评审培训的效果，并对培训内容进行实时的改进。通过培训应使所有员工都意识到：

（1）执行管理方针、程序和 SMS 的重要性。

（2）工作活动中实际或潜在的安全后果，以及个人行为的改进所带来的安全管理的效益。

（3）执行安全管理方针、程序和实现体系的要求，包括应急准备与响应要求方面的作用和职责。

（4）偏离规定的运行程序所产生的潜在后果。

根据具体情况制定一套人员安全能力评价的方法和标准，并以此作为确定培训需求和绩效考核的依据。

6. 协商与沟通

沟通包括与外部的沟通和内部的沟通。其中，内部沟通包括各职能部门及单位之间的横向和上下级之间的纵向安全信息的沟通。沟通的内容及方式应在安全管理文件中作出明确的规定。外部沟通包括：

（1）接收并传达来自执法机构的法律和其他要求信息，并向执法机构汇报检测结果、应急计划、事故处理情况以及就安全管理事务进行沟通并取得支持。

（2）接收乘客投诉并进行记录，认真调查研究、处理和回复。

（3）向外界展示安全管理的方针和绩效。

城市轨道交通运营方应当建立与员工协商和沟通的专门组织，通过该组织实现同员工制度化、无障碍沟通和协商。

7. 文件和资料控制

建立文件的目的是把安全管理的要求化为具体实践，文件可以确保安全管理得到充分的理解和有效的运行。文件需要提供对管理核心要素及其相互作用的描述，并提供查询相关文件的途径。当然在满足有效性和保证效率的前提下，文件应该力求最小化。SMS 应当对其文件和资料进行有效的控制，从而确保文件：

（1）能够准确定位。

（2）进行定期评审，必要时予以修订并由授权人员确定其适用性。

（3）凡是对安全体系的有效运行具有重要作用的岗位，都能得到有关文件和资料的现行版本。

（4）及时废止失效的文件和资料或采取其他方式防止误用。

（5）出于法律和保留知识的需要而归档的文件和资料，要予以适当标志。

8. 运行控制

运行控制的目的是对所有需要控制的风险的运行和活动实施有效控制，使与这些运行和活动有关的风险都处于受控状态。对于经过评价需要进行控制的风险（主要是不可容许的风险），应建立文件化的程序。运行标准应当清楚到现场操作人员可以看懂并指导怎么去做的程度，这些运行标准可以来自相关法律法规、标准、规范、惯例等。

9. 应急准备及响应

应急系统应能够对这些突发事故或紧急情况做出响应，以预防或减少事故或紧急情况造成的伤害和损失。应急管理应当包括预防、预备、响应和恢复 4 个方面，因此，应急准备与响应不仅是为了减轻后果，甚至还可以预防更大规模的事故发生。应急计划包括以下内容：

（1）应急机构。

（2）应急期间负责人以及所有人员的职责，特别是起特殊作用人员的职责（如消防人员）。

（3）对内警报、对外通报和联络。

（4）疏散程序。

（5）重要记录和设备的保护以及危险物品的处理。

（6）应急期间必要的信息包括装置布置图、危险物质数据、程序、作业指导书、联络电话号码等。

（7）必备的应急设备有报警系统、应急照明和动力设备、逃生工具、重要设备的隔离阀、开关和切断阀、消防设备、急救设备、通信设备等。

10. 绩效测量与监测

绩效是指依据安全管理的方针和目标控制安全管理方面所取得的可以测量的成效。绩效的测量用来说明方针和目标是否正处于实现之中，控制措施是否已经得到实施并且行之有效，对员工的培训、协商与交流的计划是否行之有效，可用于评审或改善的信息是否正在产生和被使用。监测是指对于每个重要的监测项目规定监测的场所、频次、方法，包括了依据的标准、测量设备、监测实施者和监测的结果。监测与测量的内容应当包括以下内容：

（1）安全管理需要的定性和定量的测量。

（2）对目标达到程度的测量。

（3）预防性的绩效测量，监测遵守安全管理方案、运行标准及适用法规的情况。

（4）事后性的绩效测量，监测事故、事件（包括未遂事件）和安全管理绩效其他不良表现的历史证据。

（5）要保留足够的测量数据和结果的记录，以便对以后的纠正和预防措施进行分析。

当然，运营单位应当及时对测量和监测需要的设备进行维修和校准，保证监测和测量记录的准确性。

11. 不符合事件的后处理与预防措施

不符合事件发生后应立即采取减轻后果的措施，包括：采取一切必要的措施，控制事态的发展，限制事故规模和影响范围，必要时启动应急程序；抢救伤员，实施急救并送至医院；迅速按规定的程序向有关部门的管理者报告事故情况；必要时隔离以保护现场。除此之外，不符合事件发生后应对不符合事件展开调查。根据不符合事件的性质和严重程度，由不同的部门组成不符合事件调查组。调查组成员需要经过不符合事件调查的培训，具备相应资格。选择纠正与预防措施时，要按照先考虑消除危害，再考虑降低风险，最后才考虑防护措施的原则。措施实施前要进行风险评价，避免纠正了原来的不符合却带来新风险的情况；要请一线人员参与评审措施的有效性和可行性；如果措施对相关文件有更改，应当遵照实施并记录；要对纠正措施和预防措施的情况进行检查和验证。

12. 记录及其管理

记录反映管理绩效的情况，反映符合有关要求程度的证据，用以证明安全管理的有效性，使得运营在安全条件下进行。安全管理记录应填写完整、字迹清晰、恰当标记，并对记录的保存时间予以规定，同时记录应保存在安全的地点，易于恢复。记录管理中应当注意：处理记录的权限、记录的保密性、有关记录保留的法律要求和其他要求以及使用电子记录会出现的问题。

13. 内部审核

用人单位应当定期对 SMS 进行内部审核，以保证体系的符合性、实施性和有效性。审核可以通过抽样的方式查看运营环境、访谈、查阅文件、资料、记录。审核应当有计划性，制定实施安全管理内部审核的年度计划，审核应该覆盖 SMS 的全部范围。如果出现了特殊审核的状态，可以实施附加审核，并通知审核部门、上级管理单位及其他相关单位。

为了体现审核的公正性，内部审核员应当由与所审核活动直接负责人无关的人员来担任。审核员应具备运营相关知识，了解 SMS 并熟悉相关的法律法规及其他要求。对于不符合管理体系的人员和部门应采取纠正措施，确定完成日期并进行跟踪审核。审核报告需要包括：审核目的、审核范围、审核准则、审核日期、审核计划、审核员名单、不符合事件及整改措施和验证报告、审核组关于体系符合性、实施性、有效性的评价及审核报告的分发。

14. 管理评审

运营的最高管理者应该定期对 SMS 进行评审，以确保体系的持续适宜性、充分性和有效性。管理评审采用会议的方式，要保证员工安全管理代表的参加率。这个体系范围内的评审应当做到一年一次，增加的评审可以针对整个体系范围，也可以针对局部。评审与内部审核不同，应着重于管理体系的整体绩效，而不是具体细节。管理评审主要依靠以下信息：

（1）内部审核的结果，自上一次审核到现在对 SMS 实施的纠正措施的完成情况。

（2）绩效的测量和监测结果。

（3）事故统计、应急响应等情况。

（4）管理代表及各部门负责人对其管理部分的绩效报告。

（5）内、外部的变化（例如设施设备的更新、防护措施的改变等）。

三、运行模式

为了保证城市轨道交通运营安全管理模式的持续有效性，本模式采用持续改进的运行模式，如图 6.2 所示，即在安全管理的总体方针确立之后，整个管理体系按照 PDCA(plan-do-check-action) 的模式循环运行。

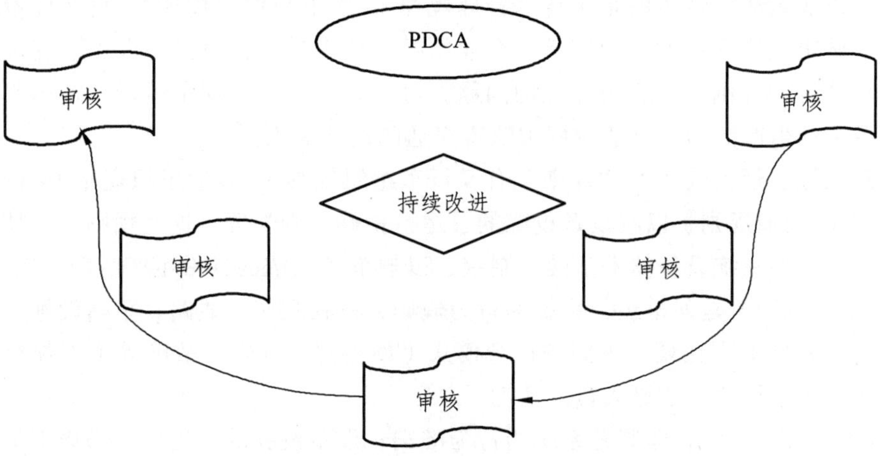

图 6.2 安全管理的运行模式图

按照上述模式运行可以使得安全管理的绩效随时间不断提高，每一次新的循环开始时的绩效水平都比上一次循环要高，具有螺旋上升的效果。

第二节 行车安全保障技术

城市轨道交通行车组织工作是城市轨道交通的中心工作，指在运输生产的过程中，为完成运送乘客的任务所进行的一系列与运输有关的工作，它肩负着指挥列车运行、保证行车安全、提高运输效率的重要职责。

一、行车人员基本要求

（1）行车调度员：作为实现列车时刻表的实际组织者，行车调度员肩负着控制整体系统、指挥列车运行、处理突发事件的重大责任。

（2）司机：身为行车组织的最前线执行人员，司机肩负着安全驾驶列车、快捷运送乘客、保证人身安全的重大责任。

（3）车站人员：车站人员要确保自动化设备和所提供的服务能满足乘客的需求，也要保障在车站管辖范围内乘客的安全；车站的运输服务工作需要与控制中心紧密合作，车站人员随时准备执行行车调度员的命令，协助行车调度员完成行车组织工作，根据客流状况做出适当的安排措施。

（4）车厂人员：车厂人员是行车组织工作中重要的后勤保障人员，为正线列车安全运营提供状态良好的列车，要求各岗位人员认真做好列车检修、维护及准备工作。

二、行车组织规章

对城市轨道交通运营企业而言，技术管理的核心是规章制度，它是规范人员生产活动的行为准则。各岗位人员只有严格执行规章制度才能使得规模庞大且技术复杂的系统有序、安全而高效地运转。

具有“企业宪法”性质的是《技术管理规程》，以下简称《技规》，它在设备的技术基础上规定了城市轨道交通的运营宗旨、企业精神、技术规范、服务要求、管理规则、指挥系统等运营系统的规则及带有规律性的问题，可以统领和规范列车运行、客运服务、检修保障三大系统的生产活动，以适应城市轨道交通的运营需求。

具有系统性、规范性质的“规则”有《行车组织规则》《客运组织规则》《行车调度工作规则》《事故处理规则》以及设备设施的《运行检修规则》等。这些规则在《技规》原则的指导之下，在各系统设备技术基础上制定，以规范各系统的日常生产活动，其中：

《行车组织规则》是列车运行系统的行为规则，它在列车、线路、车站设施、信号及通信系统的技术基础上，在列车不同的运行模式（如正常、晚点、故障等）下规范调度员、司机、车站及各系统设备值班人员的活动。

《客运组织规则》是客运服务系统的行为准则；设备设施的《运行检修规则》是检修保障系统的行为规则。

《事故处理规则》则是为贯彻安全第一的方针，保障运行、检修、服务工作人员及设备安全而编制的以预防为主导，事故发生后的调查、处理的各项规定。

此外还有各专业、各工种、各单位作业更详细且更具有针对性、操作性更强的技术管理方面的制度、工艺、办法等，如“车站管理细则”、各专业的具体规则和作业办法。

一系列的规章制度系统地涵盖了运营系统的每一个技术角落，使得日常的运营和故障的处理均有章可循，从而保证了城市轨道交通运营这一庞大的联动运输机构的正常运行，更好地保证“城市动脉”的畅通和社会的发展。

第三节　全自动运行系统的安全保障

近年来，城市轨道交通领域不断进行技术革新，增强系统装备的功能和性能，制定并完善相关安全规程，以达到进一步减少运营事故的发生、保证行车安全、提高运输效率的目的。但事实上，轨道交通领域每年仍会因为司机、维护人员、现场指挥人员或调度人员的失误导致运营延误甚至人身伤亡事故的发生。

2014 年，德国铁路共发生事故 1 739 起，其中因人为因素造成的事故为 898 起，占总比例的 51.6%，并且在 2010—2014 年间，该百分比数呈逐年上升的趋势。国内也存在许多因为人为因素导致的伤亡事故，例如，2007 年上海地铁 2 号线由于司机未确认车门与屏蔽门间隙是否安全就盲目动车，造成一名乘客与安全护栏碰撞跌落站台后死亡；2014 年北京地铁五号线惠新西街南口站，同样因为司机未确认车门与屏蔽门间隙是否安全就盲目动车，造成一名乘客被夹在车门与屏蔽门间隙中，在列车动车后跌落站台，抢救无效身亡。同样类型的事故不断发生，让人警醒，引发思考，是否可用设备来代替司机或运营人员进行操作，以减少失误，给乘客提供更为安全的运营服务。

目前，全自动运行系统不论是从运营角度、现场作业人员角度、乘客角度还是应急角度，都已实现通过设备或技术手段代替人员操作、固化人员经验、减少人为失误，从而提高相关操作的可靠性，提升整体系统的安全性。

一、全自动运行系统的安全动作

（一）行为安全

全自动运行系统可以替代司机执行全部的控车操作和测试工作，实现列车运行全过程（包括正线、车厂）的自动安全防护，像司机一样进行驾驶活动。

全自动运行系统的车载设备具备在进入全自动运行区域前检查列车状态的能力，以保证车载设备能执行后续运行过程中的全部操作。全自动运行系统可根据运行图自主地从休眠状态自动唤醒，自动完成列车上电自检、设备自检、静态测试、动态测试等 30 余项全面列车检查，包括以往人工不进行的测试项和无法实现检查的测试项，如：车辆设备自检、车载设备自检、网络通信自检、照明测试、开门测试等。测试完成后，列车将检查结果自动上报给控制中心，如图 6.3 所示，控制中心根据上报的检查结果，决定是否唤醒列车。

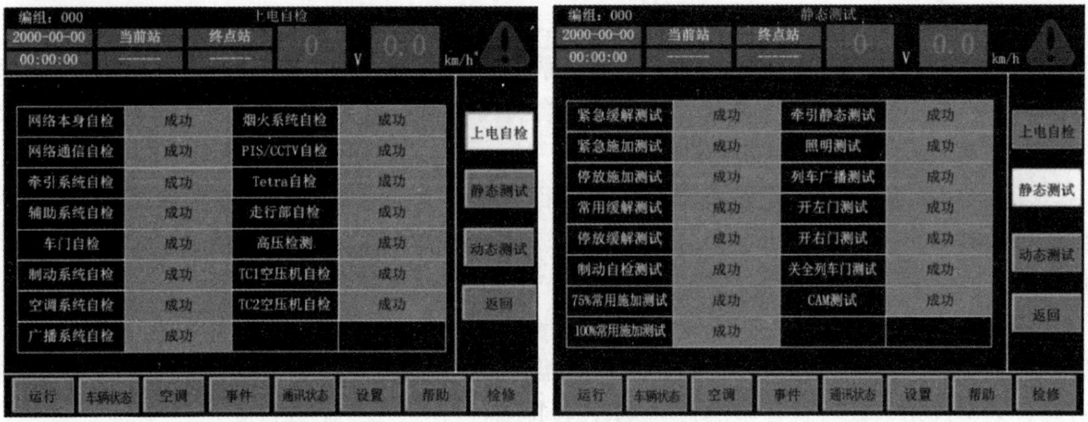

图 6.3　列车自动唤醒功能

列车唤醒前的全面检查可以大大降低列车在正线运营故障发生的概率，确保运行安全和运营效率。

同时，系统具备根据时刻表自动驾驶列车投入正线运营、完成站间行驶、到站精准停车、自动开关车门、自动发车离站、自动回库、自动休眠、自动洗车等一系列功能。列车运行全过程自动化，将司机从单一重复的作业中解放出来，进一步降低运营人员的工作强度，减少人为因素对运营的影响，从而减少人为误操作导致安全事故的发生，提升系统安全性、运营能力、自动化程度和运营维护功能。

恶劣天气时，因为结冰或者下雨（尤其是小雨）导致轨面湿滑，列车停车距离将变得更长，造成同其他列车发生相撞的概率大大增加。传统 CBTC 系统仅能依靠司机根据现场情况主观决定限速值，人工驾驶列车运行，该操作方式不仅存在不安全因素，还会降低运营效率，造成列车延误。为改善上述情况，全自动运行系统具备雨雪模式下的控车功能，控制中心工作人员在接到恶劣天气信息后，确认和下发“雨雪模式”工况指令，系统根据轨面适应特性，固化司机雨雪天气驾车的最佳实践，通过降低平直轨道上车辆能够保证的紧急制动最小减速度，加大列车的安全防护距离，实现列车在雨雪天气下安全、低速、可靠地运行。

（二）运营安全

（1）乘客在站台候车或上车后，乘客信息系统、广播系统等会为乘客提供列车运行与到站预告信息，协助乘客获得列车信息。正常情况下，全自动运行系统与传统 CBTC 系统提供给乘客的候车信息是没有本质区别的，但在紧急情况下，如列车或车站火灾时，乘客信息系统、广播系统等可以通过更多的联动功能，为乘客提供更完善的应急响应指引。

（2）乘客乘降过程是城市轨道交通运营中与乘客交互风险较大的阶段，为避免乘客在车厢间、车辆和站台间受到伤害，确保乘客乘降过程的安全，全自动运行系统具备以下特点：

① 全自动运行系统相对于传统 CBTC 系统增加了车门故障隔离屏蔽门和屏蔽门故障隔离车门功能，当某屏蔽门或车门发生故障时，故障对应的屏蔽门故障指示灯点亮，乘客可根据指引选择其他屏蔽门上车，系统联动播放列车广播告知乘客对应的车门无法打开，乘客根据广播指引选择其他车门下车。

② 由于拥挤、乘客故意扒门或其他情况，导致车门自动尝试三次关闭仍无法关闭时，因全自动运行系统中车上无司机进行确认，系统设定该车门进入防夹状态，保持开启，站务人员确认站台安全，可以关门后，按压站台关门按钮，再次关闭车门和屏蔽门，列车检测动车条件满足后，才能动车离站。

③ 全自动运行系统通过增加安全检查设备，对每个车门关闭后与屏蔽门之间的空闲情况进行检查，只有安全检查设备认为车辆与站台间无杂物时，才输出满足车辆启动安全条件，允许车辆发车，以确保乘客乘降过程的安全。

（3）列车上安装紧急手柄供乘客使用，当乘客使用该功能时，对控制中心报警，站台区域的列车紧急制动，打开车门且不关闭，需工作人员上车处理；区间运行的列车将维持进站，列车进站停妥后打开车门且不关闭，同样需工作人员上车进行处理。

（4）列车上安装紧急通话装置。通过该装置，乘客能够及时与控制中心联系，以便控制中心人员及时了解、掌握现场情况，并快速做出适当决策，如立即停止运营并启动相关安全程序。

（5）在出现紧急情况时，如行驶过程中车辆车门状态丢失、车辆发生火灾、车辆网络故障等，传统 CBTC 系统列车会立即紧急制动或切除牵引，而全自动运行系统下，只要站台是安全的，列车将维持进站对位停车，控制中心根据应急处理程序，通过广播、乘客信息系统等方式进行客流组织，最大限度地保证乘客安全，同时减少乘客滞留区间的时间。

（三）功能安全

全自动运行系统支持全天候（7×24 小时）不间断运行，如果系统中任意一点出现故障，就有可能造成服务质量的下降甚至行车的大面积延误，在存在设备故障的情况下，系统应仍能保证行车安全。为实现上述目标，全自动运行系统使用充分的备用和冗余来应对意外状况。信号在既有设备冗余的基础上，增强了冗余配置，包括：头尾终端设备冗余、ATO 冗余配置、与车辆接口冗余配置、二乘二取二、三取二，控制中心和备用控制中心等。车辆方面则加强了双网冗余控制，增加与信号、PIS 的接口冗余配置等。

全自动运行系统同时解决传统无线干扰的问题。由于现有车地通信依据 WLAN 提出，既有线路存在使用公网频段导致抗干扰性差、覆盖范围窄导致切换频繁以及高速移动性能差等不足，因此改善车地通信的可靠性迫在眉睫。全自动运行系统改用 LTE 车地通信方案，覆盖范围广，避免切换频繁，为高速移动提供了保障。

（四）应急安全

全自动运行系统能及时响应列车运行过程中发生的各种突发紧急情况，向控制中心报警并及时采取措施，以降低乘客风险，控制事故影响范围，尽快恢复正常运营。对此，全自动运行系统提供了一系列措施和方法去协助监视、解决列车运行过程中遇到的故障，如车辆在碰撞障碍物或检测到脱轨后，列车将紧急制动，并向控制中心报警，同时联动区间 CCTV 将事故区域画面上传。全自动运行系统可根据事故列车所处位置建立相应的防护区，防护区域内列车紧急制动，区域外列车按移动授权正常运行，但无法进入事故防护区域内，以防事故影响范围的扩大。待人工现场清除障碍物并确认未有遗留后，由控制中心远程复位障碍物/脱轨检测传感器，人工确认具备继续运行的条件后，司机人工驾驶列车动车。障碍物/脱轨信息引起的系统响应动作只能在控制中心下达复位命令后才可缓解，否则会一直保持。

除此之外，全自动运行系统针对不同类型的突发事故均能实现各系统间的快速联动，防止事故影响范围扩大的同时，也方便控制中心及时了解、掌握现场情况，做出判断并采取措施，提高了整个运营系统的安全性、可靠性及灵活性。

（五）维护安全

如遇工作人员需进入正线轨行区作业、车厂自动控制区域作业或紧急情况下列车区间疏散等情形时，为保障乘客及维护人员的人身安全，全自动运行系统增设 SPKS 开关。在乘客和工作人员进入全自动运行区域前，车站值班员在接到控制中心指令后，将 SPKS 开关置于防护位，以建立相应的防护区，区域外的列车不能进入该区域，区域内的列车制动停车或保持静止状态不发生移动，保证工作人员或乘客在该防护区域内行走安全，该状态将一直保持至车站值班员将控制 SPKS 开关置于非防护位。

车站值班员亦可通过操作站台紧急停车按钮或由控制中心对单列车下达紧急制动指令，使列车停车无法移动，以保障乘客及维护人员的人身安全。

车厂范围内自动控制区与非自动控制区则采用物理隔离措施，出入口设置门禁系统，以保障维护人员的安全。

二、全自动运行系统的安全优势

全自动运行系统相较于传统 CBTC 系统而言，存在以下优势：

（1）从列车运营角度来说，全自动运行系统可以为正线与车厂的车辆运行提供全方位风险防控功能。传统 CBTC 系统仅为正线运营提供碰撞和脱轨安全功能的防护，在车厂一般由司机负责列车运行安全，系统仅提供基础超速防护功能。

（2）从现场作业人员的角度来说，全自动运行系统引入无人区概念，构建出封闭的列车运行轨道，同时增加轨旁 SPKS 开关，提供进入无人区后的安全防护，确保轨旁作业人员的安全。相反，传统 CBTC 系统无法提供自动防护手段，现场作业人员的安全防护完全靠管理手段实现。

（3）从乘客角度来说，与主要通过司机瞭望等一系列操作规程和信号系统有关车门的允许指令来保证乘客上下车安全不同，全自动运行系统通过增加安全检测设备，对单个车门和屏蔽门进行授权等手段，全面防护各类异常场景，实现乘客上下车安全的全面自动防护。

（4）从应急角度来说，全自动运行系统通过增加检测设备，将成熟的应急预案操作过程纳入系统范畴，在出现异常情况时，系统第一时间自动进行安全防护，保证轨道交通系统能够维持安全高效地运作，仅当设备无法进一步处理紧急事件时，才要求运营人员介入系统安全防护工作。而传统 CBTC 系统在出现上述紧急情况时，仅能够通过将列车驾驶权完全交给司机，并执行运营方制定的各类应急预案来确保应急安全。

全自动运行系统与传统 CBTC 系统在处理故障时的对比见表 6.1，其中“√”表示列车运行控制系统参与/主导防范该风险。

表 6.1　全自动运行系统与传统 CBTC 系统的故障处理对比

风险分类及细化描述		传统 CBTC		全自动运行	
		正线	车厂	正线	车厂
碰撞	列车追尾	√	×	√	√
	列车侧面碰撞	√	×	√	√
	列车迎面碰撞	√	×	√	√
	列车与轨道上的物体碰撞	×	×	√	√
	列车与系统结构物相撞	√	×	√	√
脱轨	列车超速	√	√	√	√
	为确保安全时列车进入道	√	×	√	√
	不安全的道岔移动	√	×	√	√
人身伤害	人员受困	×	×	√	√
	人员摔倒跌落	√	×	√	√
	人员被设备撞伤	×	√	√	√
火灾	区间火灾	×	×	√	√
	列车火灾	×	×	√	√
触电		×	×	√	√
恶劣天气		×	×	√	√

第四节　运营事故分类及处置

下面以国内某地铁公司为例，对运营事故的分类及处置进行叙述。

一、运营事故的分类

运营事故按照事故的性质、损失及对运营造成的影响，分为特别重大事故、重大事故、较大事故、一般事故等四类。

（一）特别重大事故

运营事故造成下列后果之一的为特别重大事故：
（1）人员死亡 30 人以上；
（2）人员重伤 100 人以上；
（3）直接经济损失 1 亿元以上；
（4）特别重大火灾。

（二）重大事故

运营事故造成下列后果之一的为重大事故：
（1）人员死亡 10 人以上 30 人以下；
（2）人员重伤 50 人以上 100 人以下；
（3）中断正线行车 6 小时以上；
（4）直接经济损失 5 000 万元以上；
（5）较大火灾。

（三）较大事故

运营事故造成下列后果之一的为较大事故：
（1）人员死亡 1 人以上 10 人以下；
（2）人员重伤 10 人以上 50 人以下；
（3）中断正线行车 3 小时以上；
（4）直接经济损失 1 000 万元以上；
（5）一般火灾。

（四）一般事故

一般事故按事故损害程度或对运营造成影响程度分为一至六级安全事件。

1. 一级安全事件

一级安全事件指造成下列后果之一，但损害后果不够较大事故条件时：
（1）员工重伤 1 人以上或轻伤 5 人以上；（经劳动能力鉴定后未构成伤残等级或非生产

原因发生的工伤不纳入考核）

（2）责任乘客重伤 3 人以上或轻伤 10 人以上；

（3）中断正线行车 1 小时以上；

（4）直接经济损失 100 万元以上；

（5）正线列车冲突；

（6）正线列车脱轨；

（7）正线列车分离；

（8）正线挤岔；

（9）正线列车非法逆行；

（10）正线接触网塌网（造成 30 分钟以上行车中断的）；

（11）集团公司、运营总部决定列入本级的。

2. 二级安全事件

二级安全事件指造成下列后果之一，但损害后果不够一级安全事件条件的：

（1）员工轻伤 1 人及以上；（非生产原因发生的工伤不纳入考核）

（2）责任乘客重伤 1 人以上或轻伤 5 人以上；

（3）直接经济损失 50 万元以上；

（4）中断正线行车 30 分钟以上；

（5）首班车晚开 30 分钟以上；

（6）正线发生起火冒烟火险，致使消防车出动现场扑救的；（指非外部原因导致的）

（7）车厂线调车冲突；

（8）车厂线调车脱轨；

（9）正线接触网塌网；（造成 30 分钟及以下行车中断的）

（10）车厂线接触网塌网；

（11）车厂线滑触线塌落；

（12）运营时间内屏蔽门非正常开启致使人员、物品跌落轨行区或造成不良社会影响；

（13）集团公司、运营总部决定列入本级的。

3. 三级安全事件

三级安全事件指造成下列后果之一，但损害后果不够二级安全事件条件的：

（1）直接经济损失 25 万元以上；

（2）未经批准向占用区间发出列车；

（3）未准备好进路或错排进路接、发列车；

（4）未经批准，向占用线接入列车；

（5）正线列车、工程车、车辆溜逸；

（6）正线列车运行中，因设备设施超限、车辆超限、装载货物超限、装载货物掉落、车辆部件脱落等损坏地铁设备，造成全部或部分退出运行的；

（7）轨行区内设备（如消防水管、接触网、屏蔽门等）或存放的维修用工器具或施工后遗留的物品等侵限与列车相碰的；

（8）列车运行中，齿轮箱、抗侧滚扭杆、牵引电机、空压机和牵引、制动电器箱等车辆整体重要部件脱落的；

（9）无驾驶资格操纵列车；

（10）列车运行中擅自切除车载安全防护装置；

（11）正线接触网、接触轨供电系统发生错误停、送电；

（12）运营时间内轨行区积水漫过轨面；

（13）未按规定安装或撤除接触网、接触轨等高压设备接地保护装置；

（14）未按规定撤除放置在钢轨上的工器具或防护设备；

（15）正线走行轨由轨头到轨底贯通断裂；

（16）乘客通过隧道内疏散；

（17）运营时间内未经批准进入隧道内行走或隧道内施工作业未进行请销点；

（18）列车错开车门；

（19）列车在运行中开启车门或未关闭车门动车（行调允许时除外）；

（20）车厂线调车挤岔；

（21）集团公司、运营总部决定列入本级的。

4. 四级安全事件

四级安全事件指造成下列后果之一，但损害后果不够三级安全事件条件的：

（1）单个车站停止服务 1 小时以上；

（2）运营期间不明人员闯入轨行区；

（3）未经批准列车全列载客进入辅助线或车厂线；

（4）隧道内设备位移侵限；

（5）正线列车冒进信号；

（6）未办或错办列车手续发车；

（7）车厂线接触网、接触轨供电系统发生错误停、送电；

（8）运营时间内系统设备子系统全线瘫痪 1 小时以上；

（9）非运营时间内未经批准进入隧道内行走或隧道内施工作业未进行请销点；

（10）车厂线机车车辆停留未采取制动措施；

（11）车厂线调车未撤除止轮设施开车；

（12）车厂线列车运行中，因设备设施超限、车辆超限、装载货物超限、装载货物掉落、车辆部件脱落等损坏地铁设备；

（13）列车夹人动车；

（14）正线临时限速运行 120 分钟以上的；

（15）控制中心调度有线和无线通信系统全部中断 10 分钟以上；

（16）车厂线走行轨由轨顶到轨底贯通断裂；

（17）车厂内工程车、车辆溜逸；

（18）由于设备设施故障、操作流程失误或火灾等情况产生的车站限流 120 分钟以上；

（19）错发、错收、错传，或漏发、漏收、漏传行车调度命令；
（20）正线、车厂线接触网、接触轨停电类施工，漏停电；
（21）正线列车、工程车在道岔区段运行中，错误转动道岔；
（22）轨行区内作业擅自扩大施工作业区域且进入的区域为行车区域或其他线路；
（23）接地线挂接位置错误，造成供电系统跳闸或短路；
（24）发生明火冒烟导致启动人员疏散的；
（25）非正线发生起火冒烟火险，致使消防车出动现场扑救的；
（26）集团公司、运营总部决定列入本级的。

5. 五级安全事件

五级安全事件指造成下列后果之一，但损害后果不够四级安全事件条件的：
（1）直接经济损失 10 万元以上；
（2）列车救援时间 30 分钟以上；
（3）单个车站停止服务 30 分钟以上 1 小时以下；
（4）列车夹物行车三站两区间以上；
（5）无操作资格或无调度命令或错误操作行车、供电等重要设备；
（6）运营期间，车站正常照明全部熄灭 30 分钟以上；
（7）控制中心调度有线或无线通信系统中断 60 分钟以上；
（8）车厂线内施工作业未进行请销点；
（9）车厂线调车冒进信号；
（10）非运营时间内轨行区积水漫过轨面；
（11）施工作业未按要求设置或撤除安全防护装置；
（12）运营时间内设备系统子系统瘫痪影响单个车站运营服务 2 小时以上；
（13）未经批准关闭、屏蔽防灾设备的；
（14）气体灭火系统未正常启动的；
（15）正线信号 1 个以上联锁子系统故障 30 分钟以上的；
（16）接触网、接触轨供电出现断续持续 1 小时以上；
（17）整侧屏蔽门不能打开或关闭 2 小时以上；
（18）正线、辅助线、车厂线列车带电进入无电区；
（19）信号系统 ATP、ATS 之一系统故障 2 小时以上；
（20）车站、列车乘客群体性恐慌处置未按规定疏导乘客的；
（21）集团公司、运营总部决定列入本级的。

6. 六级安全事件

六级安全事件指造成下列后果之一，但损害后果不够五级安全事件条件的：
（1）直接经济损失 3 万元以上；
（2）火警事件（出现明火或冒烟）；
（3）单个车站停止服务 30 分钟以下；

（4）未经批准应停列车在站通过或通过列车在站停车进行乘降作业（紧急情况除外）；

（5）运营期间，车站正常照明全部熄灭 10 分钟以上；

（6）控制中心调度有线或无线通信系统之一全部中断 10 分钟以上；

（7）其他施工作业未进行请销点；

（8）人工准备进路手摇道岔超过 30 分钟；

（9）未经批准，超出设备限界安装设备；

（10）未经批准改变供电、信号、轨道、车辆、通信、消防系统技术参数或运行模式的；

（11）涉及人身安全和行车安全的隐患未采取临时防护措施；

（12）错误或误操作启动气体灭火系统的；（设备正常启动的不纳入考核，气体误喷的不以直接经济损失核算事故损失）

（13）车辆零部件或检修工具器掉落轨行区的；（指可能对行车造成影响的）

（14）检修材料、工器具遗留轨行区的；（指可能对行车造成影响的）

（15）工程车救援；

（16）车站 FAS、EMCS、BAS 系统瘫痪 4 小时以上；

（17）UPS、EPS 在线保护功能失效导致负荷无法工作且影响行车的；

（18）系统瘫痪影响单个车站运营服务 30 分钟以上，120 分钟以下的；

（19）车辆段微机联锁系统故障 30 分钟以上且影响列车出回厂的；

（20）车站水淹；（起点按六级处理，并按水淹造成的具体影响适当上升级别）

（21）集团公司、运营总部决定列入本级的。

（五）相关定义解释

出入段线及连接正线的辅助线发生事故比照正线发生处理，其他辅助线发生事故比照车厂线发生处理。本标准中的“以上”均包括本数，所称的“以下”不包括本数。

1. 调　车

系指除列车在正线运行、车站（车厂）接发列车作业以外的一切工程车、车辆或列车有目的的移动。

2. 直接经济损失

系指运营总部设备损失费用及事故救援、伤亡人员（不含人身保险赔偿费用）处理费用。设备报废时，按设备账面价值减除折旧及残值计算，破损的设备按修复费用计算。

3. 重伤、轻伤

“轻伤”“重伤”按照《劳动部关于重伤范围的意见》和国家标准 GB6441—86《企业职工伤亡事故分类》的有关条款确定。

4. 火　灾

（1）特别重大火灾，指造成 30 人以上死亡，或者 100 人以上重伤，或者 1 亿元以上直接财产损失的火灾；

（2）重大火灾，指造成 10 人以上 30 人以下死亡，或者 50 人以上 100 人以下重伤，或者 5 000 万元以上 1 亿元以下直接财产损失的火灾；

（3）较大火灾，指造成 3 人以上 10 人以下死亡，或者 10 人以上 50 人以下重伤，或者 1 000 万元以上 5 000 万元以下直接财产损失的火灾；

（4）一般火灾，指造成 3 人以下死亡，或者 10 人以下重伤，或者 1000 万元以下直接财产损失的火灾。

5. 正线发生起火冒烟火险，致使消防车出动现场扑救的

其中正线是指以进厂信号机 XJ1、XJ2 为界的正线线路、与正线连接的辅助线及各车站管辖范围，以及站外地铁公司所属构造物。

6. 冲　突

系指列车、工程车、车辆相互间或与设备、设施（车库、站台、车挡等）发生冲撞导致列车、工程车、车辆及设备、设施破损。

7. 脱　轨

系指列车、工程车、车辆的车轮落下钢轨轨面（包括落下后自行复轨）。

8. 整备作业

系指列车、工程车、车辆在车厂、站线进行检查、试验设备功能、清扫等作业。

9. 中断正线行车

系指在地铁运营的正线上造成堵塞阻隔状态，不论事故发生在区间或站内，造成双线区间或双线区间之一不能行车时，即为中断正线行车。计算中断正线行车时间由事故发生造成堵塞行车时起（火灾爆炸时由停车时算起）至实际恢复列车正常行车条件的时间止；非运营期间内中断正线行车时间由运行图规定第一列到达或通过该地点的时间起至实际恢复行车条件的时间止（实际恢复行车条件的时间以事故现场实际的开通时间为准）。

由车辆段至正线的联络线或与正线相连接的折返线、存车线，堵塞中断行车影响运营时，按中断正线行车论。

线路修复后如需进行试运转的，以试运转完了的时间作为线路开通的时间。如试运转后不能通车需要继续整修时，以线路实际达到连续通行列车行车条件时为线路开通时间。破损的设备没有移开线路而影响行车时，不能作为线路开通。

如列车能在站内其他线路通行，又回到原正线上发车进入区间的，不按中断正线论。

10. 未准备好进路

有下列情况之一的属于未准备好进路：

（1）进路联锁关系未建立；

（2）进路上存在有危及行车的障碍物；

（3）进路上的道岔未开通正确方向、未锁闭；

（4）邻线的列车、工程车、车辆等越出警冲标。

11. 占用区间

有下列情况之一的属于占用区间：

（1）闭塞区间进入列车或已停留、溜入工程车、车辆等；

（2）封锁的区间（如安排进行施工作业等）；

（3）闭塞区间已被列车取得占用的许可。

12. 占用线

指停有列车、车辆、工程车的轨道区段线路或已封锁的线路。

13. 列车冒进信号

列车前端任何一部分越过进路防护信号机显示的停车信号（行车调度员允许越过的除外）。

14. 错开车门

有下列情况之一的属于错开车门：

（1）列车未对好站台开启客室门（指列车至少有一个客室门越出站台头端墙或尾端墙。但经行车调度员同意的除外）；

（2）开启无站台一侧的客室门（故障情况下经行车调度员同意的除外）；

（3）在非乘降乘客侧开启客室门。

15. 运行中开门

系指在列车运行过程中，因车门故障等原因，客室门打开。

16. 未办或错办行车手续发车

系指站间电话行车法时未与邻站（或相邻闭塞办理站）办理手续或办理手续后由于未交、错交、未拿、错拿、漏填、错填行车凭证而发车。（交与司机后，发现凭证的日期、区间、车次错误，亦为错误办理行车凭证发车）。

17. 夹人、夹物动车

系指列车夹住人体任何部位或物品动车。

18. 挤　岔

车轮挤过或挤坏（使尖轨与基本轨分离）道岔。

19. 列车分离

系指列车因车辆连接状态或车钩作用不良而发生的车辆分离。（包括车钩缓冲装置破损）。

20. 列车救援

控制中心根据实际情况决定是否启动列车救援程序，时间起算点为控制中心正式发布救援命令的时间，截止点为救援列车与故障列车连挂后动车的时间。办理列车救援时，造成中断正线行车时间不足 30 min，其救援责任不考核时间延误责任，仅对车辆故障考核其救援责任；当中断正线行车的时间满 30 min 及以上时，按办理救援作业的相关单位造成的延误时间考核其承担的责任，但因延误时间的总计最大责任比例不超过 40%。其中：行车调度员、司机、车站行车值班员在办理发布与接收调度命令的时间不得超过 4 min。故障车或救援车清客时间不得超过 5 min。

21. 未经批准

批准的权限为分公司以上级别正式文件、通知、文本、规章制度的明确规定，分公司领导的明确指令，控制中心相关专业调度的口头或书面命令。

22. 人工准备进路手摇道岔超过 30 min

正线道岔发生电动转换控制故障时，站务人员通过人工转换道岔排列进路，自站务人员到现场进行手摇道岔时间起，超过 30 min 的故障延时间隔时间列信号设备维修部门责任。

23. 乘客通过隧道内疏散

乘客通过隧道内疏散指列车由于故障或火灾在区间隧道内无法动车，致使乘客通过隧道地面疏散到站台。

24. 不良社会影响

不良社会影响是指市以上相关部门或媒体对发生的事件进行报道或指令地铁公司进行整改，或事件影响引起公众的恐慌或指责性异议。

二、运营事故的通报

（一）运营事故的报告要求

（1）快速报告原则：事故发生后，各相关单位人员应按如下程序要求立即进行报告。

① 事故报告程序流程图如图 6.4 所示。

② 说明。

a. 发生各类事故时，有关人员按流程图规定报告；

b. 如发生在车站时，由车站行车值班员或现场人员立即向行车调度员报告；

c. 如发生在车辆段时，由事发地归属单位生产调度或现场人员立即向行车调度员报告；

d. 如发生在区间时，由司机或现场人员立即向行车调度员或通过车站行车值班员向行车调度员报告；

e. 供电系统发生影响运营的故障，由现场值班人员立即向电力调度员报告，电力调度员接到报告后立即报告主任调度员，并向行车调度员通报；

（2）按就近处理的原则，发生立即需要外部支援的运营事故（如火灾、爆炸、人员伤亡等）时：

① 现场人员有条件时应立即报 110、120；

② 控制中心当值人员接到报告后应立即报 110、120；

③ 控制中心接报后视情况通知市有关部门；

④ 控制中心所通知的市有关部门是指市应急指挥中心、市交通局、市公安局、市急救中心等政府组织机构，由主任调度员决定通知范围或执行总部领导指示；

⑤ 各生产单位调度负责向单位相关人员进行通报，具体办法由各单位分别另行制订。

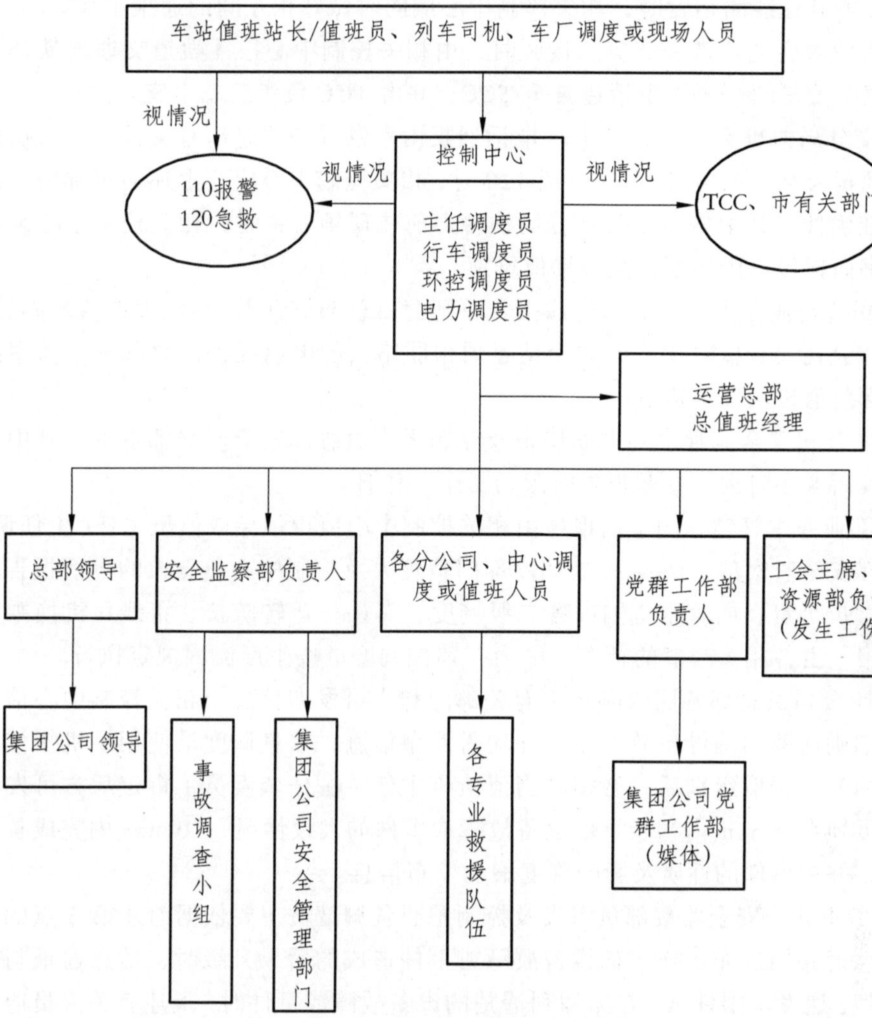

图 6.4　事故报告程序流程图

（3）事故发生后，事故发生单位在报告的同时，应按《运营总部应急预案汇编》中相应应急处理程序要求，开展应急救援工作，控制事故扩大。

（4）当职工确认患有职业病后，员工所在单位应立即报告安全监察部和人力资源部。由人力资源部向市有关行政部门提出工伤认定申请。

（二）通报原则

（1）向政府有关部门的电话报告原则上由集团公司办公室、党群工作部、安全监管中心负责。本着信息传递及时和抢险快速反应的原则，总部控制中心经总部负责人（总经理或值班副总经理）授权后可先行电话报告政府有关部门。向政府有关部门的书面报告原则上由集团公司应急处置领导小组或下设的新闻报道组负责，或集团公司应急处置领导小组将审定后的书面报告传真至控制中心，由控制中心负责原文传真报出。

（2）向 TCC 的电话报告控制中心负责。按规定应在 15 min 内电话报告，20 min 内使用

“TCC 值班室系统控制中心平台”书面报告，并视事件的性质及影响程度滚动报告。当设备故障或事件影响其他线路运营时，相关控制中心应同时做好相互间的通报工作。

（3）遇需请求启动地铁公交应急接驳时，由相关控制中心按《轨道交通地铁公交应急接驳专项预案》要求填写书面申请传真至 TCC，并由 TCC 负责启动事宜。

① 向公交分局值班室、110 或 120 电话通报由事发现场按总部有关预案要求执行。遇特殊事件需通报公交分局值班室、110 或 120 时，相关控制中心应与上述通报部门确认现场通报与否及准确性。其中需出动公交分局的警力前往现场处置时，相关控制中心须在电话通报后填写书面报告单传真至公交分局值班室。

② 向集团公司业务主管领导的电话报告原则上由总部负责人（总经理或值班副总经理）负责；向集团公司安全监管中心的安全信息通报联络人的电话报告由总部安全监察部负责人（部长或部门值班领导）负责。

③ 向集团公司安全监管中心书面快报及专题报告由总部安全监察部负责。其中书面快报时限为事发后 8 小时内，专题报告时限为 2 个工作日。

④ 向总部业务主管领导的电话报告由相关控制中心值班领导或值班主任（主任调度员）负责；向总部安全监察部、调度中心/调度部门负责人及控制中心负责人的电话报告由控制中心信息调度员负责；向管辖范围内各二级调度、车站、运转队长、正线司机换乘室等人员的电话通报，由各相关当值的行车、电力、环控调度员按生产流程规定执行。

⑤ 向集团公司及总部各层级领导、有关部门和人员发布信息由相关控制中心信息调度员负责。本细则所罗列的设备故障或事件均需发布信息，信息调度员使用手机短信发布平台编写信息内容、选取组别后，必须经当值值班主任（主任调度员）审定后方可发布；要求信息调度员须在 5 min 内初步了解设备故障或事件的大致情况，10 min 内完成首次的短信发布工作，并视事件的性质及影响程度滚动发布信息。

⑥ 总部负责人、安全监察部负责人及控制中心各调度员主要依据前述第 5 点的分类及定义进行信息通报与发布工作。遇设备故障或事件造成的后果升级时，信息通报与发布则相应升级处理；遇发生附件 A ~ C 未罗列清楚的设备故障或事件时，上述有关人员应主要依据其造成的后果进行信息通报与发布。

（三）通报要求

（1）电话、手机短信、TCC 书面报告通报要求：时间、地点、初步原因、大概影响、已采取的或即将采取的初步措施。

（2）书面报告及书面快报要求：

① 事故发生的时间、地点（线路、站或区间百米标）；

② 突发事件类别；

③ 事件影响程度（中断行车时间、人员伤亡、其他）；

④ 突发事件初步判断级别；

⑤ 事件起因、经过、损失和影响；

⑥ 已采取措施及效果；

⑦ 发展趋势及对策意见；

⑧ 其他应急报告的情况；

⑨ 现场联络方式。

（3）专题书面报告要求：具体事件描述、较明确的分析、造成的影响、初步或今后的整改措施。

（4）各控制中心须详细、如实记录设备故障或事件的通报经过。

（5）各客运分公司、专业中心应根据本标准制定、细化本单位的运营信息通报实施规定、流程；为做好运营信息的保密工作，各客运分公司、专业中心使用的短信群发平台的接收人员名单（地址本）应报总部分管领导审批后方可执行。

三、运营事故的处理原则及分析

（一）运营事故的处理原则

运营事故处理原则是为了及时正确处理地铁运营事故，维护地铁运营秩序，减少事故损失，贯彻“安全第一、预防为主、综合治理”的方针，使地铁更好地服务社会。

凡在正线、辅助线、车厂线及总部所属管辖范围内由于地铁自身原因造成人员伤亡、设备损坏、经济损失、中断行车、火灾或其他危及运营安全的情况，均构成运营事故。由于不可抗力、社会治安等非地铁责任原因产生后果的均不列入地铁运营事故统计范围。

发生运营事故后，应采取积极措施，迅速组织救援处理，尽快恢复运营，尽量减少事故损失。

处理事故要以事实为依据，以国家法律、法规和分公司规章制度为准绳，坚持“四不放过”的原则，认真调查分析，查明原因，分清责任，吸取教训，制定对策。对事故责任者，应根据事故性质和情节，予以批评教育、经济惩罚、行政处分直至追究法律责任。并根据事故性质、情节的严重性，按有关规定逐级追究责任。

总部安全管理委员会（以下简称安委会）是运营事故调查处理的主管机构，负责组织事故的调查分析和定性、定责及处理工作。根据事故调查需要成立的各级事故调查小组在总部安委会领导下开展具体的调查分析工作及提供定性、定责及处理建议。

较大事故以上的调查处理根据中华人民共和国国务院令第 493 号《生产安全事故报告和调查处理条例》及省、市、集团公司有关规定进行调查处理。当事故调查交由上一级部门或集团公司负责时，总部应积极做好协作配合工作。

（二）运营事故的责任判定和处理

1. 运营事故责任的划分

（1）全部责任：负有事故损失及不良影响 100%责任；

（2）主要责任：负有事故损失及不良影响 60%～90%责任；

（3）同等责任：各方均负有事故损失及其不良影响的相同成分的责任；

（4）次要责任：负有事故损失及不良影响 30%～40%责任；

（5）一定责任：负有事故损失及不良影响 10%～20%责任；

（6）管理责任：根据事故性质承担。

2. 运营事故责任判定的依据

运营事故责任判定的依据是有效的各项规章、制度、办法及规定等。

3. 运营事故责任定责及处理

（1）在正线上因车辆调试作业发生的事故，由于车辆本身技术问题的，由负责组织调试作业的单位或部门承担主要责任（60%）；在非正线上因车辆调试作业发生的事故，由于车辆本身技术问题的，由负责组织调试作业的单位或部门承担主要责任（70%）。但由于其他原因造成的仍按正常事故处理；

（2）因承包商在地铁范围内进行设备维修、施工而造成的运营事故，列承包商责任事故。管理部门承担管理责任；

（3）因货物装载不良或押运人员监督不力造成的事故，由装载部门或押运部门承担责任；

（4）由于车辆、设备、设施、器材、装置发生异常状况发生事故时，其事故责任按以下原则处理：

① 对于尚无明确分工的项目，按主体责任原则设备管理的部门承担主要责任（60%）；按属地管理原则，相关部门承担次要责任（30%）；负责确定分工的部门承担一定责任（10%）；

② 对于已有明确分工的项目按设备分工责任部门承担全部责任；

③ 车辆、设备、设施、器材、装置发生的异常状况时，由于处理人员操作不当直接导致发生事故时，列该处理人员及所属部门承担全部责任。

④ 总部批准的技术革新、科研项目进行试验时，在规定的试验期内，被试验的项目发生事故，不列为运营责任事故。但由于违反操作规程以及其他人为因素仍列责任事故；

⑤ 正式投入使用的各种运营设备，发生事故时，一律列运营事故；

⑥ 事故全部由一方原因造成，则承担全部责任；当事故由两方原因造成，但双方推诿扯皮，造成责任难以分清时，可以裁定双方均负有同等责任；

⑦ 事故由两方或多方原因造成，当各方责任等同时，则各方承担同等责任；

⑧ 当事故由三方以上原因造成，则视各方责任而依次承担主要责任、次要责任、一定责任；在具有非造成事故直接原因但与事故发生有着一定关系时，则负有一定责任；

⑨ 涉及事故事件的监控录音或录像资料缺失，监控录音或录像管理单位承担10%责任。

⑩ 当一起事故具有多种定性条件时，按事故性质等级高的定性；

（5）下列事故可列为非责任事故：

① 因自然灾害等原因使设备损坏造成运营事故的；

② 因人为故意破坏造成运营事故的；

③ 特殊情况经总部安委会审查，确定可列非责任事故的；

（6）凡隐瞒事故、弄虚作假、破坏证据等，一经查清，列该部门或人员全部责任；

（7）对工伤和职业病患者处理办法：

① 因工作遭受事故伤害或者患职业病的员工应享受的待遇，按《工伤保险条例》执行；

② 人力资源部应根据职业禁忌证的要求，对职业病患者安排合理的工作岗位，并办理相关手续；

③ 总部工会监督检查工伤和患有职业病的职工有关待遇的落实情况，确保职工的合法权益；

（8）其他未尽事宜根据事故调查处理组调查报告由总部安全管理委员会判定。

（三）运营事故的统计分析和总结报告

（1）一般事故折算系数如下：

① 一起一级安全事件系数为 1（件）一般事故；

② 一起二级安全事件系数为 0.8（件）一般事故；

③ 一起三级安全事件系数为 0.6（件）一般事故；

④ 一起四级安全事件系数为 0.4（件）一般事故。

⑤ 一起五级安全事件系数为 0.2（件）一般事故；

⑥ 一起六级安全事件系数为 0.1（件）一般事故；

（2）各单位要建立事故记录台账，详细记载各种运营事故发生的经过、原因及处理情况，定期分析总结，根据事故通报，对职工进行安全教育。

（3）事故相关单位应及时将事故发生及应急处理情况汇报总部安全监察部，并负责组织协助事故调查。

（4）事故的统计数字和责任单位以安全监察部的记载为依据。事故涉及两个以上单位时，应将事故件数列入全部责任或主要责任单位。按同等责任论处的事故，责任单位按平均数统计，总部按一件事故统计。

（5）安全监察部负责统计总部事故发生情况，并将事故分析总结报告进行整理建立档案。

（6）列为非责任事故的，事故发生部门统计事故件数，但不影响安全成绩。

第五节　典型行车故障案例分析

一、轨道电路故障

（一）轨道电路的基本作用

轨道电路是城市轨道交通 ATC 系统中的基础设备[CBTC（Communication Based Train Control，通信式列车控制）系统除外]，它的主要作用是用来监督线路的占用情况，以及将列车运行与进路、道岔和信号机等联系起来，其性能直接影响行车安全和运输效率。

轨道电路操作原理图如图 6.5 和图 6.6 所示，当钢轨线路无列车占用时，轨道继电器被吸起；当有列车占用（或其他原因导致两条钢轨导通）时，轨道继电器落下，在相应的人机对话界面上相应的轨道电路显示红色，表示物理占用。

对于城市轨道交通来说，轨道电路不仅用来检测列车是否占用线路，更重要的是要传输 ATP 信息。所以除车厂内可采用传统的 50 Hz 相敏轨道电路外，正线多采用高可靠性、多信息量的数字编码式音频轨道电路。为便于牵引电流流通，提高线路性能并方便维修，音频轨道电路是无绝缘的。

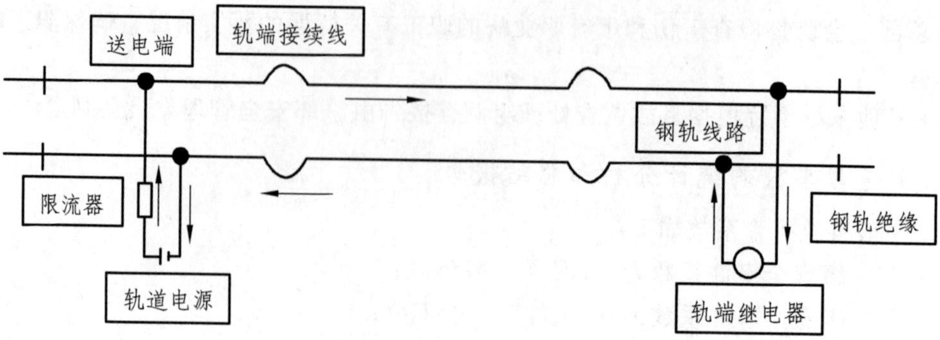

图 6.5　无列车占用时的轨道电路示意图

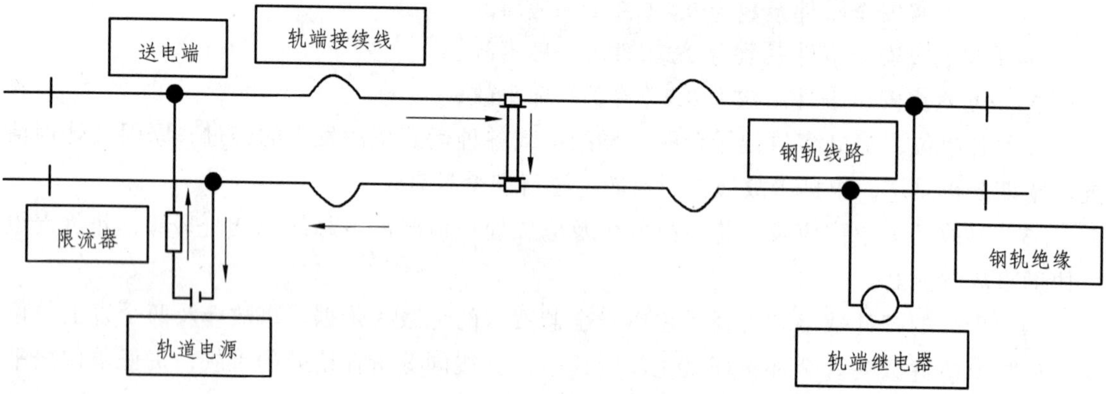

图 6.6　有列车占用时的轨道电路示意图

轨道电路的第一个作用是监督列车的占用。轨道电路反映该段线路是否空闲，为开放信号、建立进路或构成闭塞提供依据。

轨道电路的第二个作用是传递行车信息。例如音频数字编码轨道电路中传送的行车信息，为 ATC 系统提供控制列车运行所需要的前行列车位置、运行前方信号机状态和线路条件等有关信息。这些信息决定列车运行的目标速度，控制列车在当前运行速度下是否需要减速或停车。对于 ATC 系统来说，带有编码信息的轨道电路是其车—地之间传输信息的通道之一。

任何一个轨道电路区段都由一套轨道电路设备构成，一般轨道电路区段为无道岔的轨道电路区段，而道岔轨道电路区段是一个带有道岔的轨道电路区段。任何一个轨道电路发生故障都会直接影响列车的正常运行。

（二）轨道电路故障的应急处理方法

西门子公司的 SICAS 型计算机联锁系统的结构分成 5 层，分别为操作显示层、联锁逻辑层、执行表示层、设备驱动层和现场设备层，它们分别对应的联锁设备为 LOW（Local Operation Workstation，微机联锁区操作员工作站）、SICAS、STEKOP（现场接口计算机）、DSTT（接口控制模块）和现场的道岔、轨道电路与信号机。

在控制中心的 MMI 或车站 LOW 上对每一轨道电路设备状态都有相关的显示，遇到轨道电路故障时也会及时显示设备故障报警提示。

轨道电路区段（含道岔轨道电路区段）根据不同的工作状态可以显示 6 种颜色，从高到低分别为灰色、深蓝色、红色、粉红色、绿色或淡绿色、黄色，各种颜色在行车工作中的含义如下：

黄色：常态、空闲、没有被进路征用。

绿色：空闲、被进路征用。

淡绿色：空闲、被进路征用为保护区段。

红色：物理占用。

粉红色：逻辑占用。

轨道中部深蓝色则表示该区段已被封锁，拒绝通过该区段排列进路。如果轨通中部深蓝色闪烁，表示该区段已进行封锁操作，但对下一条进路有效。

灰色：无数据（轨道电路设备与 SICAS 计算机连接中断）。

在以上这些轨道电路区段的颜色中，黄色、绿色、淡绿色、深蓝色和红色是列车运行时从排列进路到列本占用再到进路出清的过程中正常显示的颜色，当轨道电路区段显示粉红色色表示“逻辑占用”，即操作员发出的指令只到达联锁逻辑层，是计算机联锁逻辑计算故障所致，操作员一般可以通过“轨区逻空”（或“岔区逻空”）命令将故障清除。在没有列车占用时如果轨道电路区段显示红光带则表示“物理占用”，这种情况和轨道电路区段出现粉红光带不同，一般是操作员的指令到达现场设备层后出现电路故障所致，也有可能是钢轨出现水淹、断轨等突发情况，需要立即派人到现场检修。

导致轨道电路区段出现红光带的原因有很多种，但对于行车岗位的人员来说，可以简单地归为以下两大类：一是导体将两根钢轨接通（如列车轮对占用、水淹等）；二是轨道电路电气回路中的设备故障（包括断轨）。因此当轨道电路区段出现非正常红光带时，行车调度员最关心的就是现场钢轨的状态是否有同题：有无异物搭在钢轨上、有无断轨、有无水淹，如果查明现场情况正常，即可初步判断造成红光带的原因为电路故障。

当轨道电路区段出现红（粉红）光带时，进路监控区段的信号机无法开放，以 AT0 模式（列车自动驾驶模式）或 SM 模式（ATP 保护下的人工驾驶模式）运行的接近列车将自动停车或产生紧急制动，故障区内列车收不到速度码。但一般来说，单个轨道电路区段出现红（粉红）光带不会对行车造成大的影响，出现粉红光带时，行车调度员可以通过指令车站执行轨区逻空或岔区逻空命令清除；出现非正常红光带时，行车调度员可以在初步查明原因且确认安全后指令司机以 RM 模式谨慎驾驶通过故障区段。

但如果整个联锁区的轨道电路区段出现红（粉红）光带，由于列车在整个联锁区都无法收到速度码，指令司机以 RM 模式驾驶又会使行车速度大为降低，有时还必须改用电话闭塞法组织行车，这样会对行车工作产生较大影响。轨道电路区段出现红（粉红）光带的应急处理方法见表 6.2。

需要强调的是，当整个联锁区粉红光带故障时，由于列车的占用，轨道电路区段正常显示红光带，因此列车的位置是可见的，在车站执行“全区逻空”命令后一般能恢复正常。若短时间不能恢复，行车调度员则需按轨旁 ATP 故障处理程序进行处理，即在行车调度员的监督下，司机以 RM 模式谨慎驾驶列车通过故障联锁区。

表 6.2 轨道电路区段出现红（粉红）光带的应急处理方法

故障现象	单个轨道区段粉红光带	单个轨道区段红光带	整个联锁区粉红光带	整个联锁区红光带
故障影响	若在进路监控区段，则影响信号机信号不能正常开放；若在非监控区段，则不会影响信号机开放信号		影响信号机信号不能正常开放	
	以 ATO 或 SM 模式运行的接近列车将自动停车或产生紧急制动		以 AT0 或 SM 模式运行的接近列车将自动停车或产生紧急制动，故障区内列车收不到速度码	
故障应急处理	车站/司机确认安全后，指令车站执行轨区逻空或岔区逻空命令后可恢复正常	车站/司机确认安全后，提前通知司机以 RM 模式通过故障区段	指令车站执行全区逻空命令后可恢复；若不能恢复，按轨旁 ATP 故障处理	指令司机和车站按电话闭塞法组织行车

当整个联锁区红光带故障时列车位置不可见，行车调度员无法对列车的运行进行监控，仅指令司机以 RM 模式行车，这存在不安全因素，因此必须按联锁系统故障时的应急处理采用电话闭塞法组织行车。

（三）相关案例——某城市轨道交通线路联锁区红光带故障

1. 事件经过

某城市轨道交通线路 H 站联锁区在 8 时 30 分出现轨旁 ATP 故障，线路图及故障时部分列车分布情况如图 6.7 所示，行车调度员指令司机在故障区域以 RM 模式运行。8 时 42 分时，H 站联锁区出现全区红光带故障，8 时 46 分时变为全区粉红光带；8 时 52 分，粉红光带消失，ATP 故障仍存在；8 时 54 分再次出现全区红光带故障；9 时 04 分红光带故障消失，ATP 故障仍存在；9 时 06 分再次出现全区红光带故障，至 9 时 46 分红光带故障消失；9 时 47 分 ATP 设备恢复正常。故障发生一个多小时后消除，期间行车调度员组织了 5 列车中途折返进行小交路运行，但清客次数过多影响到乘客的出行，增加了清客的难度。

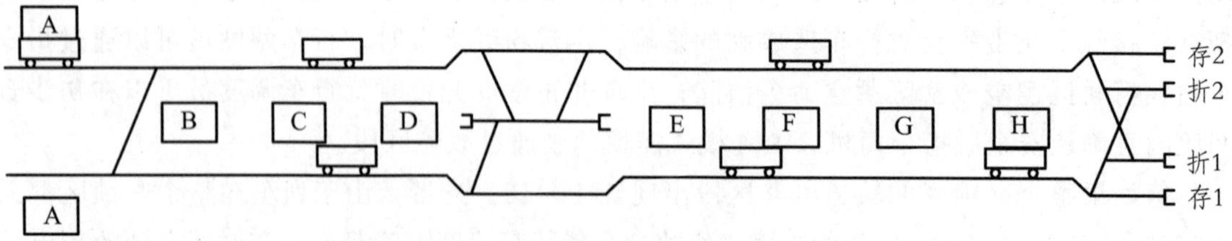

图 6.7 某城市轨道交通线路图及故障时部分列车分布情况

2. 应急处理方法的使用

H 站联锁区发生全区红光带时，行车调度员立即记录发生故障时间，同时由其中一名行车调度员将故障信息报主任调度员、通号调度员。另一名行车调度员必须立即扣停开往该故障区域的列车，确认故障区域内各次列车的具体位置并指令其原地待令。遇列车已占用车站站线时，行车调度员指令司机改用 RM 模式进站待令或退行至车站待令；遇列车迫停区间时，在确认停车位置至前方站站线末端之间线路无列车占用且无道岔后，指令司机改用 RM 模式进站待令。

行车调度员要求 H 站、D 站、A 站三个联锁站强行站控，H 站监控好本联锁区内列车运行间隔及 H 站列车的折返，E—H 站采用电话闭塞法组织行车，由 H 站将折返线的道岔单操到需要的位置并电子锁闭，同时为确保现场道岔开通位置正确，车站需要在现场确认道岔状态。当故障区域内所有列车均已组织到达站线或两端折返站的折返线且车站办理好实行电话闭塞法组织行车的列车进路时，由主任调度员和行车调度员共同与车站确认列车的位置正确无误且办理好实行电话闭塞法组织行车的列车进路后，发布实行电话闭塞法组织行车的调度命令，E—H 站开始实行电话闭塞法组织行车。H 站负责列车进出折返线的进路并向行车调度员报告列车到发点，F 站、G 站确认列车到发点并上报。

A 站及 D 站做好列车小交路折返的准备。行车调度员控制好开往 H 站方向的列车，并在 A 站和 D 站小交路折返，在列车折返时行车调度员要先通知车站及司机做好乘客服务，如图 6.8 所示。

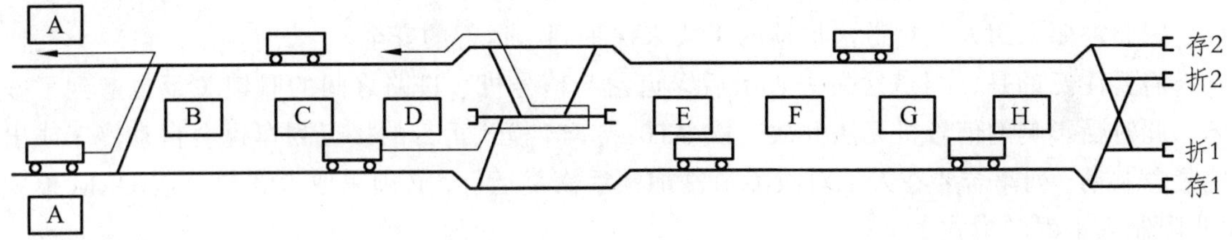

图 6.8 应急处理方法示意图

行车调度员需向全线列车司机发布 H 站联锁区红光带，并将该联锁区列车运行模式改为 RM 模式，采用电话闭塞法组织行车。同时行车调度员需控制好列车间隔，必要时可抽线运营，减少上线列车数量，维持有度运营。

在安排列车在 A 站和 D 站折返时，行车调度员注意先通知司机和车站，这样避免对乘客造成太大的影响，而且，在 A 站折返后，下一趟列车就尽量不要在 A 站或 D 站折返，避免造成二次清客。前一趟列车在 A 站或 D 站折返时，行车调度员注意要将后续列车扣在后方站台，避免载客列车进入区间停车。

二、转辙机故障的应急处理

（一）转辙机的作用和基本要求

进路由道岔位置决定，道岔的转换和锁闭直接关系到行车安全。道岔由多种类型的转辙机负责转换。转辙机是重要的信号基础设备，它对于保证行车安全、提高运输效率、改善行车人员的劳动强度起着非常重要的作用。

转辙机是转辙装置的核心和主体，除转辙机本身外，还包括外锁闭装置和各类杆件、安装装置，它们共同完成道岔的转换和锁闭。

转辙机的作用如下：

（1）转换道岔的位置：根据需要转换至定位或反位（部分城市轨道交通运营企业称左位或右位）。

（2）道岔转至所需位置且密贴后，实现锁闭，防止外力转换道岔。

（3）正确地反映道岔的实际位置，并且在道岔的尖轨密贴于基本轨后给出相应的表示。

（4）道岔被挤或因故处于“四开”（两侧尖轨均不密贴）位置时，及时给出报警及表示。

对转辙机的基本要求是：

（1）作为转换装置，应具有足够大的拉力，以带动尖轨作直线往返运动；当尖轨受阻不能运动到底时，应随时通过操纵使尖轨回复原位。

（2）作为锁闭装置，当尖轨和基本轨不密贴时，不应进行锁闭；一旦锁闭，应保证不致因列车通过道岔时的震动而错误解锁。

（3）作为监督装置，应能正确地反映道岔的状态。

（4）道岔被挤后，在未修复前不应使道岔再转换。

（二）转辙机故障的应急处理方法

城市轨道交通运营过程中发生的转辙机故障主要表现为道岔失去正常的定反位表示，此时从设备上无法保证道岔的尖轨和基本轨处于密贴状态，从而也无法保证列车的安全运行，因此需要采用人工对道岔加锁的手段来保证列车运行的安全。

需要注意的是，当道岔失去表示后，道岔与信号机、进路之间的联锁关系也遭到了破坏，此时受影响的信号机无法开放，以 AT0 或 SM 模式运行的接近列车也会自动停车或出现紧急制动，列车若要在人工对故障道岔加锁后恢复运行，必须采取 RM 模式或 URM 模式（非限制人工驾驶模式）运行。

行车调度员在确认转辙机故障后，应立即命令维修人员组织抢修，最大限度减少设备故障对运营的影响。根据对运营工作影响的大小和应急处理方法的不同，一般把转辙机故障的应急处理方法分为站线转辙机故障应急处理和折返线转辙机故障应急处理两种。

1. 站线转辙机故障的处理方法

站线转辙机故障时，行车调度员一般都会要求车站将故障道岔开通正确位置并加锁以保证列车在正线的运行，如图 6.9 所示，列车进站前突发转辙机故障，此时行车调度员会命令司机停车待令，随后将 LOW 控制权下放给车站，车站的行车值班员派遣站务人员到现场用钩锁器将故障道岔钩锁至定位。接车进路准备完毕且人员线路出清后，由行车调度员指挥受影响列车的司机以 RM 模式谨慎驾驶通过故障区域到达车站上下客后恢复正常行驶。

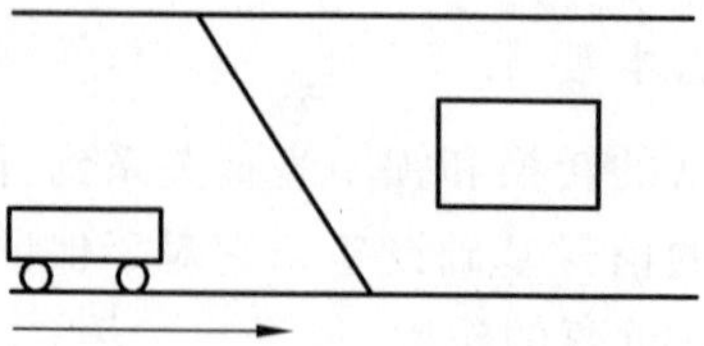

图 6.9　站线转辙机故障示意图

2. 折返线转辙机故障的处理方法

当折返线转辙机故障时，行车调度员一般会根据“先变更进路后人工加锁”的原则，对于能选择变更进路办理列车折返的尽量不采用对道岔人工加锁的方法，以节约时间，如

图 6.10（a）所示，如果 2 号道岔定位无表示而反位表示正常，则行车调度员会选择将 2 号道岔固定在反位，利用折 1 道办理列车折返。如图 6.10（b）所示，如果 5 号或 6 号道岔中的其中一个无表示，行车调度员会使用不受影响的另一条折返线办理列车折返，并视情况组织信号或工建人员抢修。

如果出现图 6.10（a）中 2 号道岔定反位均无表示，或图 6.10（b）中 1、2、3、4 号道岔中的其中一个失去表示的情况，行车调度员只能命令车站采取道岔人工加锁的方式准备列车折返进路。一般的程序是行车调度员将 LOW 控制权下放给相关车站，并指令车站人工准备进路将故障道岔手摇至行车所需位置并加锁，人工准备进路人员出清道岔区域后，由行车值班员对进路上的其他道岔用 LOW 单独操纵到需要的位置并单锁，然后再由人工准备进路人员通过手信号指挥列车以 RM 模式进行折返作业。列车折返完毕后，司机按照行车调度员的指示恢复正常运行。

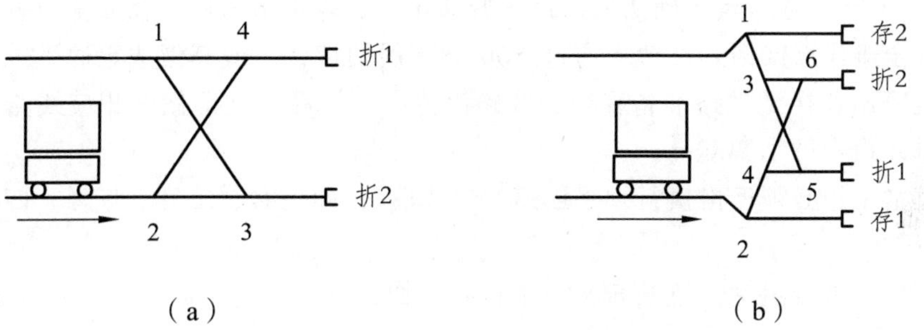

图 6.10　折返线转辙机故障示意图

需要强调的是，在第三轨供电的城市轨道交通线路进行人工加锁或手摇转换道岔作业时，考虑到作业人员的人身安全，必须对第三轨停电并挂地线。这样不仅增加了人工转换道岔的时间，且会影响其他区段列车的正常行驶，因此采取措施前行车调度员需要权衡利弊综合考虑，避免运营秩序受到过大的影响。

3. 人工转换道岔的作业程序

在道岔转辙机故障无法自动转换以排列列车进路时，需要人工使用手摇把转换道岔。一般城市轨道交通车站通过人工转换道岔排列进路的作业程序如下：

（1）需要人工准备进路时，车控室人员负责召集相关人员到位后应做好人工排列进路的准备工作；

（2）车控室值班人员向人工准备进路人员布置任务；

（3）人工准备进路人员须不少于 2 人，穿戴荧光衣、安全帽，戴好手套，携带对讲设备（800 M 和 400 M 无线便携台）和工具包按照规定赶赴现场。工具包内须有：红闪灯、信号灯（红/绿）、手摇把、道岔钥匙、钩锁器（另有存放要求除外）、尖嘴锤、手电筒（另有要求除外）；

（4）行车值班员需及时开启隧道工作照明和紧急照明；

（5）人工准备进路人员到指定地点（尽可能接近下轨行区的位置）待命，行走途中应与行车调度员取得联系，告知其 800 M 无线便携台号码，确认有关道岔和列车进路。人员进入轨行区必须请示行车调度员并得到许可；

（6）人工排列进路时防护红闪灯在来车方向距故障道岔约 20 m 处设立；当道岔距离列车不足 20 m 时，可在来车方向合适位置设置；

（7）人工准备进路时必须确认进路上所有故障道岔开通位置正确。如一条进路有多副道岔故障，从车站方向由近及远人工准备进路，返回时由远及近确认整条进路是否正确；

（8）人工准备进路人员由职务较高者负责现场统一指挥。没有得到行车调度员的允许，现场不得进行影响行车的抢修作业；

（9）人工准备进路人员既要分工明确，又要相互配合默契。现场确认道岔，需要转向时应一人操作，两人共同确认。确认道岔位置正确后，用钩锁器锁定；

（10）一条进路上有多副道岔，摇岔人员仅对故障道岔按照规定进行处理。其他正常道岔不需作任何处理（行车调度员另有指示除外）；

（11）人工准备进路人员确认道岔位置开通正确、线路出清后，在安全位置（根据作业要求进入安全避让点或回到站台）通过 800 兆无线便携台（或其他法定通讯方式）向车控室汇报。值班站长接到进路准备妥当、线路出清的汇报后，立即做好相应线路的接车或发车准备工作并报告行车调度员；

手摇道岔工作必须严格执行“手摇道岔六步曲”，即一看、二开、三摇、四确认、五加锁、六汇报。

（1）一看：查看道岔尖轨及辙叉心是否有异物；查看道岔开通位置是否正确；

（2）二开：打开盖孔板（如转辙机处于通电状态，必须先切断转辙机电源）及钩锁器的锁，拆下钩锁器（如位置正确则转到第四步，位置不正确则执行第三步）；

（3）三摇：将手摇把插入手摇把孔，摇道岔转向所需的位置，在听到“咔嚓”的落槽声后停止（如听不到落槽声时，则确认尖轨密贴即可）；

（4）四确认：两人共同确认尖轨密贴。一人手指尖轨，口述“×号（道岔编号）道岔开通定（或反）位，尖轨密贴”，另一人共同确认；

（5）五加锁：用钩锁器锁定道岔尖轨，并将钩锁器加锁（钩锁器的位置应在尖轨锁闭杆所在位置）；

（6）六汇报：向车控室汇报进路准备情况。

如果是折返线的道岔，人工准备进路人员在完成手摇道岔的作业程序后，还需站在安全位置向列车司机发出动车信号（昼间是拢起的黄色信号旗高举头上左右摇动，夜间是白色灯光高举头上），并目送列车通过道岔。当列车通过道岔后人工准备进路人员还应留在安全位置，手持无线调度电话，继续在折返线等候行车值班员的命令，直至任务结束。任务结束后，人工准备进路人员应在收集全部工具，确保没有遗留任何材料后，返回车站并向行车值班员报告。

（三）相关案例——某城市轨道交通线路道岔故障

7 时 46 分行车调度员发现 A 站下行 2 号道岔定反位均无表示，行车调度员立即指令下行 0119#车停车待令，B 站下行设置扣车，同时将故障现象报通号及维修人员。随后，行车调度员指令车站人工准备进路，现场确认 2 号道岔位置并加钩锁器，进路准备妥当、人员线路出清后，车站人员显示手信号指挥列车进行折返作业，如图 6.11 所示。

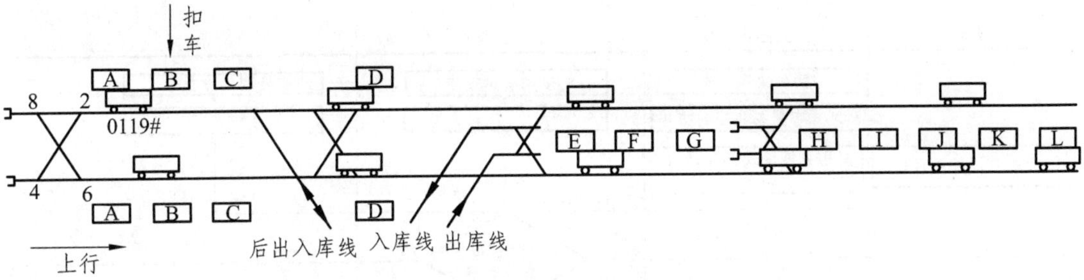

图 6.11　某城市轨道交通线路道岔故障示意图

7 时 48 分行车调度员对全线列车进行调整，安排下行 3 趟列车分别在 E 站、H 站清客折返，以弥补上行线的运行间隔，如图 6.12 所示。

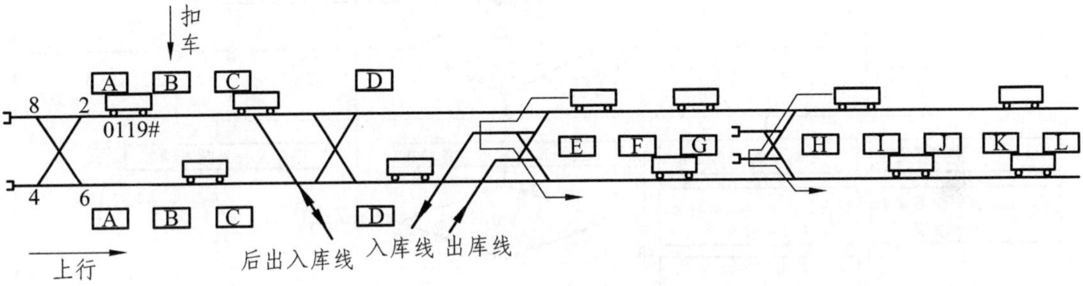

图 6.12　列车调整示意图

7 时 51 分 A 站下行线至上/下行折返线进路人工准备妥当，车站人员向司机显示动车手信号。

7 时 52 分 0119#车司机凭车站显示的手信号动车折返。

7 时 56 分 0119#车换端完毕，行车调度员排列 A 站上/下行折返线至上行线进路，司机凭信号显示运行至 A 站上行站台。

三、列车牵引制动系统故障的应急处理

（一）列车牵引制动系统故障的处理原则

列车牵引制动系统故障时，司机应立刻向行车调度员报告，行车调度员及时将故障情况通知车辆检修调度员，并根据其建议来决定列车是维持运营到终点站退出服务还是立刻退出运营。

列车运营过程中经常会出现列车无牵引力等现象，通常的处理方法是采取救援措施，以最短的时间将故障车辆拖走（或推走），出清运营线路，最大限度地减少故障对城市轨道交通运营全局的干扰和影响。列车故障救援流程如图 6.13 所示。

（二）列车故障救援的行车组织方法

列车故障救援是城市轨道交通运营中较为常见的特殊行车组织方式，它是为了将在正线运行中出现故障且在规定时间内不能排除的列车尽快移动到指定地点，以开通运营线路。

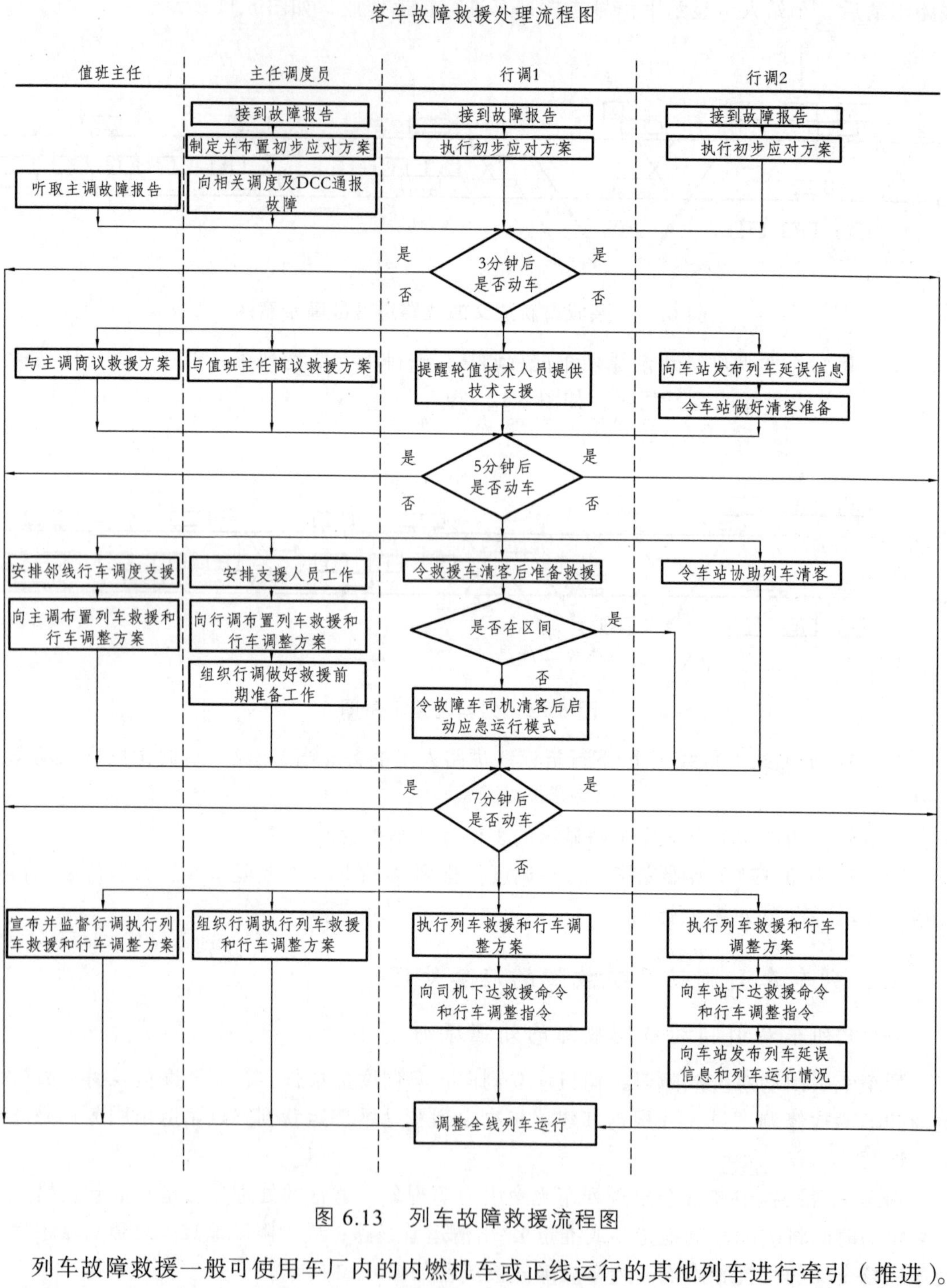

图 6.13　列车故障救援流程图

列车故障救援一般可使用车厂内的内燃机车或正线运行的其他列车进行牵引（推进）。目前使用较多的是利用正线运行的列车完成，在一般情况下，它能更加迅速地进行救援，有利于线路开通。正线运行的列车发生故障需要进行救援时，应尽量遵循“顺向救援”的原则，以确保其他正线列车运行的秩序，即原则上应尽量采用相邻的后行列车正向推进故障列车的方法进行救援。如图 6.14 所示，当 0713#列车在 D—E 站区间发生故障需要救援时，行车调度员一般会命令后续 0913#列车对故障列车进行救援。

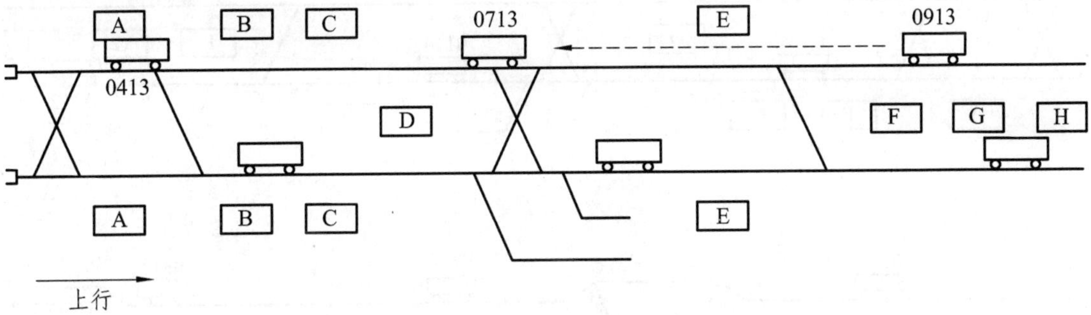

图 6.14　列车救援中“顺向救援”的原则

（三）决定救援前行车调度员的准备工作

当运营中的列车发生故障时，行车调度员应当在协助司机排除故障的同时做好救援的准备工作，这样一旦司机确认故障无法处理请求救援时就能迅速采取措施，节省行车中断时间。国内多数城市轨道交通运营企业都规定，在列车出现故障中断行车 7 min 后，主任调度员可以命令终止故障处理，实施列车救援。在这 7 min 内，行车调度员大致要进行如下一些准备工作：

（1）故障发生后 1 ~ 3 min：

① 向主任调度员和车辆检修调度员等各调度通报故障信息。

② 扣停后续列车在后方车站，组织前方列车多停。

③ 通知车站协助司机处理故障，安排 URM 监控员（或列车引导员）。

④ 通知备用车司机上备用车。

（2）故障发生后 3 ~ 5 min：

① 全线列车延长停站时间。

② 通知故障车所在车站及后方车站准备清客人员到站台待令。

③ 连接三方通话，要求车辆检修调度对司机进行技术支援。

（3）故障发生后 5 ~ 7 min：

① 通知故障列车司机清客。

② 指令后续列车清客完毕后运行至区间，自动停车后原地待令。

③ 通知相关车站配合执行清客程序。

④ 通知相关车站准备小交路折返。

（4）故障发生 7 min 后仍不能动车时，行车调度员经主任调度员同意后，向故障列车、救援列车司机及相关车站发布救援命令。

（四）相关案例——某城市轨道交通线路列车制动系统故障

某城市轨道交通线路如图 6.15 所示。某日下午 14 时 06 分，1312 次运行至 G 站上行站台停车开关门作业后，正常按 ATO 驾驶启动，启动后不久，列车发生制动，随即自动停车。

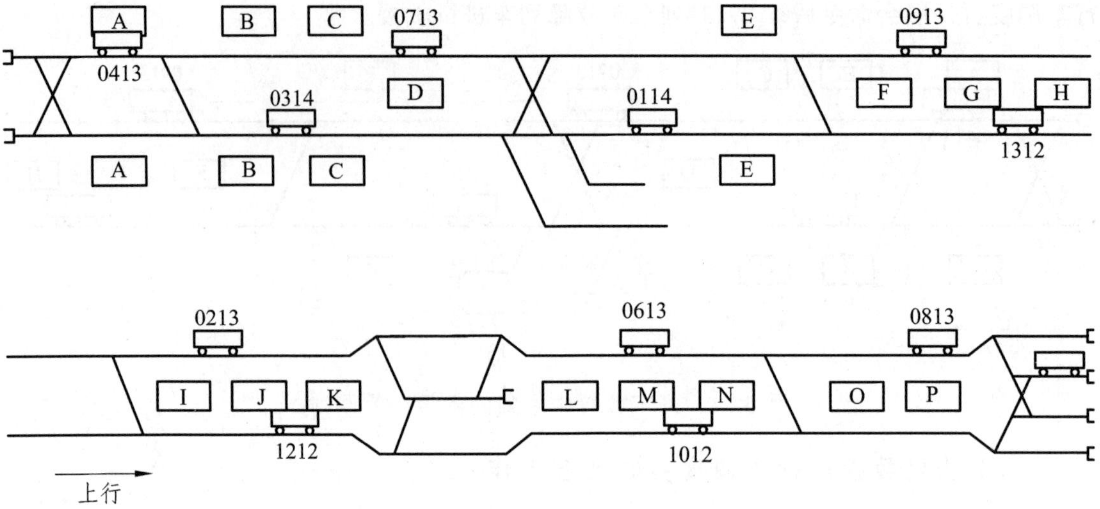

图 6.15　1312 次列车制动系统故障处理示意图

此时列车大约越出站台一节车厢。司机立即向乘客广播，并改用手动 SM 模式驾驶，列车只能以 5 km/h 的速度缓慢运行。司机随即停车，向行车调度员汇报后，按规定程序处理故障，继续运行，发现列车故障仍然存在。1312 次于 14 时 15 分到达 H 站，按规定开关门作业上下客。1312 次列车从 H 站开出后不久，列车产生紧急制动。司机缓解紧急制动后，再次进行处理，但列车故障仍然存在，手动 SM 模式驾驶时速度只能维持在 5 km/h 左右，列车于 14 时 26 分到达 I 站，接行车调度员命令清客后，按规定做好客室广播。14 时 35 分行车调度员通知司机动车至 K 站存车线，司机立即动车。因列车故障继续存在，运行速度较慢，14 时 54 分通过 J 站。由于上行进 K 站线路上坡道坡度较大，列车运行速度呈缓慢间隙式牵引，不超过 5 km/h，于 15 时 03 分到达 K 站后直接进入存车线，如图 6.16 所示。

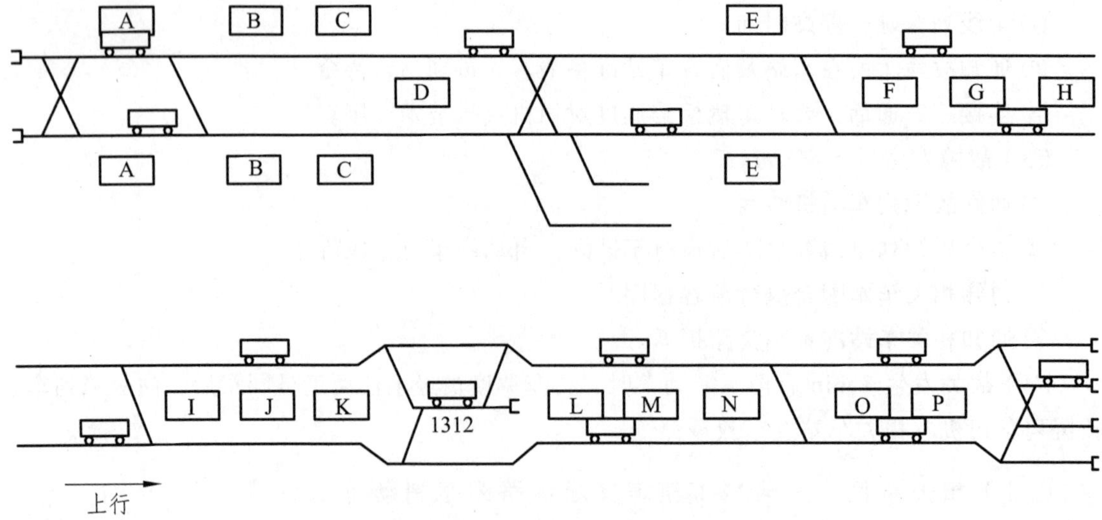

图 6.16　1312 次列车制动系统故障处理示意图

第六节　应急预案与事故预防

一、应急预案

（一）应急预案概述

应急预案是针对可能发生的突发事件，政府或企业在事前制订的应对性行动方案，规定了政府和企业在事件前期、中期、后期的工作内容。也就是说，应急预案要体现在如下几个方面：（1）适应什么情况？（2）由谁来负责？（3）用到什么资源？（4）采取什么样的应对行动和程序？

根据我国政府的规定，按照不同责任主体，预案体系分为国家突发公共事件总体应急预案、突发公共事件专项应急预案、突发公共事件部门应急预案、突发公共事件地方应急预案和企事业单位根据有关法律法规制订的应急预案。我们所讨论的城市轨道交通应急预案为上述最后一种类型。

城市轨道交通运营企业应根据我国有关法律法规，针对不同等级、不同类型的突发事件制订相对应的应急预案，确保城市轨道交通运营企业在发生突发事件时能组织指挥顺畅，处理应对及时妥善，最大限度减少突发事件造成的损失和影响。

（二）编制应急预案的目的

城市轨道交通运营企业通过应急预案的制订，以实现以下目标：

（1）贯彻城市轨道交通运营企业针对突发事件如何应对处置的指导方针和工作思路，即最大限度保护国家、集体和人民生命财产安全，减少事件造成的损失，减少社会影响，尽快恢复各种秩序。

（2）建立健全城市轨道交通运营企业突发事件应急机制体制，确定突发事件应急管理组织机构的职责和功能，明确运营生产各部门、各专业在应急处置过程中的职责分工、人力部署及协调联动的具体方式。

（3）整合城市轨道交通突发事件应急资源，做到资源配备合理、调配协调、责任到人、常备不懈的应急资源保障体系。随着突发事件紧急情况升级扩大，应急资源在更高层的协调及外部资源支持下能够强化自己的能力。

（4）划分突发事件的不同等级，确定不同等级突发事件的启动程序和应对措施，分清轻重缓急动用资源来进行突发事件管理；为突发事件反应保留一定的处理空间，在突发事件扩大升级后，应急方案也相应升级。

（5）应急预案确定了具体的应急处理措施，对不同等级的突发事件处理进行目标细分和明确。根据这些目标，明确方案的执行规划，包括参与部门和专业人员的目标和职责、执行计划的具体方法和程序、应急资源如何保障等。

（三）城市轨道交通应急预案的制订原则

为对城市轨道交通运营企业发生突发事件时的信息报告程序、指挥系统、抢险组织、现场处理、运营组织、乘客疏散、设备保障、后勤保障、事件调查等工作及地铁运营系统各专业的突发事件应急预案进行规范，城市轨道交通运营企业预案的制订应遵守以下原则：

（1）以“安全第一”为指导思想，确保事件处理有序、可控、快速、及时，尽量缩小事件影响范围，减少事件带来的损失，尽快恢复地铁运营。

（2）总公司安全主管部门为预案编制一级责任部门，负责牵头编制各生产单位、部门的各预案编写计划，汇总审核分公司各相关预案；各生产单位、部门为预案编制的二级责任部门，负责相关专业的预案具体编写工作，并报安全主管部门审核。

（3）各单位、各部门、各专业应根据总公司的要求编制相关事件应急处理预案，并不断完善，提高各单位、各部门、各专业的应急抢险能力。

（4）各部门、各专业应急预案应具有针对性、有效性、可操作性。

（四）城市轨道交通应急预案的依据和基本内容

城市轨道交通运营企业一般依据《中华人民共和国安全生产法》《城市轨道交通运营管理办法》《国家处置城市地铁事件灾难应急预案》和《国家突发公共事件总体应急预案》等相关法律法规，结合本单位的具体情况制订应急预案。其具体内容包括如下几个方面：

（1）运营单位抢险指挥领导人员的组成和职责，抢险指挥领导小组应负责抢险救援的组织、指挥、决策，并指挥各部门实施各自的应急预案，尽快恢复运营秩序。

（2）抢险信息的报告程序应遵循迅速、准确、客观和逐级报告的原则。

（3）现场处置过程中各部门的组织原则及相关职责。

（4）不同事故情况下的抢险救援策略和人员疏散方案。

（5）提供救援人员、通信、物资、医疗救护和生活保障。

应急预案编制完成后，应尽快让工作人员熟悉和演练，通过演练验证事故应急预案的合理性，发现与实际不符合的情况应及时修订和完善。

（五）城市轨道交通应急预案的分类和结构

城市轨道交通运营企业按照应急预案“纵向到底、横向到边”的编制要求，针对各种突发事件类型进行应急预案的系统规划。虽然突发事件种类千差万别，但是导致的后果和产生的影响却是大同小异，城市轨道交通运营企业往往结合自身特点形成最基本的应急模式应对不同突发事件的共性影响。

1. 城市轨道交通应急预案的分类

城市轨道交通运营企业应急预案体系体现了共性与个性、通用性与专业性的特点。按照突发事件的类型来分，可以分为自然灾害、安全事故、公共卫生、社会安全等类型的预案；按照预案体系结构来分，可以分为总体应急预案（综合预案）、专项应急预案和现场应急预案，如图 6.17 所示。

（1）总体应急预案：是从总体上阐述处理事故的应急方针、政策、应急组织结构及相关应急职责、应急行动、措施和保障等基本要求和程序，是应对各类事故的综合性文件。

（2）专项应急预案：是对具体的事故类别（如煤矿瓦斯爆炸、危险化学品泄漏等事故）、危险源和应急保障而制订的计划或方案，是综合应急预案的组成部分，应按照综合应急预案的程序和要求组织制订，并作为综合应急预案的附件。专项应急预案应制定明确的救援程序和具体的应急救援措施。

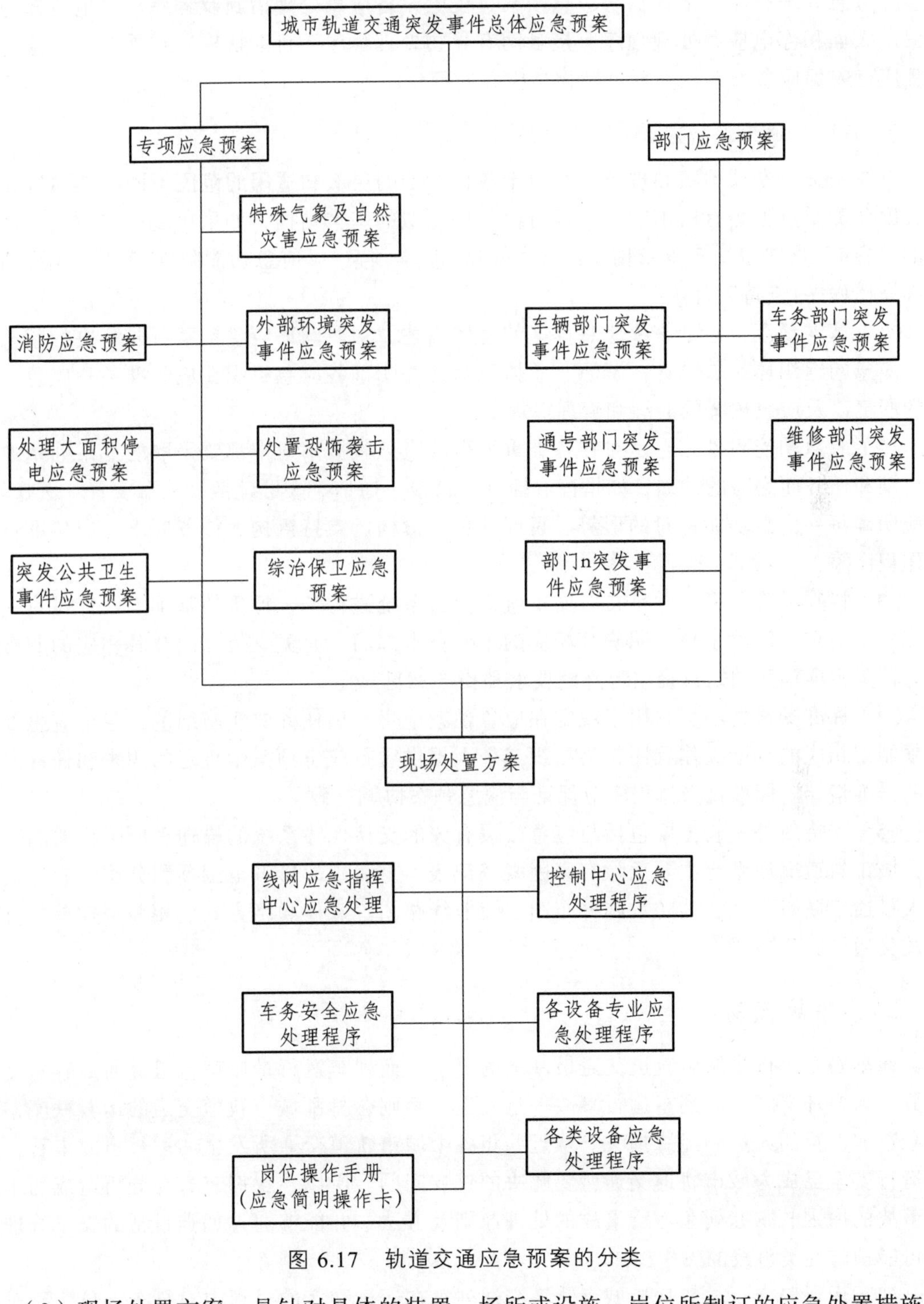

图 6.17　轨道交通应急预案的分类

（3）现场处置方案：是针对具体的装置、场所或设施、岗位所制订的应急处置措施。现场处置方案应具体、简单且针对性强。现场处置方案应根据风险评估及危险性控制措施逐一编制，做到事故相关人员应知应会，熟练掌握并通过应急演练做到迅速反应、正确处置。

城市轨道交通专项预案和现场预案主要有：恶劣天气应急预案、发生群伤或群体性恐慌事件应急处理程序、地铁消防应急预案、机电设备应急处理措施及程序、供电抢修应急预案、大面积停电应急处理程序、接触网有异物处理程序、自动扶梯导致乘客受伤应急处理程序、安保应急预案及发现可疑物品应急处理程序等。

2. 城市轨道交通应急预案的结构

总体预案、专项预案和现场预案由于各自所处的层次和适用的范围不同，其内容在详略程度和侧重点上会有所不同，但都可以采用相似的基本结构，如采用基于应急任务或功能的“1+4”预案编制基本结构，即应急预案=基本预案+（应急功能附件+特殊风险预案+标准操作程序+支持附件）。

（1）基本预案：它是该项应急预案的总体描述，主要阐述应急预案所要解决的紧急情况，应急的组织体系、方针、资源、总体思路，并明确各应急组织在应急准备和应急行动中的职责以及应急预案的演练和管理等规定。

（2）应急功能附件：它是对在各类重大事故应急救援中通常都要采取的一系列基本应急行动和任务而编写的计划，如指挥、控制、警报、通信、人群疏散、人群安置、医疗等，并应明确每一应急功能针对的形势、目标、负责机构、支持机构、任务要求、应急准备和操作程序等。

（3）特殊风险预案：它是在对城市轨道交通系统进行安全评价的基础上，针对每一种可能发生的重大风险事故，明确其相应的主要负责部门、有关支持部门及其相应的职责，并为该类专项预案的制订提出特殊的要求和指导意见。

（4）标准操作程序：它用来规定在应急预案中每一项任务的实施细节，各个应急部门必须制定相应的标准操作程序，为组织或个人提供履行应急预案中规定的职责和任务时所需的详细指导。标准化操作程序应保证与应急预案协调一致。

（5）支持附件：它主要包括与应急救援有关的支持保障系统的描述及所附相关图表，如：城市轨道交通系统主要危险有害因素登记表、重大事故影响范围预测分析、应急机构及人员通信联络方式、消防设施分布图、疏散线路图、媒体联络方式、相关医疗单位分布图及交通管制范围图等。

二、事故预防

列车安全运行是城市轨道交通最基本的要求，而列车运行是城市轨道交通最容易发生事故的重要环节之一。列车运行事故一旦发生，轻则会打乱城市轨道交通的运营秩序，重则会造成严重的人员和经济损失。从近些年各个城市轨道交通所发生的运行事故来看，列车运行安全已成为城市轨道交通所要解决的首要问题。所以，我们有必要分析造成列车运行事故的原因、掌握列车运行事故的处理原则及方法，并能够通过加强日常的安全管理，尽可能预防此类事故的发生。

列车运行安全，一般是指城市轨道交通列车在运送乘客的过程中对行车人员、行车设备以及乘客产生作用和影响的安全工作。列车运行安全工作包括：行车调度安全、列车驾驶安全、车站作业安全等。

（一）造成列车运行事故的主要原因

通过对以往所发生的行车事故进行分析，我们发现，造成列车运行事故的主要原因有：

1. 行车纪律松弛、制度执行不严

纪律松弛，标准化作业不落实，责任制贯彻不力，都是造成行车事故的重要因素。

2. 疲劳行车、带情绪行车

相关作业人员睡眠不足和将受外界环境影响而产生的情绪带入运行作业中，产生生理、心理的疲劳，导致精力不济、精神不集中，给安全行车带来隐患。

3. 业务素质不高

由于技术问题及缺乏经验，行车人员业务水平不精，不能及时处理运行中的突发事件和故障。

4. 安全意识不强

行车人员情绪不稳定、思想波动大、责任心不强、行车纪律观念淡薄、臆测行车是造成行车事故的重要原因。

5. 行车技术、设备不完善

行车设备老化，技术结构不合理，使之不能适应实际行车的需要。

6. 风、雪、雷、电等恶劣气候及环境的影响

风、雪、雷、电等恶劣天气对安全运行的影响是不可低估的。车站人员、列车司机对气候环境变化及对突发事件能否正确处置直接影响城市轨道交通运输的安全。

7. 安全管理及制度、规章的适用性存在缺陷

安全管理归根结底是对人的管理，而各项制度的健全和完善是行车安全的基础，是行车安全的依据，没有完整有效的制度与规定是制约安全行车的重要因素。

（二）行车调度安全

城市轨道交通行车工作是一个互相联系、互相影响的多部门、多单位所组成的完整系统，具有高度集中、统一指挥、各个工作环节紧密联系和协同动作的特点。在这个系统中，各部门、各单位、各工种之间的紧密联系和协调一致对于保证行车安全和提高运输效率有着决定性的意义。行车调度员就是为适应城市轨道交通运输特点而设置的行车工作的统一指挥者，在保障行车安全工作中的作用主要体现在以下三方面：

（1）指挥行车人员完成各项行车作业，保证列车安全正点运行。

（2）组织、协调、监督、检查行车各有关部门的安全生产，纠正各种违章现象，及时处理行车中发生的问题，消除事故隐患，防止发生行车事故。

（3）发生行车事故后，积极组织救援，减少事故损失。

（三）列车驾驶安全

列车驾驶安全是整个城市轨道交通行车安全工作的关键环节之一，是把好行车安全的最后一道关口。

1. 预防列车驾驶发生事故的措施

从安全运行管理的角度分析，行车事故是各种不安全因素相互作用的结果。因此，对行车不安全因素的预防是行车安全的重要环节。

（1）加强对司机的违章行为造成行车事故的管理与控制。许多行车事故案例表明，人的不安全行为是引起行车不安全及行车事故的直接原因。因此，通过对列车司机的教育、培训、考核、惩戒等方法，可使列车司机对安全行车采取正确的态度。

（2）不断做好对列车司机的技术业务培训。司机的技术知识不足特别是安全行车知识的缺乏、没有经验是引起行车不安全的重要原因。通过对列车司机加强安全行车知识和业务知识的培训，可使司机在技术和经验上得到提高，成为合格的操纵者。

（3）强化和改善对行车设备的管理。许多行车事故的发生都留下了行车设备技术状态不良的痕迹，因而应不断进行相关行车设备的技术改造，使行车设备功能符合运营要求。

（4）提高司机适应环境变化与处置突发事件的应变能力。由于运行环境的变化和行车中产生的突发事件难以预料，因而提高司机在发生意外事件时的应变能力是防止和减少行车事故的重要因素。应在不断学习的基础上，以各类预案和规定为依据，开展定期和不定期的讲解、演练、培训，以提高司机的应变能力。

2. 列车安全驾驶的基本要求

（1）坚持“九字诀”原则，贯彻执行行车三要素：天、地、人；动车三确认：灯、岔、路；作业三要求：稳、准、熟。

（2）司机必须经培训中心组织考试合格，取得《电客车司机驾驶证》，并在所属线路通过上岗鉴定后，方可独立驾驶本线电客车。

（3）严禁学习司机在没有司机的监督下操作列车。

（4）班前做好行车预想，班后做好总结。对于行车工作中发生的事故事件，必须要如实及时汇报，便于有关人员的调查。

（5）正常情况下只能在前端驾驶列车，只有车辆发生故障、进行有关测试，在前端有列车引导员进行引导，并由行车调度员授权的情况下才能在后端驾驶列车。严禁客车在无人引导的情况下推进运行（有特殊规定除外）。

（6）严格执行“眼看，手指，口呼”的呼唤（应答）制度。

（7）严格执行“彻底瞭望、确认信号、高声呼唤、手比眼看”十六字要求：

① 彻底瞭望——车动集中看，瞭望不间断；

② 确认信号——听不清就问，看不清就停；

③ 高声呼唤——看准再喊，准确无误；

④ 手比眼看——呼唤为主，手比为辅。

（8）确认信号原则：必须由近及远，依次逐架确认信号机的显示。

（9）行车调度员发布的口头命令，司机必须领会命令内容，作好记录并复诵。书面调度命令必须保留好，退乘时交到客车队长处。

（10）严格按照信号和《运营时刻表》的要求行车，RM、URM 模式动车前必须报告行车调度员。

（11）采用电话闭塞法行车时，严禁无《路票》动车，列车原路折返严禁未确认道岔动车（救援时特殊规定除外）。

（12）严禁擅自带无关人员进入驾驶室，如遇相关作业人员需登乘司机室时应严格按照相关规章要求执行，并做好记录。

（13）在运营时间内，发生危及行车安全和运营服务的情况，巡查或抢修人员须登乘客车进入区间隧道巡查或抢修设备时，必须按照相应规章要求执行。

参考文献

[1] 张国宝．城市轨道交通运营组织[M]．上海：上海科学技术出版社，2012.
[2] 罗钦．城市轨道交通概论[M]．成都：西南交通大学出版社，2017.
[3] 叶霞飞，顾保南．城市轨道交通规划与设计[M]．北京：中国铁道出版社，2004.
[4] 谭复兴，高伟君等．城市轨道交通系统概论[M]．北京：知识产权出版社，2007.
[5] 邱薇华，黄璐．轨道交通行车调度组织实践指导书[M]．北京：中国铁道出版社，2016.
[6] 王省茜．跨座式单轨道岔技术分析[J]．中国铁路，2007（8）：67．69.
[9] 李芾，许文超，安琪．悬挂式单轨车的发展及其现状[J]．机车电传动，2014（2）：16．20，76.
[7] 高江宁．Translohr 有轨电车轨道结构[J]．城市轨道交通研究，2012（4）：98．102.
[8] 俞展猷．城市轨道交通中的新交通系统[J]．中国铁路，2002（8）：39．40.
[9] 中华人民共和国住房和城乡建设部．地铁设计规范（GB 50157．2013）[S]．北京：中国建筑工业出版社，2013.
[10] 宋奇吼，李学武等．城市轨道交通供电[M]．北京：中国铁道出版社，2012.
[11] 国家技术监督局．地铁直流牵引供电系统（GB10411．1989）[S]．北京，1989.
[12] 林瑜筠．城市轨道交通信号[M]．北京：中国铁道出版社，2015.
[13] 李伟章，杨海江．城市轨道交通通信[M]．北京：中国铁道出版社，2013.
[14] 何静．城市轨道交通运营管理[M]．北京：中国铁道出版社，2007.
[15] 黎茂盛．城市轨道交通运营管理[M]．长沙：中南大学出版社，2015.
[16] 高帅．城市轨道交通网络化运营模式及特点分析[J]．通讯世界，2015.（23）：291．292.
[17] 顾保南，叶霞飞．城市轨道交通工程[M]．武汉：华中科技大学出版社，2015.
[18] 高世廉．地下铁道客流规划的基本形式．地铁与轻轨．1989（3）：14 ~ 16.
[19] 刘迁．国内城市快速轨道交通客流预测的分析．地铁与轻轨．1997（2）：35 ~ 38.
[20] 裴瑞江．城市轨道交通客运组织[M]．北京：机械工业出版社，2009.
[21] 葛世平．国内外对铁换乘枢纽站的发展趋势．地铁与轻轨．2000（1）.
[22] 蒋永康．城市轨道交通换乘方式探讨．城市轨道交通研究．2000（3）.
[23] 梁庆怀．城市轨道交通客流预测问题分析及建议．都市快轨交通．2005（1）：37 ~ 41.
[24] 陈浩然．用于城市轨道交通的小编组高密度列车开行方案[J]．中国铁路，2001（5）：44-46.
[25] 伍勇，刘思宁．基于节能和面向旅客服务的列车编组方案研究[J]．城市轨道交通研究，2004（6）：27-31.
[26] 刘明姝．市域快速轨道交通线列车开行方案优化研究[D]．上海：同济大学，2005.
[27] 张国宝，刘明姝．城轨列车非站站停车及派生的越行问题研究[J]．都市快轨交通．2005（5）：18-22.
[28] 房霄虹．城市轨道交通网路化运输组织协调理论及方法研究[D]．北京：北京交通大学，2011.

[29] 李璇. 基于换乘衔接的城市轨道交通网络列车运行计划协调优化问题研究[D]. 上海：同济大学，2012.
[30] 周艳芳. 城市轨道交通网络列车运行计划一体化编制理论与方法研究[D]. 北京：北京交通大学，2012.
[31] 王媛媛. 城市轨道交通列车运行图编制理论与方法研究[D]. 西南交通大学，2013.
[32] 石俊刚. 基于任务均衡的城市轨道交通网络乘务计划优化编制模型及算法研究[D]. 上海：同济大学，2014.
[33] 李献忠. 城市轨道交通乘务组织优化编制研究[D]. 同济大学交通运输工程学院，2007.
[34] 张国宝. 城市轨道交通运输组织[M]. 北京：中国铁道出版社. 2000.
[35] 吴文麒等. 轨道交通运行控制与管理[M]上海：同济大学出版社，2004.
[36] 徐金祥等。城市轨道交通信号基础[M]. 北京：中国铁道出版社，2010.
[37] 贾文婷. 城市轨道交通列车运行控制[M]北京：北京交通大学出版社，2011.
[38] 张喜. 城市轨道交通信号与通信概论[M]北京：北京交通大学出版社，2011.
[39] 张国宝. 地下铁道通过能力计算方法的探讨. 上海铁道学院学报. 1995（1）：66 ~ 71.
[40] 张国宝. 关于城轨列车折返能力计算与加强的研究. 都市快轨交通. 2006（4）：55 ~ 58.
[41] 刘夏菁. 地铁线路的通过能力. 地铁与轻轨. 1995（2）：27 ~ 31.
[42] 张大华. 列车自动调整系统. 地铁与轻轨. 1993（3）：44 ~ 47.
[43] 北京市地下铁道公司. 地下铁道技术管理规程. 北京. 1988.
[44] 徐瑞华. 轨道交通系统行车组织[M]. 北京：中国铁道出版社，2008.
[45] 费安萍. 城市轨道行车组织[M]. 成都：西南交通大学出版社，2007.
[46] 深圳地铁集团有限公司运营总部. 深圳地铁 1 号线行车组织规则. 深圳：2017.
[47] 深圳地铁集团有限公司运营总部. 深圳地铁 2 号线行车组织规则. 深圳：2017.
[48] 深圳地铁集团有限公司运营总部. 行车及信息调度员通用培训教材. 2016.
[49] 深圳地铁集团有限公司运营总部. 调度一部行车调度手册. 深圳：2015.
[50] 深圳地铁集团有限公司运营总部. 1 号线行车指挥应急处理指引. 深圳：2015.
[51] 深圳地铁集团有限公司运营总部. 2 号线行车指挥应急处理指引. 深圳：2015.
[52] 龙颖. 关于建立城市轨道交通运营质量评价体系的分析和探讨. 世界轨道交通. 2005.
[53] 深圳地铁集团有限公司运营总部. 运营总部突发事件应急处置综合预案. 深圳：2018.
[54] 王伟. 地铁事故应急处理模拟演练初探. 都市快轨交通. 2005.
[55] 深圳地铁集团有限公司运营总部. 运营总部事故处理规则. 深圳：2017.
[56] 上海轨道交通运营管理中心. 上海轨道交通行车调度工作规程. 上海：2009.
[57] 上海申通地铁集团有限公司. 上海轨道交通运营网络运营处置突发事件总体预案. 上海：2009.
[58] 张伦. 陈扶崑. 地铁车站大客流组织运营探讨. 城市轨道交通. 2011.
[59] 北京轨道交通建设管理有限公司，交控科技股份有限公司. 城市轨道交通全自动运行系统建设指南. 北京：2017.
[60] 城市轨道交通列车通信与运行控制国家工程实验室. 全自动运行系统安全报告. 北京：2017.